国家骨干高职院校项目建设成果

Qiche Dianqi Xitong Jianxiu
汽车电气系统检修

吴纪生　刘星星　主　编
　　　　　邹军新　主　审

人民交通出版社股份有限公司
China Communications Press Co.,Ltd.

内 容 提 要

本书是汽车运用技术专业职业岗位核心能力课程教材,是在各高等职业院校积极践行和创新先进职业教育思想和理念,深入推进"校企合作、工学结合"人才培养模式的大背景下,根据新的教学标准和课程标准组织编写而成。

本书以检测、诊断和修复汽车电气系统的典型故障为主线,系统介绍了现代汽车电气系统的结构、原理、拆装、检修等内容。内容包括发动机起动无力故障检修、充电指示灯常亮故障检修、起动机不转故障检修、汽车不能点火故障检修、汽车前照灯不亮故障检修、车速表指示异常故障检修、汽车线束更换等,共 7 个学习情境,14 个工作任务。

本书主要供高职高专院校汽车运用技术、汽车检测与维修专业教学使用。

图书在版编目(CIP)数据

汽车电气系统检修／吴纪生,刘星星主编. —北京：
人民交通出版社股份有限公司,2015.1
国家骨干高职院校项目建设成果
ISBN 978-7-114-12357-3

Ⅰ.①汽… Ⅱ.①吴…②刘… Ⅲ.①汽车—电气系统—检修—高等职业教育—教材 Ⅳ.①U472.41

中国版本图书馆 CIP 数据核字(2015)第 183733 号

国家骨干高职院校项目建设成果

书　　名：	汽车电气系统检修
著 作 者：	吴纪生　刘星星
责任编辑：	卢仲贤　司昌静　富砚博
出版发行：	人民交通出版社股份有限公司
地　　址：	(100011)北京市朝阳区安定门外外馆斜街 3 号
网　　址：	http://www.ccpress.com.cn
销售电话：	(010)59757973
总 经 销：	人民交通出版社股份有限公司发行部
经　　销：	各地新华书店
印　　刷：	北京鑫正大印刷有限公司
开　　本：	787×1092　1/16
印　　张：	13.75
字　　数：	352 千
版　　次：	2015 年 1 月　第 1 版
印　　次：	2017 年 1 月　第 2 次印刷
书　　号：	ISBN 978-7-114-12357-3
定　　价：	42.00 元

(有印刷、装订质量问题的图书由本公司负责调换)

江西交通职业技术学院
优质核心课程系列教材编审委员会

主　任： 朱隆亮
副主任： 黄晓敏　刘　勇
委　员： 王敏军　李俊彬　官海兵　刘　华　黄　浩
　　　　　张智雄　甘红缨　吴小芳　陈晓明　牛星南
　　　　　黄　侃　何世松　柳　伟　廖胜文　钟华生
　　　　　易　群　张光磊　孙浩静　许　伟

道路桥梁工程技术专业编审组（按姓名音序排列）
　　蔡龙成　陈　松　陈晓明　邓　超　丁海萍　傅鹏斌
　　胡明霞　蒋明霞　李慧英　李　娟　李　央　梁安宁
　　刘春峰　刘　华　刘　涛　刘文灵　柳　伟　聂　堃
　　唐钱龙　王　彪　王立军　王　霞　吴继锋　吴　琼
　　席强伟　谢　艳　熊墨圣　徐　进　宣　滨　俞记生
　　张　先　张先兵　郑卫华　周　娟　朱学坤　邹花兰

汽车运用技术专业编审组
　　邓丽丽　付慧敏　官海兵　胡雄杰　黄晓敏　李彩丽
　　梁　婷　廖胜文　刘堂胜　刘星星　毛建峰　闵思鹏
　　欧阳娜　潘开广　孙丽娟　王海利　吴纪生　肖　雨
　　杨　晋　游小青　张光磊　郑　莉　周羽皓　邹小明

物流管理专业编审组
　　安礼奎　顾　静　黄　浩　闵秀红　潘　娟　孙浩静
　　唐振武　万义国　吴　科　熊　青　闫跃跃　杨　莉
　　曾素文　曾周玉　占　维　张康潜　张　黎　邹丽娟

交通安全与智能控制专业编审组
　　陈　英　丁荔芳　黄小花　李小伍　陆文逸　任剑岚
　　王小龙　武国祥　肖　苏　谢静思　熊慧芳　徐　杰
　　许　伟　叶津凌　张春雨　张　飞　张　铮　张智雄

学生素质教育编审组
　　甘红缨　郭瑞英　刘庆元　麻海东　孙　力　吴小芳
　　余　艳

PREFACE 序

为配合国家骨干高职院校建设,推进教育教学改革,重构教学内容,改进教学方法,在多年课程改革的基础上,江西交通职业技术学院组织相关专业教师和行业企业技术人员共同编写了"国家骨干高职院校重点建设专业人才培养方案和优质核心课程系列教材"。经过三年的试用与修改,本套丛书在人民交通出版社股份有限公司的支持下正式出版发行。在此,向本套丛书的编审人员、人民交通出版社股份有限公司及提供帮助的企业表示衷心感谢!

人才培养方案和教材是教师教学的重要资源和辅助工具,其优劣对教与学的质量有着重要的影响。好的人才培养方案和教材能够提纲挈领,举一反三,而差的则照搬照抄,不知所云。在当前阶段,人才培养方案和教材仍然是教师以育人为目标,服务学生不可或缺的载体和媒介。

基于上述认识,本套丛书以适应高职教育教学改革需要、体现高职教材"理论够用、突出能力"的特色为出发点和目标,努力从内容到形式上有所突破和创新。在人才培养方案设计时,依据企业岗位的需求,构建了以岗位需求为导向,融教学生产于一体的工学结合人才培养模式;在教学内容取舍上,坚持实用性和针对性相结合的原则,根据高职院校学生到工作岗位所需的职业技能进行选择。并且,从分析典型工作任务入手,由易到难设置学习情境,寓知识、能力、情感培养于学生的学习过程中,力求为教学组织与实施提供一种可以借鉴的模式。

本套丛书共涉及汽车运用技术、道路桥梁工程技术、物流管理和交通安全与智能控制等27个专业的人才培养方案,24门核心课程教材。希望本套丛书能具有学校特色和专业特色,适应行业企业需求、高职学生特点和经济社会发展要求。我们期待它能够成为交通运输行业高素质技术技能人才培养中有力的助推器。

用心用功用情唯求致用,耗时耗力耗资应有所值。如此,方为此套丛书的最大幸事!

江西省交通运输厅总工程师

2014年12月

前言 FOREWORD

为落实《国家中长期教育改革和发展规划纲要(2010—2020)》精神,深化职业教育教学改革,积极推进课程改革和教材建设,满足职业教育发展的新需求,我们根据工学结合、理实一体化课程开发程序和方法,编写了一套供高职高专院校汽车运用技术、汽车检测与维修专业教学使用的教材。

本套教材编写时,充分考虑了目前高等职业教育的特点以及汽车电气系统的维修、检测与故障诊断对人才的需求,坚持面向市场、面向社会,以能力为本位,以职业发展为导向,以经济结构调整和科技进步服务为原则;注重理论知识与实践技能的有机结合,实践内容与现行行业标准的紧密结合。

本书的特点如下:

1. 整合学习体系

将汽车电气系统检修分成7个学习情境,保证每个学习情境的完整性与独立性,学习情境内容都按构造、原理、拆装、检测、故障诊断与排除以及考核来进行编排,融"教、学、做"为一体,构建以行动导向为主要特点的理论、实践一体化模式。

2. 理论、实践一体化

本书将理论学习与实践学习融为一体,更有利于提高学生的实际操作能力。

3. 引导学生主动学习

学生通过自己的实际操作填写任务工作单,并进行数据的处理与分析,把理论知识应用到实践中,提高对理论知识的掌握。

本书有理论、有实践,图文配合,使学生能够全面掌握相关知识。本书由吴纪生、刘星星担任主编,杨晋、王海利、肖雨、李彩丽等参编。其中,王海利编写学习情境一、李彩丽编写学习情境二、肖雨编写学习情境三、杨晋编写学习情境四、吴纪生编写学习情境五和学习情境七、刘星星编写学习情境六。南昌市路驰汽车服务有限公司的邹军新总经理担任教材的主审。

在本书编写过程中,笔者参考了大量的著作和文献资料,得到了许多同行的大力支持,在此一并向所有参考资料的作者及关心支持教材编写的各位老师及同行表示衷心的感谢。

由于编者水平有限,时间匆忙,书中不妥或错误之处在所难免,恳请广大读者批评指正。

作 者

2014 年 12 月

目录 CONTENTS

学习情境一　发动机起动无力故障检修 ……………………………………… 1
　工作任务一　蓄电池的认识 ………………………………………………… 2
　工作任务二　蓄电池的检测与维护 ………………………………………… 12

学习情境二　充电指示灯常亮故障检修 ……………………………………… 22
　工作任务一　交流发电机的拆装与维护 …………………………………… 23
　工作任务二　交流发电机与电压调节器的使用 …………………………… 45

学习情境三　起动机不转故障检修 …………………………………………… 56
　工作任务一　起动机的正确使用及维护 …………………………………… 57
　工作任务二　起动系统的故障诊断与排除 ………………………………… 74

学习情境四　汽车不能点火故障检修 ………………………………………… 93
　工作任务一　点火系统的组成与结构认识 ………………………………… 94
　工作任务二　点火系统的使用维护与检测 ………………………………… 112
　工作任务三　点火系统常见故障诊断 ……………………………………… 120

学习情境五　汽车前照灯不亮故障检修 ……………………………………… 131
　工作任务一　汽车照明系统检修 …………………………………………… 132
　工作任务二　汽车信号系统检修 …………………………………………… 148

学习情境六　车速表指示异常故障检修 ……………………………………… 156
　工作任务一　汽车仪表系统检修 …………………………………………… 157
　工作任务二　汽车报警系统的故障诊断与检修 …………………………… 169

学习情境七　汽车线束更换 …………………………………………………… 177
　工作任务　汽车电路图分析 ………………………………………………… 178

参考文献 ………………………………………………………………………… 210

学习情境一　发动机起动无力故障检修

情境概述

本学习情境主要介绍蓄电池的类型、结构及工作原理,蓄电池的检测与维护方法及发动机起动无力故障的诊断及排除方法。根据岗位职业能力的要求,本情境共安排了两个工作任务。

一、职业能力分析

通过本情境的学习,期望达到下列目标。

1. 专业能力

(1)能正确选用蓄电池。

(2)能检测和维护蓄电池。

(3)能正确更换蓄电池。

(4)能诊断发动机起动无力故障。

2. 社会能力

(1)通过分组活动,培养团队协作能力。

(2)通过规范文明操作,培养良好的职业道德和安全环保意识。

(3)通过小组讨论、上台演讲评述,培养与客户的沟通能力。

3. 方法能力

(1)通过查阅资料、文献,培养个人自学能力和获取信息能力。

(2)通过情境化的工作任务活动,掌握解决实际问题的能力。

(3)填写任务工作单,制订工作计划,培养工作方法能力。

(4)能独立使用各种媒体完成学习任务。

二、学习情境描述

某车主来到汽车4S店,反映汽车发动机起动运转无力。经检查发现,该车蓄电池电量不足。为了正确查明故障原因,作为汽车维修人员必须全面认识蓄电池,熟悉蓄电池的结构与工作原理。

三、教学环境要求

学习情境要求在理实一体化专业教室和专业实训室完成。要求配备发动机起动运转无力的小型车辆4辆、检测诊断仪器和拆装工具4套。同时提供相关车辆的汽车维修手册、使用说明书、用于查询资料的电脑、任务工作单、多媒体教学设备、课件和视频教学资料等。

将学生分成4个小组,各组独立完成相关的工作任务,并在教学完成后提交任务工作单。

工作任务一　蓄电池的认识

1. 应知应会

(1)通过本工作任务的学习与具体实施,学生应学会下列知识:

①熟悉蓄电池分类、型号、作用、结构及工作原理。

②掌握蓄电池的工作特性。

(2)应该掌握下列技能:

会正确更换蓄电池。

2. 学习要求

(1)在每个工作任务的学习过程中,完成相关任务工作单的填写,并通过课程网站及时提交给相关教师。任务工作单提交方法详见课程网站。

(2)在每个学习情境实施阶段的中期或后期,按要求填写检修工作单。学习情境学习结束后按要求填写学生考核记录表,进行自我评价后交小组长,小组长评价后连同检修工作单统一交给教师。

(3)每个学习情境学习到评价环节时,个人进行任务完成情况的评估。教师对小组抽查,被抽查的个人上台进行讲评。

一、汽车电气设备的组成

(1)电源:蓄电池、交流发电机及调节器。

(2)用电设备:

①起动系统:用于起动发动机。

②车辆电动系统:电动车窗、电动后视镜、风窗刮水器、电动座椅、电动天窗、中控门锁等小型电动机驱动的设备。

③照明系统:用于提供车辆夜间安全行驶必要的照明,包括车外照明和车内照明。

④信号装置:用于提供安全行车所必需的信号,包括声音信号和灯光信号。

⑤仪表及报警装置:用来监测发动机及汽车的工作情况,使驾驶员能够通过仪表及报警装置及时得到发动机及汽车运行的各种参数及异常情况,确保汽车正常运行。主要包括车速里程表、发动机转速表、水温表、燃油表、机油压力表、气压表及各种报警和指示灯。

⑥空调系统:用于保持车内适宜的温度和湿度,使车内空气清新。主要包括制冷、采暖、通风和空气净化等装置。

⑦娱乐和信息系统:主要包括汽车音响、导航、通信等系统。

⑧全车电路及配电装置:主要包括中央接线盒、熔断装置、继电器、电线束及插接器、电路开关等。

⑨汽车电子控制系统:主要包括燃油喷射系统、电控点火系统、电控自动变速器、制动防抱死装置、电控悬架系统、自动空调等。

二、汽车电气设备的特点

1. 低压

汽油车普遍采用12V电源,重型柴油车多采用24V系统。

2. 直流电

起动机由蓄电池供电,向蓄电池充电必须用直流电,汽车上的用电设备都采用直流供电。

3. 单线制

用汽车的金属机体作为一条公共的零线。

4. 并联连接

蓄电池与交流发电机之间以及所有用电设备之间,均采用正极接正极,负极接负极。

三、蓄电池的分类及作用

1. 蓄电池的分类

蓄电池是一种化学电源,将化学能转变为电能,靠内部化学反应储存电能或向用电设备供电,属于可逆直流电源。汽车上使用蓄电池是为了满足起动发动机需要,所以通常称为起动型蓄电池,目前燃油汽车上使用蓄电池根据电解液不同主要有两大类:铅酸蓄电池(以下简称铅蓄电池)和镍碱蓄电池。铅酸蓄电池又分为普通铅酸蓄电池、免维护铅酸蓄电池、干荷电铅酸蓄电池、胶体铅酸蓄电池4种。而镍碱蓄电池又分为铁镍蓄电池和镉镍蓄电池两种。

起动发动机时,蓄电池在5~10s内向起动机连续供给强大电流(汽油机200~600A,柴油机800~1000A),因此,对蓄电池的要求是:容量大、内阻小、有足够的起动能力。图1-1所示为常见免维护蓄电池和普通蓄电池。

图1-1 蓄电池

2. 蓄电池的作用

汽车蓄电池作为汽车上的两个电源之一,在汽车上与发电机并联,如图1-2所示。

汽车蓄电池主要用途为:

(1)发动机起动时,向起动机和点火系统供电;

(2)发动机低速运转时,向用电设备和交流发电机磁场绕组供电;

(3)发动机中、高速运转时,将交流发电机剩余电能转化为化学能储存起来;

(4)交流发电机过载时,协助交流发电机向用电设备供电;

(5)蓄电池相当于一个大电容器,能吸收电路中出现的瞬时过电压,保护电子元件,保持汽车电气系统电压稳定。

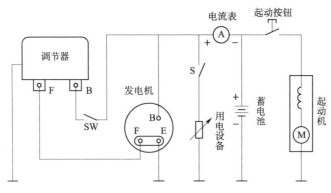

图 1-2 汽车电源组成图

四、蓄电池的结构及型号

1. 蓄电池的结构

蓄电池一般分隔为 3 个或 6 个单格,每个单格电池的标称电压为 2V,将 3 个或 6 个单格电池串联后制成一只 6V 或 12V 蓄电池总成。目前,装有汽油发动机的汽车上使用的是有 6 个单格电池组成的 12V 蓄电池,装有柴油发动机的重型汽车上使用的是有两个 12V 蓄电池串联而成的 24V 源电池。随着汽车上用电设备的增加目前汽车电源电压有升高的趋势,可能会是 36V 或 48V。

蓄电池主要由极板、隔板、电解液和外壳组成,如图 1-3 所示。

1) 极板

极板(如图 1-4 所示)是蓄电池的核心部分,蓄电池充放电过程中,电能与化学能的相互转换依靠极板上的活性物质与电解液中的硫酸的化学反应来实现。极板分正、负极板两种。由栅架和活性物质组成。

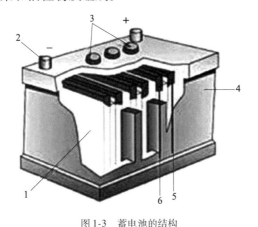

图 1-3 蓄电池的结构
1-隔板;2-极柱;3-加液孔;4-外壳;5-正极板;6-负极板

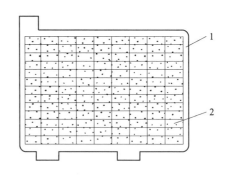

图 1-4 蓄电池极板结构图
1-栅架;2-活性物质

栅架由铅锑合金浇铸而成。锑可以提高机械强度和浇铸性能。但是锑会加速氢的析出而加速电解液的消耗,还会引起蓄电池自放电和栅架腐烂,缩短蓄电池使用寿命。目前,多采用铅—低锑合金栅架或铅—钙—锡合金栅架。在栅架的铅锑合金中,锑的含量为 6% ~ 8.5%,在免维护蓄电池中已采用铅—低锑合金栅架(含锑 2% ~ 3%)和铅—钙—锡合金栅架(无锑栅架)。

为降低蓄电池内阻,改善起动性能,现代汽车蓄电池采用了放射型栅架。正极板上的活性物质是深棕色二氧化铅(PbO_2),负极板上的活性物质是青灰色海绵状纯铅(Pb)。蓄电池充放电过程中,电能和化学能的相互转换,就是依靠极板上活性物质和电解液中硫酸的化学反应来实现的。PbO_2和Pb形成原电池的电动势,大约为2.1V。

由于单片极板上的活性物质数量少,所存储的电量少,为了增大蓄电池的容量,通常将多片正、负极板分别并联,用横板焊接,组成正、负极板组(如图1-5所示)。横板上联有极桩,各片间留有间隙。安装时正负极板相互嵌和,中间插入隔板。因为正极板的强度较低,所以在单格电池中,负极板总比正极板多一片。每一片正极板都处于两片负极板之间,保持其放电均匀,防止变形。

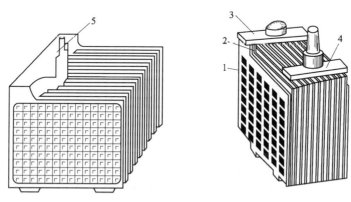

图1-5 蓄电池极板组结构图
1-极板;2-隔板;3、4-横板;5-极柱

2)隔板

为了减小蓄电池的内阻和尺寸,蓄电池内部正负极板应尽可能地靠近,但为了避免彼此接触造成短路,正负极板之间要用隔板(如图1-6所示)隔开。隔板材料应具有多孔性且化学性能稳定,以便电解液渗出,并具有良好的耐酸性和抗氧化性。隔板的材料有木质、微孔橡胶、微孔塑料、玻璃纤维板等。

木质隔板价格便宜,但耐酸性能差,已很少使用。微孔橡胶隔板性能好,寿命长,但生产工艺复杂、成本较高,故尚未推广使用。微孔塑料隔板孔径小,隔板有许多微孔,可使电解液畅通无阻。隔板一面平整,一面有沟槽,沟槽面对着正极板,且与底部垂直,使充放电时,电解液能通过沟槽及时供给正极板,当正极板上的活性物质PbO_2脱落时能迅速通过沟槽沉入容器底部。

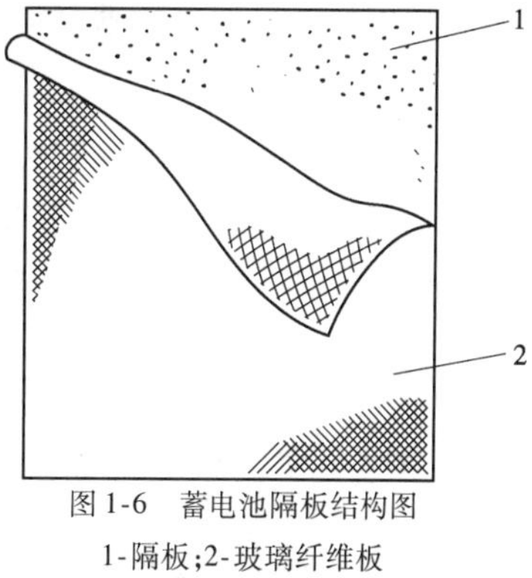

图1-6 蓄电池隔板结构图
1-隔板;2-玻璃纤维板

3)电解液

电解液是由纯硫酸与蒸馏水按一定比例配置而成,加入每个单格电池中。电解液应符合标准,含杂质会引起自放电和极板溃烂,从而影响蓄电池寿命。

电解液是蓄电池内部发生化学反应的主要物质,由化学纯硫酸和蒸馏水按一定的比例配制而成。水的密度为$1g/cm^3$,硫酸的密度为$1.84g/cm^3$,两者以不同的比例混合后形成不同密度的电解液。蓄电池电解液的密度一般为$1.24\sim1.30g/cm^3$,使用中电解液的密度应根据地区,气候条件和制造厂的要求而定,如表1-1所示。

不同地区和气候条件下电解液的相对密度　　　　　　　表 1-1

气候条件	完全充足电的蓄电池在25℃时的电解液相对密度	
	冬季	夏季
冬季温度低于零下40℃的地区	1.30	1.26
冬季温度在零下40℃以上的地区	1.28	1.24
冬季温度在零下30℃以上的地区	1.27	1.24
冬季温度在零下20℃以上的地区	1.26	1.23
冬季温度在零0℃以上的地区	1.23	1.23

使用中应注意,电解液的腐蚀性极强,溅到皮肤上或眼睛里会受伤。如果接触了蓄电池电解液要立即用苏打水冲洗(苏打中和酸),然后请医生处置。

4) 外壳

外壳(如图1-7所示)用于盛装电解液和极板组。外壳应耐酸、耐热、耐振动冲击。

外壳由橡胶外壳和聚丙烯塑料外壳两种,普遍采用的是塑料外壳,其有壳壁薄、重量轻、易于热封合、生产效率高等优点。外壳为整体式结构,壳内间壁分成3个或6个互不相通的单格。蓄电池单格电池之间均用铅质联条串联。

每个单格电池设有一个加液孔,可以加注电解液或检测电解液密度。孔盖上设有通气孔,便于排出蓄电池内部气体,防止外壳发生胀裂事故。

外壳的每个单格的底部制有凸起的肋条用来搁置极板组。肋条之间的空隙可以积存极板脱落的活性物

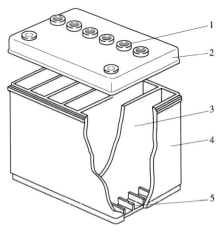

图1-7　蓄电池外壳
1-注入口;2-盖;3-隔板;4-蓄电池壳体;5-肋条

质,防止正、负极板短路。蓄电池各单格电池之间均用铅质联条串联。联条安装在盖上是一种传统的连接方式,不仅浪费材料,而且还使蓄电池内阻增大,所以此种连接方式正在被穿壁式连接所取代。采用穿壁连接方式连接单格电池时,所用联条尺寸很小,并设装在蓄电池内部。

每个单格电池都有一个加液孔,旋下加液孔盖(参见图1-8),可以加注电解液或检测电解液密度;旋入孔盖便可防止电解液溅出。孔盖上设有通气孔,该小孔应保持畅通,以便随时排出蓄电池内化学反应放出的氢气(H_2)和氧气(O_2),防止外壳胀裂和发生事故。

图1-8　蓄电池加液孔盖结构图
1-通气孔;2-气体;3-密封垫;4-螺纹

蓄电池盖有硬橡胶盖和聚丙烯耐酸塑料盖两种,前者与硬橡胶外壳配用,盖子与外壳之间的缝隙用沥青封口剂填封;后者与聚丙烯耐酸塑料外壳配用,其盖子为整体结构,与外壳之间采用热接合工艺黏合。蓄电池外壳上还有正、负极桩,如图1-9所示。

图1-9 蓄电池极桩

2. 蓄电池的型号

按照《起动型铅蓄电池标准》规定,其型号的型号由5部分组成,蓄电池的型号一般都标注在外壳上,蓄电池产品型号和含义如下:

| 1 | - | 2 | 3 | - | 4 | 5 |

第一部分表示蓄电池总成由几个单个格电池组成,用阿拉伯数字表示。

第二部分表示蓄电池用途,用大写字母表示,如起动用蓄电池用"Q"表示,摩托车用蓄电池用"M"表示,船用铅蓄电池用"JC"表示,飞机用铅蓄电池用"HK"表示。

第三部分表示蓄电池特征,用大写字母表示,普通铅蓄电池可省略不写,蓄电池特征代号如表1-2所示。

第四部分表示20h放电率的额定容量,用阿拉伯数字表示,单位是A·h(安培·小时)。

第五部分表示特殊性能,用大写字母表示(无字母为一般性能蓄电池),如薄型极板的高起动率电池用"G"表示。

蓄电池特征代号 表1-2

特征代号	蓄电池特征	特征代号	蓄电池特征	特征代号	蓄电池特征
A	干荷电	J	胶体电解液	D	带液式
H	湿荷电	M	密闭式	Y	液密式
W	免维护	B	半密闭式	Q	气密式
S	少维护	F	防酸式	I	激活式

例如:6-Q-90,表示由6个单格电池组成,额定电压为12V,额定容量为90A·h的起动用蓄电池。又如6-QAW-100,表示由6个单格电池组成,额定电压12V,额定容量为100A·h的起动用干荷电免维护蓄电池。

五、蓄电池的工作原理

蓄电池的工作原理就是化学能与电能的相互转换。当蓄电池将化学能转化为电能而向外供电时,称为放电过程;当蓄电池与外界直流电源相连而将电能转化为化学能储存起来时,称为充电过程,如图1-10所示。

当铅酸蓄电池的正、负极板浸入电解液中时,在正、负极板间就会产生约2.1V的静止电动势。此时若接入负载,在电动势作用下,电流就会从蓄电池正极经外电路流向蓄电池负极,这一过程称为放电。放电时,在2.1V的电位差作用下,电流从正极流出,经过灯泡,流回负极,使灯泡发亮。在放电过程中,正极板上四价的铅离子与电子结合生成二价铅离子,进入电解液再与硫酸根离子结合生成硫酸铅(附着在正极上);负极板上,二价铅离子也同硫酸根离子结合生成硫酸铅(附着在负极板上)。

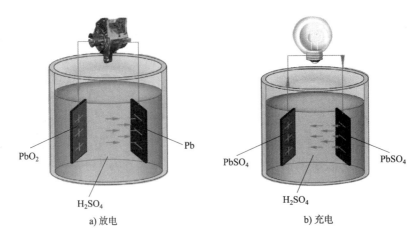

图 1-10 蓄电池充放电过程

把放电后的蓄电池接一直流电源,使蓄电池正极接上直流电源的正极,蓄电池的负极接直流电源的负极。当外加电源电压高于蓄电池电动势时,电流将以放电电流相反的方向流过蓄电池,使蓄电池正、负极发生与放电相反的化学反应。充电时,正极板处外加电流将两个电子经外电路输送到负极板,正极板上原二价铅离子因失去两个电子而成为四价离子,再与水反应生成二氧化铅(附在正极板上)。而在负极板上,由于得到两个电子与原二价铅离子结合而生成纯铅(附在负极板上),与此同时,从正、负极上电离出来的硫酸根离子则与水中氢离子结合生成硫酸。所以充电时是水被消耗,硫酸增多,电解液密度上升。在充电过程中,上述化学反应不断进行。当充电进行到极板上的物质和电解液完全恢复到放电前的状态时,蓄电池即充电完毕。

综上所述,蓄电池的充放电过程中的化学反应是可逆的,总的反应式如下:

$$PbO_2 + 2H_2SO_4 + Pb = PbSO_4 + 2H_2O + PbSO_4$$

(1)蓄电池放电终了的特征如下:

①单格电池电压降到放电终止电压(单格电池终止电压与放电电流有关)。

②电解液密度降到最小终止值。

(2)蓄电池充电终了的特征如下:

①端电压和电解液密度上升到最大值(2.7V),且在2h内不上升。

②电解液中剧烈冒气泡,呈沸腾现象(电解水)。

六、蓄电池的容量及工作特性

铅蓄电池的容量是指蓄电池在完全充足电的情况下,在允许放电的范围内对外输出的电量,单位为安培小时,蓄电池容量用以表示蓄电池对外供电的能力。当电池以恒定电流值进行放电时,其容量 Q 等于放电电流 I 和放电时间 t 的乘积,即:

$$Q = It$$

式中:Q——蓄电池容量(A·h);

I——放电电流(A);

t——放电时间(h)。

蓄电池的容量与放电电流的及电解液的温度等因素有关,为了准确地表示出蓄电池的准确容量,要规定蓄电池的放电条件,在一定放电条件下,蓄电池的容量分为额定容量和起动容量。

1. 额定容量

额定容量是指完全充足电的蓄电池在电解液平均温度为25℃的情况下,以20h率放电的电流(相当于额定容量的1/20)连续放电至单格电压降为1.75V时,所输出的电量。

例如:3-Q-90型蓄电池,在电解液平均温度为25℃的情况下,以4.5A放电电流连续放电20h后,单格电压降为1.75V,它的额定容量$Q = 4.5 \times 20 = 90 (A \cdot h)$。

2. 起动容量

起动容量表示蓄电池接起动机时的供电能力,有常温和低温两种起动容量。

1)常温起动容量

常温起动容量即电解液温度为25℃时,以5min率放电的电流(3倍额定容量的电流)连续放电至规定的终止电压(6V蓄电池为4.5V,12V蓄电池为9V)时,所输出的电量,其放电持续时间应在5min以上。例如,3-Q-90型蓄电池在25℃以270A电流放电5min,蓄电池的端电压降到9V,其起动容量为$270 \times 5/60 = 22.5 (A \cdot h)$。

2)低温起动容量

低温起动容量,即电解液温度为-18℃时,以3倍额定容量的电流连续放电至规定的终止电压(12V蓄电池为6V,6V蓄电池为3V)时所放出的电量,其放电持续时间应在2.5min以上。

 任务实施

1. 准备工作

(1)准备好实验用各种蓄电池。

(2)强调实训中的安全注意事项。

2. 实训内容及要求

(1)蓄电池结构认识。

(2)蓄电池标牌解读。

(3)将蓄电池从车上拆下。

(4)将蓄电池安装到车上。

3. 具体操作

(1)蓄电池拆卸步骤:

①断开点火开关。

②拆下蓄电池搭铁线(图1-11)。

③拆下蓄电池正极线(图1-12)。

④拆下蓄电池压板(图1-13)。

⑤支架中取出蓄电池。

(2)蓄电池安装步骤:

①断开点火开关(图1-14)。

②装上蓄电池(图1-15)。

③装上蓄电池压板(图1-16)。

④装上蓄电池正极(图1-17)。

⑤装上蓄电池负极(图1-18)。

图 1-11　拆卸蓄电池搭铁线

图 1-12　拆卸蓄电池正极线

图 1-13　拆卸蓄电池压板

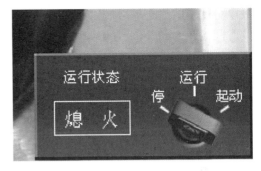
图 1-14　断开点火开关

图 1-15　装上蓄电池

图 1-16　装上蓄电池压板

图 1-17　装上蓄电池正极

图 1-18　装上蓄电池负极

注意：在操作过程中，注意操作步骤与规范，注意设备的正确使用，防止出现事故。

任务工作单

学习情境一:发动机起动无力故障检修	班级			
工作任务一:蓄电池的认识	姓名		学号	
	日期		评分	

一、工作单内容

熟悉蓄电池型号、结构及工作原理,正确更换蓄电池。

二、准备工作

说明:每位学生应在工作任务实施前独立完成准备工作。

1. 记录实验车辆的信息。

制造年份	制造商	型号	发动机类型	VIN码

2. 标注蓄电池上的图标含义,举例说明规范维修使用的意义。

三、任务实施

1. 描述在车上拆装蓄电池的步骤及注意事项。

2. 描述正负极的判断方法。

四、工作小结

通过此工作任务的实施,各小组集中完成下列工作。

1. 通过本任务的学习,描述汽车电气设备的特点。

2. 对本项工作任务有哪些好的建议和意见?

工作任务二　蓄电池的检测与维护

任务概述

1. 应知应会

（1）通过本工作任务的学习与具体实施，学生应学会下列知识：

①熟悉蓄电池的技术状况参数。

②掌握蓄电池的充电方法。

③熟悉蓄电池的常见故障现象。

（2）应该掌握下列技能：

①掌握蓄电池的检测与维护技能。

②会对蓄电池的故障进行诊断。

2. 学习要求

（1）在每个工作任务的学习过程中，完成相关任务工作单的填写，并通过课程网站及时提交给相关教师。任务工作单提交方法详见课程网站。

（2）在每个学习情境实施阶段的中期或后期，按要求填写检修工作单。情境学习结束后按要求填写学生考核记录表，进行自我评价后交小组长，小组长评价后连同检修工作单统一交教师。

（3）每个学习情境学习到评价环节时，个人进行任务完成情况的评估。教师对小组抽查，被抽查的个人上台进行讲评。

相关知识

一、蓄电池的充电

1. 蓄电池充电方法

蓄电池的充电方法有定流充电、定压充电、脉冲快速充电三种。

1）定流充电

蓄电池在充电过程中，使其充电电流保持恒定不变，随着蓄电池电动势的逐渐提高，逐步增加充电电压的方法叫定流充电。定流充电电路图如图1-19所示，当充到蓄电池单格电压上升至2.4V（电解液开始冒气泡）时，再将充电电流减小一半后保持恒定，直到蓄电池完全充足。

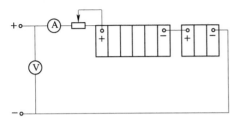

图1-19　蓄电池定流充电图

一般使用充电机，在充电工作间对蓄电池进行充电，常采用这种定电流充电法。因为它有较大适用性，可任意选择和调整电流，适应各种不同条件（新蓄电池的初充电，使用中的电池补充充电以及去硫化充电等）下的蓄电池充电，其主要特点是充电电流大小可根据充电类型及蓄电池的容量确定，不同端电压的蓄电池可以串联充电，充电时间长。

2）定压充电

在充电过程中，加在蓄电池两端的充电电压保持恒定不变的充电方法，称为定压充电。

汽车上的交流发电机对蓄电池的充电即为定压充电。其特点是充电开始,充电电流很大,随着蓄电池电动势的不断增高,充电电流逐渐减小。充电终了,充电电流将自动减小至零,因而不需要人照管。同时由于定电压法充电速度快,4~5h 内蓄电池就可获得本身容量的 90%~95%,比定流充电时间大大缩短。所以特别适合对具有不同容量的蓄电池进行充电。

在定压充电(如图 1-20 所示)过程中,充电电压对充电的效果影响很大,如果充电电压合适,蓄电池充足电后,充电电流可自动减小到 0A。如果充电电压低,蓄电池将永远也充不满电,对蓄电池的使用寿命会产生很大的影响。如果充电电压过高,在蓄电池充满电后还会继续充电,此时的充电即为过充电,过充电将会消耗电解液中的水分,也会影响蓄电池的使用寿命。

3) 脉冲快速充电法

脉冲快速充电,也为分段充电法。整个充电过程为:正脉冲充电、停充(25ms)、负脉冲(瞬间)放电或反充、再停充、再正脉冲充电,如图 1-21 所示。

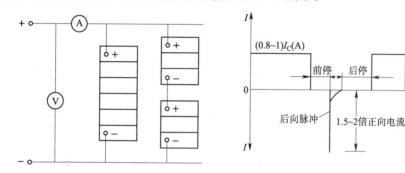

图 1-20 蓄电池定压充电图　　图 1-21 蓄电池脉冲快速充电图

该充电方法显著的特点是充电速度快,即充电时间大大缩短。一次初充电只需 5h 左右,补充充电仅需 1h 左右。采用这种方法充电,还可以使蓄电池容量增加,使极板"去硫化"明显。但其缺点是充电速度快,析出的气体总量虽减少,可其出气率高,对极板活性物质的冲刷力强,故易使活性物质脱落,因而对蓄电池的使用寿命会有一定影响。

2. 充电种类

1) 初充电

普通新蓄电池或修复后的蓄电池(更换极板)在使用之前的首次充电为初充电。具体操作步骤如下:

(1) 检查铅蓄电池外壳是否破裂,拧下加液孔盖的螺塞,检查通气孔是否畅通。

(2) 按照不同季节和气温选择电解液密度,将选择好的温度低于 35℃的电解液从加液孔处缓缓加入蓄电池内,液面要高出极板上沿 15mm。

(3) 蓄电池加入电解液后,静止 6~8h,让电解液充分浸渍极板。此时由于电解液渗透到极板内部,容器里的电解液减少,液面下降,应再加入电解液把液面调整到规定值。待电池内温度低于 30℃时,将充电机的正极接到蓄电池的正极,充电机的负极接到蓄电池的负极,准备充电。

因为新蓄电池在储存中可能有一部分极板硫化,充电时容易过热,所以初充电的电流选用的较小,充电分两个阶段进行。

第一阶段的充电电流约为蓄电池额定容量的 1/15,充电至电解液中有气泡析出,端电压达到2.4V。

第二阶段充电电流约为蓄电池额定容量的1/30。

充电过程中,应经常测量电解液的密度和温度。充电初期密度会有降低情况,不需要调整它,但要随时以相同的电解液调整液面高度到规定值。如果充电时电解液的温度上升到40℃时,要将充电电流减半;如果温度继续上升到45℃时,则应停止充电,采用水冷或风冷的办法实施降温,待冷至35℃以下时再继续充电。整个初充电大约需60h,初充电过程中,如减少充电电流则应适当延长充电的时间。

2)蓄电池补充充电

蓄电池在使用中,如果发现起动机运转无力;灯光比平时暗淡,冬季放电超过25%,夏季放电超过50%,储存不用已近一个月的蓄电池,都必须进行补充充电。另外,由于汽车上使用的蓄电池进行的是定压充电,不一定能使蓄电池充足,为了有效防止极板硫化,最好每2~3个月进行一次补充充电。

补充充电具体步骤如下:

(1)从汽车上拆下蓄电池,清除蓄电池盖上的脏污,疏通加液孔盖上的通气孔,消除极桩和导线接头上的氧化物。

(2)检查电解液的密度和液面高度,如果密度不符合规定要求,用蒸馏水或密度为$1.4g/cm^3$的稀硫酸调配,电解液液面应高出极板上缘15mm。

(3)用高率放电计检查各单格电压的放电情况,要求蓄电池的各个单格电池读数(电压值)基本一致。

(4)将蓄电池正极接充电机正极,蓄电池负极接充电机负极,补充充电的充电规范一共分两个阶段:第一阶段的充电电流约为蓄电池额定容量的1/10,充至单格电压为2.3~2.4V;第二阶段的充电电流约为容量的1/20,充至单格电压为2.5~2.7V,电解液达到规定值,并且在2~3h内基本不变,蓄电池内产生大量气泡,电解液呈"沸腾"状态,此时表示电池电量已充足,时间大约为15h。

(5)将加液口盖拧紧,擦净蓄电池表面,便可使用。

3. 充电注意事项

(1)严格遵守各种充电方法的充电规范。

(2)充电过程中,要密切观察各单格电池的电压和密度变化,及时判断其充电程度和技术状况。

(3)在充电过程中,密切注意电池的温度。

(4)初充电时应连续进行,不能长时间间断。

(5)配制和加入电解液时,要严格遵守安全操作规则和器皿的使用规则。

(6)充电时要经常备用冷水、10%苏打溶液或10%的氨水溶液。

(7)充电室要安装通风装置,并要严禁有明火。

(8)充电设备不应和蓄电池放置在同一工作间,充电时应先紧固电池连接线,停止充电时应先切断电源,严防火花发生。

二、蓄电池的性能检测

为了及时发现蓄电池使用中的各种内在故障,汽车每行驶1000km或冬季行驶10~15天,夏天行驶5~6天,需对蓄电池进行检查。蓄电池技术状况的检测包括:蓄电池外部检查、电解液液面高度的检查、蓄电池端电压的检测、电解液密度的测量及蓄电池放电程度的检查。

1. 蓄电池外部检查

检查蓄电池封胶处有无开裂和损坏,极桩有无破损,壳体有无泄漏,否则应修理或者更换,疏通加液孔盖的通气孔,清洁蓄电池外壳,并用钢丝刷或极柱接头清洗器清洁极柱和电缆卡子上的氧化物,清洁后涂抹一层凡士林或润滑脂。

2. 蓄电池电解液液面高度的检查

必须定期的检查电解液的高度,如有必要必须添加蒸馏水或蓄电池电解液。

蓄电池的壳体为透明或半透明材料制成的,在上面有正常液位范围标记。电解液的液位必须在该范围之内,如图 1-22 所示。

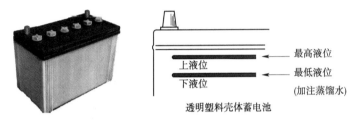

图 1-22　透明壳体液位检查

如图 1-23 所示,在黑壳体的蓄电池中,电解液液体必须保持在隔板上 10～15mm,即保持足够高以没过各电解槽中的极板。

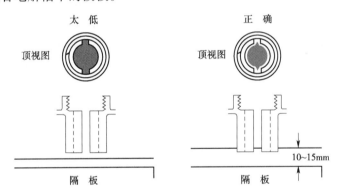

图 1-23　黑壳体液位检查

用玻璃管测量:应定期检查蓄电池电解液液面高度。若电解液数量不够,会导致极板上部与空气接触而硫化,降低蓄电池的电荷容量,缩短其使用寿命。一般在冬天半个月检查 1 次,夏天高温水易蒸发,应每周检查 1 次。电解液液面高度一般为高出极板防护网 10～15mm。由于现在绝大多数蓄电池在外壳上都有电解液液面高度上、下限标记,所以电解液液面只要在规定范围内即可。对于目前广泛使用的免维护蓄电池,虽然使用中不需要添加蒸馏水,但也应结合汽车定期维护检查电解液液面高度,不符合要求时应进行调整。当液面过低时,应加注蒸馏水,以恢复正确的液面高度。除非确知电解液溅出,否则不许添加硫酸溶液。

当界面中的蓄电池液位不能看清时,拆下蓄电池加液孔螺塞,插入带有刻度的玻璃管,检查刻度,如图 1-24 所示。

当电解液不足时,添加蒸馏水或蓄电池电解液,添加完成后,装上蓄电池加液孔螺塞。

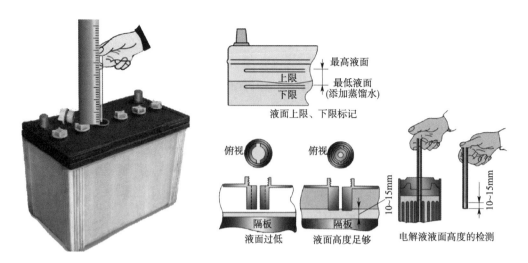

图 1-24　蓄电池液面高度检查

3. 蓄电池电解液密度检查

(1) 拆下蓄电池加液孔螺塞；

(2) 将密度计伸入蓄电池电解液中进行测量，如图 1-25 所示。

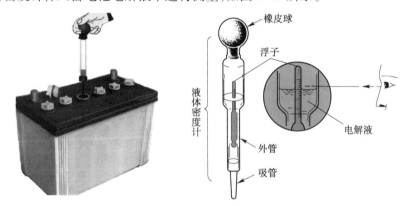

图 1-25　蓄电池电解液密度测量

电解液密度与放电程度的关系是密度每下降 $0.01\text{g}/\text{cm}^3$ 相当于蓄电池放电6%，当判定蓄电池在夏季放电超过50%，冬季放电超过25%时不宜再使用，应及时进行充电，否则会使蓄电池早期损坏。放电程度可通过用密度计测量电解液密度来估算和用高率放电计测量单格电池电压来判定放电程度，如表1-3所示。

电解液密度数据（桑塔纳2000）　　表1-3

温 度 条 件	蓄电池状态	电解液密度（g/cm^3）
常温下	放电	1.12
	半充电	1.20
	全充电	1.28
在热带地区	放电	1.08
	半充电	1.14
	全充电	1.23

4. 蓄电池端电压检查

1)用高率放电计测量单格电池的端电压

高率放电计如图1-26所示,测量时按以下步骤进行。

(1)放电叉的两触针紧压在蓄电池单格的正负极桩上;

(2)测量5s,观察放电计的电压,记录电压值;

(3)分别测得6个单格的电压。此时蓄电池是在大电流放电情况下的端电压,各单格的端电压应在1.5V以上,且能稳定5s。

2)用高率放电计测量蓄电池的端电压(如图1-27所示)。

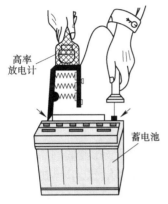

图1-26　高率放电计　　　图1-27　用高率放电计测量蓄电池的端电压

对于12V蓄电池,充满电,密度在$1.24g/cm^3$,接入时间10~15s,电压能保持在10.5~11.6V以上,表明存电量充足,蓄电池无故障。电压能保持在9.6~10.5V,则存电量为不足,应充电,蓄电池无故障。电压降到9.6V以下,表明存电量严重不足或蓄电池有故障。

3)用万用表测量蓄电池的端电压(如图1-28所示)

(1)将万用表置直流电压挡;

(2)将万用表的正表笔接蓄电池单格的正极端,负表笔接负极端;

(3)读出指示电压值,12.6V以上为正常值;

(4)电压值低于9.6V,表明蓄电池需进行维护充电。

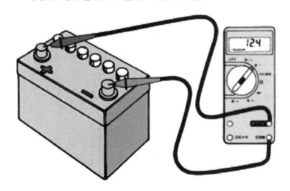

图1-28　用万用表测量蓄电池的端电压

三、蓄电池常见故障

蓄电池常见故障包括内部故障和外部故障。

(1)外部故障:外壳裂纹、极柱腐蚀、极柱松动、封胶干裂。
(2)内部故障:极板硫化、活性物质脱落、极板栅架腐蚀、极板短路、自放电、极板拱曲。

1. 蓄电池极板硫化

1)故障现象

(1)蓄电池容量降低,用高率放电计检测,端电压迅速下降。
(2)电解液的密度下降到规定的正常数值以下。
(3)蓄电池在开始充电及充电完毕时电压过高,可达2.7V以上。
(4)蓄电池在充电时过早地产生气泡,甚至一开始充电就有气泡。
(5)蓄电池在充电时电解液温度上升得过快,易超过45℃。
(6)蓄电池放电时电压下降过快,过早地降至终止电压。
(7)在极板上生成坚硬、不易溶解的白色大颗粒。

2)故障原因

(1)蓄电池在放电与半放电状态下长期放置。由于硫酸铅在昼夜温度差存在的情况下,不断在电解液中有溶解与结晶两个相反的过程交替产生,产生后再结晶,经过多次再结晶,便在极板上形成粗大的不易溶解的硫酸铅晶体。
(2)蓄电池经常过量放电或小电流深放电,从而在极板细小孔隙的内层生成硫酸铅。
(3)电解液液面过低,极板上的活性物质露在空气中被氧化,汽车行驶时电解液波动使其接触氧化了的活性物质,生成了粗晶粒的硫酸铅。
(4)初充电不彻底或不进行定期补充充电。蓄电池初充电不彻底或使用期间不进行定期补充充电,使其在半充电状态长期使用,极板上的放电产物硫酸铅长期存在,也会通过再结晶形成粗大的颗粒。
(5)电解液不纯或其他原因导致蓄电池自行放电,均会产生硫酸铅,从而为硫酸铅再结晶提供物质基础。

3)故障排除

蓄电池出现轻度硫化故障,可用2~3A的小电流长时间充电,即过充电;或用全放、全充的充放电循环方法使活性物质还原。硫化严重的蓄电池,可用去硫充电的方法消除硫化。去硫化充电工艺如下:将蓄电池以20h放电率放电,至终止电压1.75V,然后以上述放电电流值充电,至电解液开始沸腾,将电流减小一半继续充电至电解液大量沸腾,电压与电解液相对密度均升到最大值,再继续充电3h,直到密度不再上升时为止。停止充电30min,以蓄电池额定容量的1/80电流值充电1h,再停止充电30min后继续充电1h,如此循环几个周期,直到电解液相对密度恢复至标准值为止。

2. 蓄电池自放电故障

1)故障现象

充足电的蓄电池,因汽车停驶一段时间后,再度使用时出现起动无力,电解液密度明显地低于停驶前,且蓄电池端电压明显下降,严重时可在几天甚至几小时内将电能完全放尽。

2)故障原因

蓄电池自身故障:蓄电池内部自放电是由于电解液不纯,混有杂质,或是蓄电池内部活性物质部分脱落,沉淀在电池底部,使正负极板通过沉淀而放电造成的;或者由于蓄电池盖有破裂,封胶不严,或盖上有电解液、杂质,造成局部短路放电。蓄电池外部故障原因有:电源线路中的各接触点因受腐蚀而引起接触不良,跳火跳电;电气线路中的电源线路有故障,绝缘层损坏而漏电;各用电设备内部有短路,产生漏电。

3) 自放电故障的判断与排除

检查蓄电池盖是否破裂,盖上是否有残存积留的电解液和杂质。若有,则为蓄电池外部自放电,应修复电池盖上的破损处,清除电解液和杂质,如无外部自放电故障,则可认为蓄电池内部有自放电故障存在。造成自放电的原因有电解液不纯、液内有杂质或活性物质部分脱落,使正负极通过沉淀物而放电。

3. 蓄电池存电不足故障

1) 故障现象

汽车起动时,起动机转速很快就下降,转动无力,喇叭声音小、无力;开启前照灯,灯光很暗;平时发现电解液耗损过快;蓄电池自行放电严重。

2) 故障原因

(1) 使用新蓄电池前未按要求进行充电。即充电时未经过充、放电循环,说明蓄电池未达到规定容量。

(2) 发电机调节器电压调得过低,使蓄电池经常充电不足或蓄电池接线极柱与极板连接断裂,致使充电电阻增大。

(3) 蓄电池极板有短路或隔板击穿、损坏。

(4) 电解液的相对密度过高,充电电流过大,致使极板硫化。

(5) 起动机经常长时间工作,造成大电流放电,致使极板损坏。

3) 故障判断与排除:

(1) 检查蓄电池的外部,看外壳是否良好,有无裂纹,表面是否清洁,极板上是否有腐蚀及污物。如有,则为蓄电池外部自放电故障,根据相应故障予以排除。

(2) 检查蓄电池搭铁接线,极柱的连接夹子有无松动,蓄电池接线极柱与极板连接处有无断裂。如有,则为输出电阻过大,电压降低。

(3) 蓄电池充电后检查电解液密度,若出现相邻两个单格电池中电解液的密度有明显差别,则说明单格电池内部有短路,不能使用。

(4) 检查电解液的液面高度,若液面高度不足,且在极板上有白色结晶物质存在,则可能存在极板硫化故障。

(5) 打开前照灯,注意灯光的变化,如果前照灯明亮,说明蓄电池正常,如果前照灯发暗,表明蓄电池容量不足。

四、蓄电池使用与维护

1. 蓄电池的正确使用

(1) 不要连续使用起动机。每次起动的时间不得超过5s,如果一次未能起动,应停顿15s以上再作第二次起动,连续三次起动不成功者,应查明原因,排除故障后再起动发动机。

(2) 安装和搬运蓄电池时,应轻搬轻放,不可敲打或在地上拖拽。蓄电池在汽车上应固定牢靠、以防行车时振动和移位。

(3) 冬季使用的注意事项:

①冬季使用蓄电池时应特别注意保持其处于充足电状态,以免电解液密度降低而结冰。

②冬季补加蒸馏水,应在充电前进行,以使蒸馏水较快的与电解液混合而不致结冰。

③冬季蓄电池容量降低,因此在起动冷态发动机前,应进行预热,以减少起动阻力矩。

④冬季气温低,充电较困难,因此可以适当调高调节器的调节电压,以改善蓄电池的充电状态,但仍需避免过充电。

(4)要经常检查蓄电池的电解液和蓄电池的放电情况,如发现电解液不足或蓄电池充电不足,要及时进行补充和充电。

2. 蓄电池的维护

(1)经常清除蓄电池表面的灰尘污物,电解液溅到蓄电池表面时,应用抹布蘸浓度为10%的苏打水或碱水擦净,电极桩和电线夹头上出现氧化物时应及时清除。

(2)经常疏通加液孔盖上的通气孔。

(3)检查各单格内电解液的液面高度,如发现不足及时补充。

(4)根据当时的季节,及时调整电解液密度。

(5)放完电的蓄电池在24h内应及时充电。

(6)停驶车辆的蓄电池,每两个月应进行一次补充充电。

(7)常用车辆的蓄电池,放电程度冬季达25%、夏季达50%时即应充电,必要时及时进行补充充电。

(8)拆卸蓄电池电缆时,应先拆下蓄电池负极,再拆下蓄电池正极;安装蓄电池电缆时,应先安装蓄电池正极,再安装蓄电池负极,以免拆卸过程中造成蓄电池短路。

任务实施

1. 准备工作

(1)准备好实验用各种蓄电池、密度计、温度计、玻璃管、高率放电计、万用表、充电机等。

(2)强调实训中的安全注意事项。

2. 实训内容及要求

1)蓄电池性能检查

(1)检查蓄电池电解液高度。

(2)检查蓄电池电解液密度。

(3)检查蓄电池电压。

(4)蓄电池低温输出能力检测。

注意:在实训过程中,注意仪器或工具的使用要求及人身安全事项。

2)蓄电池充电

(1)蓄电池与充电机连接前,应将蓄电池极柱和表面清理干净,液面高度调整正常。

(2)正确连接蓄电池和充电机。

(3)将充电机上的电压调节旋钮调至15V位置。

(4)打开交流电源开关。

(5)打开充电机上的电源开关,调节电压旋钮,观察电流表读数,直到电流表读数指示出所确定的电流值为止(按照充电规范,确定充电电流大小)。

(6)通过加液孔观察蓄电池内部情况,用万用表测量蓄电池端电压,当充足电时,应立即停止充电。

学习情境一:发动机起动无力故障检修	班级		
工作任务二:蓄电池的检测与维护	姓名	学号	
	日期	评分	

一、工作单内容

检查蓄电池技术状况,并对其异常状况进行故障诊断。

二、准备工作

说明:每位学生应在工作任务实施前独立完成准备工作。

1. 一辆汽车及相应的维修手册,电解液密度计、数字万用表等蓄电池等检测工具和仪器。

2. 记录实验车辆的信息。

制造年份	制造商	型号	发动机类型	VIN 码

三、任务实施

1. 描述起动机运转无力的现象,造成该现象的原因有哪些?

2. 记录电解液高度,分析电解液是否正常。

第1格	第2格	第3格	第4格	第5格	第6格

检测结果分析:_____。

3. 记录电解液密度,根据电解液密度,判断放电程度。

第1格	第2格	第3格	第4格	第5格	第6格

检测结果分析:_____。

4. 记录蓄电池端电压,判断蓄电池放电程度。

5. 记录起动机工作时蓄电池端电压,判断蓄电池放电程度。

6. 计算蓄电池充电电流大小。

四、工作小结

通过此工作任务的实施,各小组集中完成下列工作。

1. 比较各式蓄电池的优缺点。

2. 对本项工作任务有哪些好的建议和意见?

学习情境二　充电指示灯常亮故障检修

情境概述

本学习情境主要介绍交流发电机的类型、结构及工作原理，交流发电机的检测与维护方法及充电指示灯常亮故障的诊断及排除方法。根据岗位职业能力的要求，本情境共安排了两个工作任务。

一、职业能力分析

通过本情境的学习，期望达到下列目标。

1. 专业能力

(1) 能对交流发电机进行拆卸和安装。
(2) 能对交流发电机进行检测及维修。
(3) 能检测电压调节器。
(4) 能对交流发电机进行维护。
(5) 能诊断充电指示灯常亮故障。

2. 社会能力

(1) 通过分组活动，培养团队协作能力。
(2) 通过规范文明操作，培养良好的职业道德和安全环保意识。
(3) 通过小组讨论、上台演讲评述，培养与客户的沟通能力。

3. 方法能力

(1) 通过查阅资料、文献，培养个人自学能力和获取信息能力。
(2) 通过情境化的工作任务活动，掌握解决实际问题的能力。
(3) 填写任务工作单，制订工作计划，培养工作方法能力。
(4) 能独立使用各种媒体完成学习任务。

二、学习情境描述

某车主到汽车4S店反映，他的汽车在发动机起动后，充电指示灯仍然点亮，说明电源系统有故障。为了正确地检修电源系统，作为汽车维修人员必须熟悉交流发电机及调节器的结构与工作原理。

三、教学环境要求

学习情境要求在理实一体化专业教室和专业实训室完成。要求配备充电指示灯常亮的小型车辆4辆；检测诊断仪器和拆装工具4套。同时提供相关车辆的汽车维修手册、使用说明书;可以用于查询资料的电脑、任务工作单、多媒体教学设备、课件和视频教学资料等。

将学生分成4个小组,各组独立完成相关的工作任务,并在教学完成后提交任务工作单。

工作任务一　交流发电机的拆装与维护

任务概述

1. 应知应会

(1)通过本工作任务的学习与具体实施,学生应学会下列知识:

①熟悉交流发电机的构造、功用和分类。

②掌握交流发电机的工作原理和工作特性。

(2)应该掌握下列技能:

①会对交流发电机进行正确拆装。

②会对交流发电机进行正确维护。

2. 学习要求

(1)在每个工作任务的学习过程中,完成相关任务工作单的填写,并通过课程网站及时提交给相关教师。任务工作单提交方法详见课程网站。

(2)在每个学习情境实施阶段的中期或后期,按要求填写检修工作单。学习情境结束后按要求填写学生考核记录表,进行自我评价后交小组长,小组长评价后连同检修工作单统一交教师。

(3)每个学习情境学习到评价环节时,个人进行任务完成情况的评估。教师对小组抽查,被抽查的个人上台进行讲评。

相关知识

一、交流发电机的构造

交流发电机是汽车的主要电源,其功用是在发动机正常运转时,向所有用电设备(起动机除外)供电,同时给蓄电池充电。汽车用发电机可分为直流发电机和交流发电机,由于交流发电机的性能在许多方面优于直流发电机,直流发电机已被淘汰。目前汽车多采用三相同步交流发电机,内部带有二极管整流电路,将交流电整流为直流电,所以,汽车交流发电机输出的是直流电。交流发电机必须配装电压调节器,电压调节器对发电机的输出电压进行控制,使其保持基本恒定,以满足汽车用电气设备的需求。

普通交流发电机一般由转子、定子、整流器、前端盖(又称为驱动端盖)、风扇、皮带轮、后端盖、电刷等组成。图2-1为JF132型6管普通交流发电机解体图。图2-2为整体式交流发电机结构,图示的交流电机采用的是集成电路电压调节器(又称为IC调节器)。

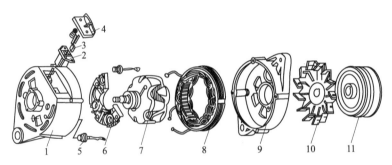

图 2-1　JF132 型交流发电机解体图

1-后端盖;2-电刷架;3-电刷;4-电刷弹簧压盖;5-硅二极管;6-元件板;7-转子;8-定子;9-前端盖;10-风扇;11-带轮

1. 转子

转子的功用是建立交流发电机的旋转磁场。它是交流发电机由旋转皮带带动旋转的部分。转子由转子轴、励磁绕组、爪形磁极和滑环等组成,如图 2-3 所示。

图 2-2　整体式交流发电机

转子轴上压装着两块爪极,爪极被加工成鸟嘴形状,爪极空腔内装有励磁绕组和磁轭。滑环由两个彼此绝缘的铜环组成,压装在转子轴上并与轴绝缘,两个滑环分别与励磁绕组的两端相连。当给两滑环通入直流电时,励磁绕组中就有电流通过,并产生轴向磁通,使爪极一块被磁化为 N 极,另一块被磁化为 S 极,从而形成六对(或八对)相互交错的磁极。当转子转动时,就形成了旋转的磁场。

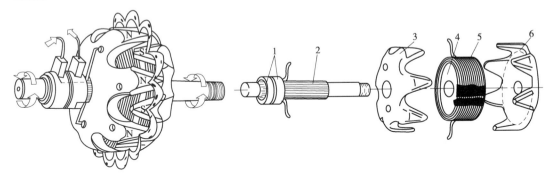

图 2-3　交流发电机转子

1-滑环;2-转子轴;3-爪极;4-磁轭;5-磁场绕组;6-爪极

2. 定子

定子的功用是产生三相交流电。

定子安装在转子的外面,和发电机的前后端盖固装在一起,当转子在其内部转动时,引起定子绕组中磁通的变化,定子绕组中就产生交变的感应电动势。定子由定子铁芯和定子绕组(线圈)组成,如图 2-4 所示。定子铁芯由内圈带槽、互相绝缘的硅钢片叠成。定子绕组有三组线圈,对称的嵌放在定子铁芯的槽中。三相绕组的连接有星形接法和三角形接法两种,如图 2-4a)、图 2-4b)所示,都能产生三相交流电。当采用星形接法时,三相绕组的 3 个末端连接在一起,称为中性点,3 个始端作为交流发电机的输出端。当采用三角形接法时,一相绕组的始端与另一相的末端连接,共有 3 个接点,这 3 个接点即为交流发电机的输出端。

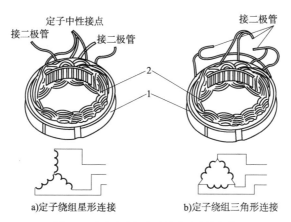

图 2-4 交流发电机定子总成及连接方式
1-铁芯;2-定子绕组

3. 整流器

整流器的功用是将定子绕组产生的三相交流电变为直流电,其次,可阻止蓄电池的电流向交流发电机倒流。

整流器由散热板和整流二极管组成,6 管交流发电机的整流器是由 6 只硅整流二极管分别压装(或焊装)在相互绝缘的两块板上组成的,其中一块为正极板(带有输出端螺栓),另一块为负极板,负极板和发电机外壳直接相连(搭铁),也可以将发电机的后盖直接作为负极板,如图 2-5 所示。

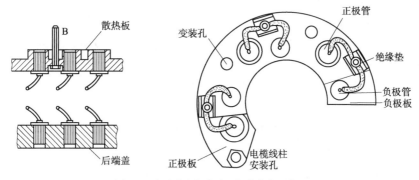

图 2-5 交流发电机整流二极管安装示意图

6 只整流二极管分为正极管和负极管两种。正极管中心引线为正极,外壳为负极,在管壳底部一般标有红色标记。硅整流发电机中,3 个正极管的外壳压装在元件板的座孔内,共同组成发电机的正极,并绝缘固定在发电机后端盖的内侧或外侧,元件板上的大接线柱(螺栓)就是发电机的输出接柱,一般用符号"B"或"A"或"+"来表示。负极管中心引线为负极,外壳为正极,在管壳底部一般标有黑色标记。在硅整流发电机中,3 个正极管的外壳压装在后端盖的座孔内,共同组成发电机的负极。一般用符号"E"或"-"表示,如图 2-6 所示。

整流器总成的形状各异,有马蹄形、半圆形和圆形等。整流器和定子绕组的连接,如图 2-7 所示。

4. 皮带轮

皮带轮通过皮带将发动机转速传递给交流发电机的转子轴。通常由铸铁或铝合金制成,分单槽和双槽两种,利用半圆键装在前端盖外侧的转子轴上,用弹簧垫片和螺母紧固,如图 2-8 所示。

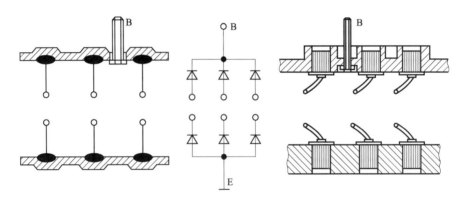

图 2-6　发电机正负二极管示意图

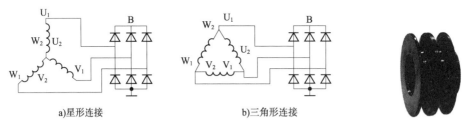

a)星形连接　　　　　　　b)三角形连接

图 2-7　交流发电机整流器和定子的连接电路图　　　图 2-8　交流发电机皮带轮

5. 风扇

风扇的功用是对发电机进行冷却。常用 1~5mm 厚的钢板冲压而成或用铝合金铸造制成,利用半圆键装在前端盖外侧的转子轴上,如图 2-9 所示。对于只有一个风扇的交流发电机,气风扇安装在前端盖与皮带轮之间;对于有两个风扇的交流发电机来说,其风扇的安装形式有两种情况:

(1)一个风扇安装在前端盖与皮带轮之间,另一个风扇安装在后端盖与转子爪极之间。如 BJ2021 型吉普车用交流发电机。

(2)在前后端盖内的转子爪极两侧各安装一个风扇。如丰田和夏利轿车用交流发电机。

6. 前、后端盖

前、后端盖 用非导磁性材料铝合金制成,具有轻便、散热性好等优点。后端盖上装有电刷总成。前、后端盖上均有通风口,发电机转动时风扇能使空气高速流经发电机内部进行冷却,如图 2-10 所示。

图 2-9　交流发电机风扇　　　　　图 2-10　交流发电机前后端盖

7. 电刷

电刷的功用是将直流电引入励磁绕组。电刷用铜粉和石墨粉模压而成;电刷架用酚醛玻璃纤维模压而成。电刷装在电刷架内,在弹簧压力作用下与滑环保持良好的接触。每只交流发电机有两只电刷,每只电刷都有一根引线直接引到发电机后端盖的接线端上或后端盖上。励磁绕组的搭铁回路不同,电刷总成上的两电刷接线柱可分为"B、F"接线柱或"F_1、F_2"接线柱,前者为内搭铁式交流发电机所用,后者为外搭铁交流发电机所用,如图 2-11 所示。

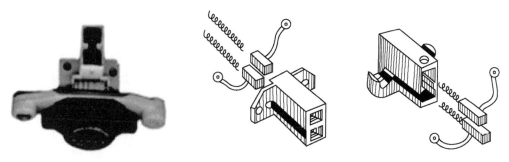

图 2-11　交流发电机电刷及电刷架

二、交流发电机工作原理

1. 发电原理

交流发电机是根据电磁感应原理而产生交流电的。交流发电机定子的三相绕组按一定规律分布在定子铁芯槽中,彼此相差 120°电角度。内部有一个转子,转子上安装着爪极和励磁绕组。当外电路通过电刷使励磁绕组通电时,便产生磁场,爪极被磁化为 N 极和 S 极。其磁力线由 N 极出发,穿过转子与定子之间很小的气隙进入定子铁芯,最后又通过气隙回到相邻的 S 极,如图 2-12 所示。

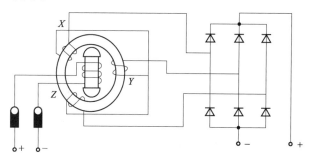

图 2-12　交流发电机发电原理

当转子旋转时,磁通交替地在定子绕组中变化,根据电磁感应原理可知,由于定子绕组与磁力线有相对的切割运动,所以在三相绕组中产生频率相同、幅值相等、相位相差 120°的正弦电动势 e_U、e_V、e_W,见图 2-13a),其波形见图 2-13b)。

定子绕组每相电动势的有效值为:

$$E_\Phi = 4.44 K f N \Phi = C_e \Phi n$$

式中:K——绕组系数(和发电机定子绕组的绕线方式有关);

　　　N——每相绕组的匝数(匝);

　　　f——频率(Hz);

　　　Φ——每极磁通(Wb);

　　　C_e——电机结构常数;

E_Φ——相电动势；

n——交流发电机转速(r/min)。

由此可见，交流发电机定子绕组内感应电动势的大小与每相绕组串联线圈的匝数以及感应电动势的频率成正比，即定子绕组的匝数越多，转子旋转的速度越高，绕组内感应产生的电动势也就越高。当交流发电机结构一定时（结构常数 C_e 不变），相电动势 E_Φ 和交流发电机转速、磁通成正比。

2. 交流发电机的整流原理

整流器的作用就是利用二极管具有单向导通性，将交流发电机产生的三相交流电转换成直流电。交流发电机定子的三相绕组中，感应产生的是三相交流电，是通过6只二极管组成的三相桥式整流电路整流为直流电的，整流电路如图2-13a)所示。二极管具有单向导通性，当给二极管加上正向电压时二极管导通，当给二极管加上反向电压时二极管截止。将定子的三相绕组和6只整流二极管按图2-13a)所示的电路连接，发电机的输出端B、E上就输出一个脉动直流电压，如图2-13c)所示，这就是发电机的整流原理。

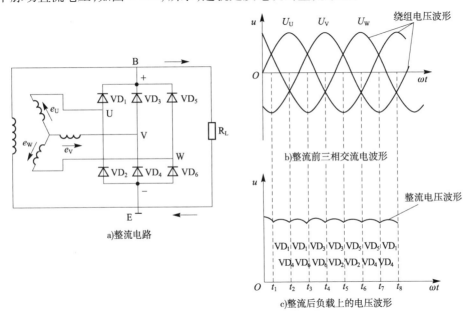

图2-13 三相桥式整流电路及电压波形

当 $t=0$ 时，W 相电位最高，而 V 相电位最低，所对应的二极管 VD_5、VD_4 均处于正向导通。电流从绕组 W 出发，经 VD_5→负载 RL→VD_4→绕组 V 构成回路。由于二极管的内阻很小，因而此时发电机的输出电压可视为 V、W 绕组之间的线电压。

在 $t_1 \sim t_2$ 时间内，U 相的电位最高，而 V 相电位最低，故对应 VD_1、VD_4 处于正向导通。同理，交流发动机的输出电压可视为 U、V 绕组之间的线电压。

在 $t_2 \sim t_3$ 时间内，U 相电位最高，而 W 相电位最低，故 VD_1、VD_6 处于正向导通。同理，交流发动机的输出电压可视为 U、W 绕阻之间的线电压。

依次类推，周而复始，在负载上便可获得一个比较平稳的直流脉动电压。

1）二极管的导通原则

当3只正二极管负极端连接在一起时，正极端电位最高者导通；当3只负二极管正极端连接在一起时，负极端电位最低者导通，如图2-14所示。

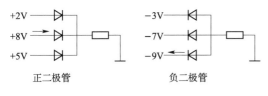

图 2-14　整流二极管导通分析

2）整流过程的分析

整流器同时导通的二极管管子总是两个,正、负二极管各一个。三相桥式整流电路中二极管的依次循环导通,使得负载 R_L 两端得到一个比较平稳的脉动直流电压,如图 2-13c)所示。

3. 中性点电压

定子绕组为星形连接时,三相绕组的公共结点称为中性点。从三相绕组的中性点引一根导线到发电机外,标记为"N","N"点电压称为中性点电压。中性点电压的瞬时值是一个三次谐波电压,如图 2-15 所示。中性点电压平均值为发电机输出电压(平均值)的一半。带有中性点接线柱的交流发电机,可用中性点电压来控制各种用途的继电器工作。

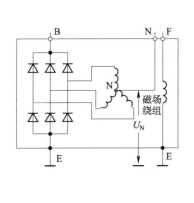

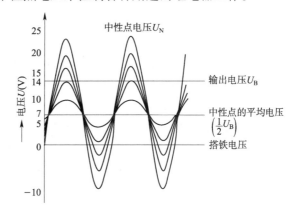

图 2-15　交流发电机中性点电压波形

有的发电机(如夏利发电机)的整流器有 8 只整流管,其中两只整流管接在中性点处(1 只正二极管和 1 只负二极管),如图 2-16 所示。把中性点电压和三相绕组并联输出,实践证明这样可提高发电机功率 10%~15%。

由于中性点电压的瞬时值是一个三次谐波,其波峰在有些时候可能大于三相绕组的最高值,此时,中性点正二极管 VD_7 导通,其他三个正二极管截止,由 VD_7 供给外电路高电压;同理,波谷也能小于三相绕组的最低值,此时,中性点负二极管 VD_8 导通,参与对外输出,这样就提高了发电机的对外输出能力,提高了发电机的输出功率。

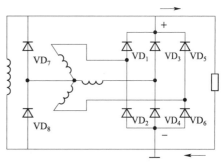

图 2-16　具有中性点二极管的整流电路

4. 交流发电机的励磁方式

除了永磁式交流发电机不需要励磁以外,其他形式的交流发电机都必须给励磁绕组通电才会有磁场产生而发电,否则交流发电机将不能发电。将电流引入到励磁绕组使之产生磁场称为励磁。交流发电机励磁方式有自励和他励两种。

1)他励

在发电机转速较低时(发动机未达到怠速转速),自身不能发电。单靠微弱的剩磁产生的很小的电动势,很难克服二极管的正向电阻,需要蓄电池供给发电机励磁绕组电流,使励磁绕组产生磁场来发电。这种由蓄电池供给磁场电流发电的方式称为他励发电,如图2-17所示。

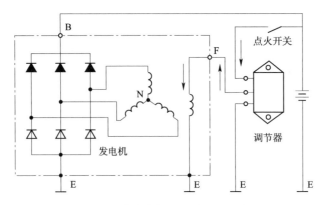

图 2-17　6 管内搭铁型交流发电机的励磁

2）自励

随着发动机转速的提高(一般在发动机达到怠速时),交流发电机定子绕组的电动势逐渐升高并能使整流器二极管导通,当交流发电机的输出电压 U_B 大于蓄电池电压时,交流发电机就能对外供电了。当交流发电机能对外供电时,就可以把自身发的电供给励磁绕组,这种自身供给磁场电流发电的方式称为自励发电,如图2-18所示。

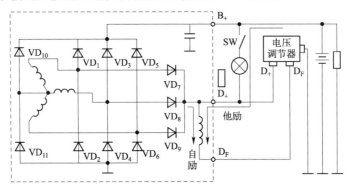

图 2-18　11 管外搭铁型交流发电机的励磁

交流发电机励磁过程是先他励后自励。当发动机达到正常怠速转速时,交流发电机的输出电压一般高出蓄电池电压 1~2V 以便对蓄电池充电,此时,交流发电机自励发电。

不同汽车的励磁电路各不相同,但有一个共同特点是,励磁电路都必须由点火开关控制。因此,汽车上交流发电机必须与蓄电池并联,开始由蓄电池向激磁绕组供电,使交流发电机电压很快建立起来,并迅速转变为自励状态,蓄电池被充电的机会也多一些,有利于蓄电池的使用。

3）交流发电机励磁电路

励磁绕组通过两只电刷(F 和 E)和外电路相连,根据电刷和外电路的连接形式不同,交流发电机分为内搭铁型和外搭铁型两种,如图2-19所示。

（1）内搭铁型交流发电机:励磁绕组的一端经负电刷(E)引出后和后端盖直接相连(直接搭铁)的发电机称为内搭铁型交流发电机。

（2）外搭铁型交流发电机:励磁绕组的两端(F 和 E)均和端盖绝缘的发电机称为外搭铁型交流发电机。

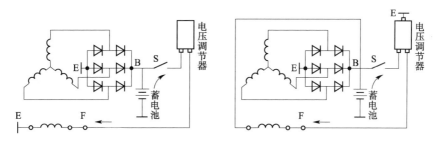

图 2-19 交流发电机励磁电路

三、交流发电机的特性

交流发电机的特性是指交流发电机输出的直流电压、电流与转速之间的关系。它包括输出特性、空载特性和外特性。由于交流发电机的工作转速在较大范围变化,所以,研究交流发电机特性,应以转速为基准来分析各有关参数之间的关系。

1. 空载特性

交流发电机空载运行时(即交流发电机不向任何用电设备供电的状态下),交流发电机端电压与转速之间的关系称为空载特性,如图 2-20 所示。

因此,空载特性可以判断交流发电机低速充电性能的好坏,同时也可看出交流发电机的输出电压是随着交流发电机的转速升高而增高的。

2. 输出特性

交流发电机输出电压一定时,它的输出电流随着转速的变化规律,称为输出特性,如图 2-21 所示。12V 的交流发电机的额定电压是 14V,24V 的交流发电机额定电压是 28V。

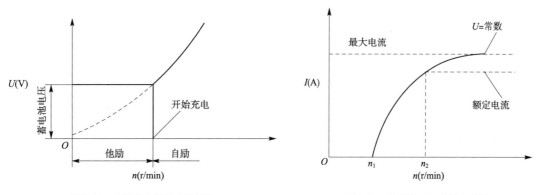

图 2-20 交流发电机的空载特性　　　　图 2-21 交流发电机的输出特性

交流发电机不同转速下,输出功率情况如下:

(1)交流发电机空载时,输出电压达到额定值的转速 n_1,称为空载转速。n_1 常用作选择交流发电机与发动机传动比的主要依据。

(2)交流发电机输出电流达到额定值时的转速 n_2,称为满载转速,交流发电机的额定电流一般规定为 70%~75% 最大电流。

(3)从曲线中可以看出,当转速达到一定值后,交流发电机的输出电流几乎不再继续增加,具有自动限制输出电流的能力。

这是因为:

①随着定子绕组中的感应电动势增加,其绕组的阻抗也随转速的升高而增大。

②定子绕组电流的增加，其电枢反应的增强也使感应电动势下降。由于具有这种自我保护作用，硅整流交流发电机一般不需要设置限流器。

3. 外特性

当交流发电机转速一定时，交流发电机端电压与输出电流之间的关系，称为外特性，如图 2-22 所示。

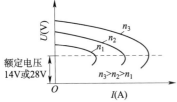

图 2-22 交流发电机的外特性

从外特性曲线可以看出，在转速变化时，交流发电机端电压有较大变化；在转速恒定时，由于输出电流的变化，对端电压也有较大影响。因此，要使输出电流稳定，必须配用电压调节器；使交流发电机转速变化时，能保证交流发电机输出电压恒定。从外特性曲线还可以看出，随着输出电流的增加，交流发电机端电压下降较大，当输出电流达到某一最大值时，电流和电压同时下降。因此，当交流发电机处于高速运转时，如果交流发电机突然失去负载时，端电压会急剧升高，这时电器设备中的电子元件将有被击穿的危险。因此要求交流发动机到蓄电池间的线路一定要连接可靠，以免蓄电池充电时接触不好使交流发电机端电压急剧变化而损坏车上电子元件。

四、交流发电机的型号及分类

1. 交流发电机的型号

根据中华人民共和国汽车行业标准的规定，汽车交流发电机型号由产品代号、电压等级代号、电流等级代号、设计序号、变型代号 5 部分组成，如图 2-23 所示。

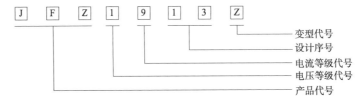

图 2-23 交流发电机型号

1）产品代号

产品代号用 2~3 位中文字母表示，交流发电机的产品代号有 JF、JFZ、JFB、JFW 四种，分别表示普通交流发电机、整体式（电压调节器内置）交流发电机、带泵的交流发电机、无刷交流发电机。

2）电压等级代号

电压等级代号用 1 位阿拉伯数字表示，1 表示 12V 系统；2 表示 24V 系统；6 表示 6V 系统。

3）电流等级代号

电流等级代号也用 1 位阿拉伯数字表示，其含义如表 2-1 所示。

电 流 等 级 代 号　　　　　　表 2-1

代号	1	2	3	4	5	6	7	8	9
电流等级（A）	19	≥20~29	≥30~39	≥40~49	≥50~59	≥60~69	≥70~79	≥80~89	≥90

4）设计序号

设计序号用 1~2 位阿拉伯数字表示，表示产品设计的先后顺序。

5)变形代号

交流发电机以调整臂位置作为变形代号,从驱动端看,调整臂在左边用 Z 表示,调整臂在右端用 Y 表示,调整臂在中间不加标记。

例如,桑塔纳轿车所使用的代号为 JFZ1913Z 型的交流发电机,其含义为:电压等级为 12V,输出电流大于 90A,第 13 次设计,调整臂在左边的整体式交流发电机。

2. 交流发电机的分类

1)按总体结构分类

(1)普通交流发电机。这种交流发电机即无特殊装置,也无特殊功能特点,使用时需要配装电压调节器。

(2)整体式交流发电机。即交流发电机和电压调节器制成一个整体的交流发电机。

(3)带泵的交流发电机:将交流发电机和汽车制动系统用真空助力泵安装在一起的交流发电机。

(4)无刷交流发电机:不需要电刷的交流发电机。

(5)永磁交流发电机:转子磁极用永久磁铁制成的交流发电机。

2)按整流器结构分类

(1)6 管交流发电机如图 2-24 所示。

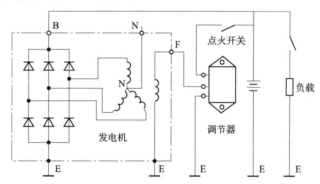

图 2-24　6 管交流发电机

(2)8 管交流发电机,如图 2-25 所示。

8 管交流发电机(如夏利车用)和 6 管交流发电机的基本机构是相同的,所不同的是整流器有 8 只硅整流二极管。其中 6 只组成三相全波桥式整流电路,另外两只是中性点二极管,1 只正二极管接在中性点和正极之间,1 只负二极管接在中性点和负极之间,对中性点电压进行全波整流。

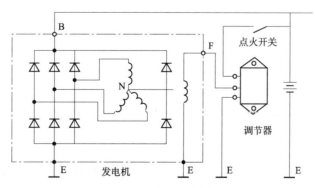

图 2-25　8 管交流发电机

实验表明:加装中性点二极管的交流发电机在结构不变的情况下,可以将发电机的功率提高 10%~15%。

(3)9 管交流发电机,如图 2-26 所示。

9 管交流发电机的基本结构和 6 管交流发电机相同,所不同的是整流器。9 管交流发电机的整流器是由 6 只大功率整流二极管和 3 只小功率励磁二极管组成的。其中 6 只大功率整流二极管组成三相全波桥式整流电路,对外负载供电,3 只小功率二极管与三只大功率负极管也组成三相全波桥式整流电路,专门为发电机磁场供电。所以称 3 只小功率管为励磁二极管。

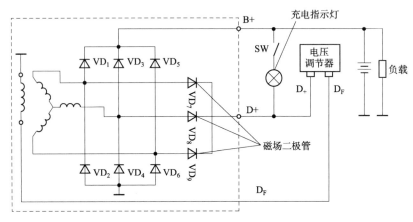

图 2-26 9 管内搭铁型交流发电机

(4)11 管交流发电机,如图 2-27 所示。

11 管交流发电机的整流器,相当于 9 管交流发电机的整流器加两只中性点整流管。由于 11 管交流发电机既能提高功率又使充电指示灯电路简化,因此应用较广。

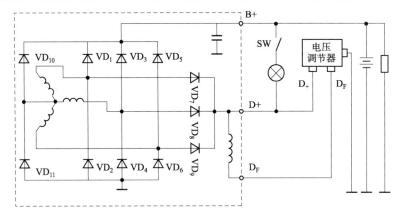

图 2-27 11 管外搭铁型交流发电机

3)按励磁绕组搭铁形式分类

(1)内搭铁型交流发电机。

内搭铁型交流发电机,磁场绕组的一端(负极)直接搭铁(和壳体相连),如图 2-28a)所示。

(2)外搭铁型交流发电机。

外搭铁型交流发电机,磁场绕组的一端(负极)接入调节器,通过调节器后再搭铁,如图 2-28b)所示。

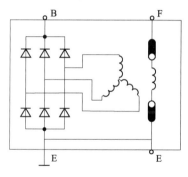
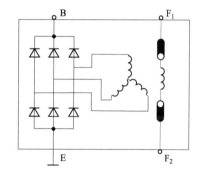

a)内搭铁型交流发电机　　　　　　　b)外搭铁型交流发电机

图 2-28　交流发电机的搭铁形式

一、交流发电机的整机检测

当发现交流发电机不发电或发电量不足等故障时,应首先判断故障发生在外电路还是交流发电机内部,若初步确定故障在交流发电机内部,就应将交流发电机从车上拆下来,对其进行检测、修理。并应先对交流发电机进行整机测试,目的是为了判断交流发电机有无故障和故障发生在哪个部位,以便有的放矢地修理。

整机检测包括:测量各接线柱之间的电阻、在万能试验台上进行空载电压和负载电流的试验、用示波器观察交流发电机输出波形。

1. 测量各接线柱之间的电阻

(1) 测量交流发电机的输出端子 B + 和搭铁端 E 之间的阻值(壳体或搭铁接线柱)。通过测量可以判断交流发电机整流器是否有故障,如有故障应将交流发电机解体进一步检测。

(2) 测量交流发电机正电刷 F 接线柱和负电刷 E 之间的阻值。通过测量各接线柱之间的阻值,不能确定交流发电机是否有无故障时,应进行试验台试验。

2. 试验台试验

1) 空载试验

空载试验是在交流发电机不带任何负载(不对外输出电流)情况下的一种试验。空载试验的目的是初步测定交流发电机是否有故障。

2) 负载试验

负载试验就是在交流发电机带有负载(对外输出电流)情况下的一种试验。负载试验的目的是进一步测定交流发电机是否有故障。

交流发电机有些故障,在没有电流输出的情况下是表现不出来的,所以如果交流发电机空载试验正常情况下,应再作负载试验。

3. 用示波器观察输出电压波形(有条件的情况下)

当交流发电机有故障时,其输出电压的波形将出现异常,因此,在有条件的情况下,可用示波器观察交流发电机的输出电压波形,根据输出电压波形可以判断交流发电机内部故障是整流器故障还是定子绕组故障,如图 2-29 所示。

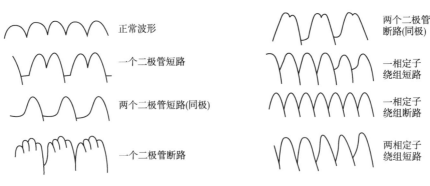

图 2-29　交流发电机各种故障时的电压波形

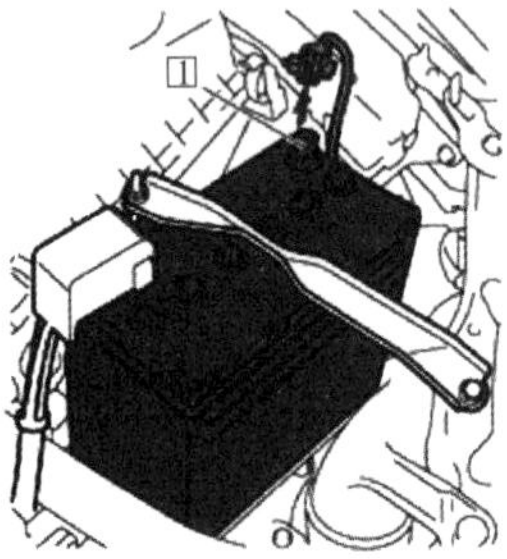

二、交流发电机的拆卸

1. 脱开蓄电池负极（-）端子电缆

断开蓄电池负极（-）电缆之前，对 ECU 等元件内保存的信息作一个记录，如图 2-30 所示。

2. 断开交流发电机电缆

首先拆卸交流发电机电缆定位螺母，然后断开交流发电机电缆，如图 2-31 所示。

3. 断开交流发电机连接器

断开连接器的卡爪，握住连接器，断开连接器，如图 2-32 所示。

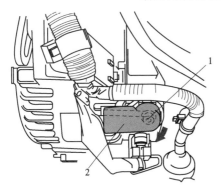

图 2-30　脱开蓄电池负极（-）端子电缆

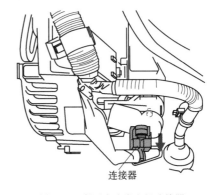

图 2-31　断开交流发电机电缆
1-定位螺母；2-防短路罩壳

图 2-32　断开交流发电机连接器

4. 拆卸交流发电机

（1）拧松交流发电机安装螺栓，然后拆卸传动皮带，如图 2-33 所示。

注意：若拉动传动皮带来移动交流发电机，将损坏皮带。

（2）拆卸所有的交流发电机安装螺栓，然后拆卸交流发电机。

由于交流发电机的安装零件带有用于定位的轴套，所以连接比较紧密，可通过上下摇动交流发电机进行拆卸。

三、交流发电机的解体

交流发电机的解体步骤为：首先从交流发电机上拆下皮带轮，然后分解转子、整流器和励磁线圈。

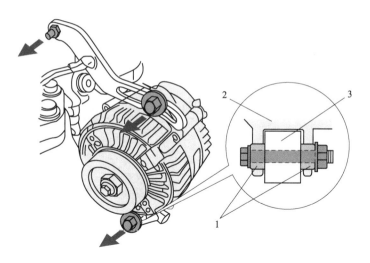

图 2-33 拆卸交流发电机
1-轴套;2-交流发电机;3-托架(发动机一侧)

1. 拆卸交流发电机皮带轮

当松开皮带轮锁止螺母时,它会随着轴一起旋转。到用喷油泵花键轴拉具(SST)可使螺母保持不动,通过旋转轴拆卸螺母。

(1)在皮带轮轴的末端安装 SST1-A 和 SST1-B。将 SST1-A 和 SST1-B 拧紧到规定力矩,将 SST1-A 固定在皮带轮轴上(如图 2-34 所示)。

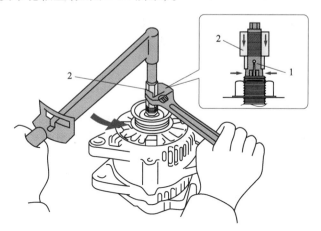

图 2-34 拆卸交流发电机皮带轮
1-SST1-A(交流发电机转子轴扳手-A);2-SST1-B(交流发电机转子轴扳手-B)

(2)将 SST2 卡到台钳上,然后在 SST1-A 和 SST1-B 安装到交流发电机上的情况下,将皮带轮锁止螺母插入 SST 的六角部分,如图 2-35 所示。

(3)将 SST1-A 顺时针旋转拧松皮带轮锁止螺母(如图 2-36 所示)。

(4)从 SST2 上拆卸交流发电机,然后使 SST1-B 保持不动的同时,顺时针旋转 SST1-A 使它自身旋松,然后从交流发电机上拆卸 SST1-A 和 SST1-B。拆卸皮带轮螺母和交流发电机皮带轮,如图 2-37 所示。

2. 拆卸交流发电机转子总成

由于机座和转子轴承是结合在一起的,因此需要专用工具来拆卸。

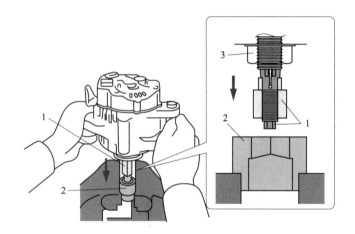

图 2-35　锁止螺母插入 SST 的六角部分

1-SST1(交流发电机转子轴扳手);2-SST2(交流发电机皮带轮定位螺母扳手);3-SST2 皮带轮锁止螺母

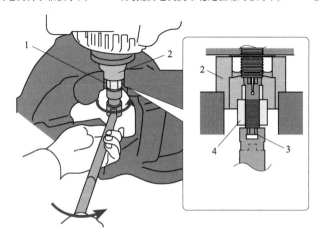

图 2-36　拧松皮带轮锁止螺母

1-SST1(交流发电机转子轴扳手);2-SST2(交流发电机皮带轮定位螺母扳手);3-SST1-A(交流发电机转子轴扳手-A);
4-SST1-B(交流发电机转子轴扳手-B)

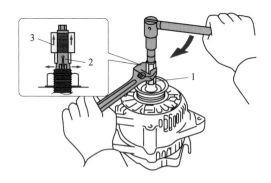

图 2-37　拆卸 SST1-A 和 SST1-B

1-SST1(交流发电机转子轴扳手);2-SST1-A(交流发电机转子轴扳手-A);3-SST1-B(交流发电机转子轴扳手-B)

(1)使用如图 2-38 所示的卡爪来拆卸整流器端盖。

(2)拆卸交流发电机转子总成。按照如图 2-39 所示的方法用锤敲打,从机座一端拆卸转子。

注意:用锤子敲时,转子会掉下来,所以事先应当在下面摊开一块布料。

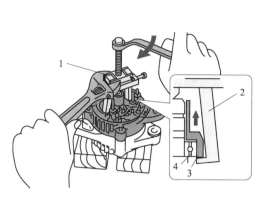 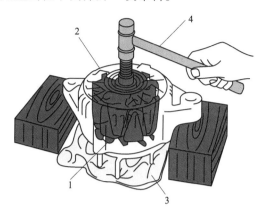

图 2-38 拆卸整流器端盖
1-SST(喷油泵花键轴拉具);2-SST 的卡爪;3-端机座;4-转子轴承

图 2-39 拆卸交流发电机转子总成
1-转子;2-驱动端盖;3-布料;4-锤

四、交流发电机的检查

1. 检查交流发电机转子总成。

(1)目视检查:目视检查滑环变脏或烧蚀的程度,如图 2-40 所示。电流产生的火花会产生脏污和烧蚀,使交流发电机的性能降低。

(2)清洁:用布料和毛刷清洁滑环和转子。如果脏污和烧蚀明显,应更换转子总成。

(3)检查滑环之间是否导通,如图 2-41 所示。使用万用表的电阻挡,检查滑环之间是否导通。检查滑环之间是否导通可以用于探测线圈内部是否开路。如果发现不导通,应更换转子。

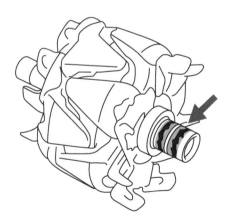 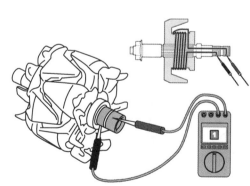

图 2-40 目视检查滑环变脏或烧蚀的程度

图 2-41 检查滑环之间是否导通

(4)检查滑环和转子之间的绝缘,如图 2-42 所示。用万用表检查滑环和转子之间的绝缘。检查滑环和转子之间的绝缘可以用来检测线圈内是否存在短路。如果发现存在绝缘方面存在问题,应更换转子。

(5)测量滑环外径,如图 2-43 所示。用游标卡尺测量滑环的外径,如果测量值超过规定的磨损极限,应更换转子。

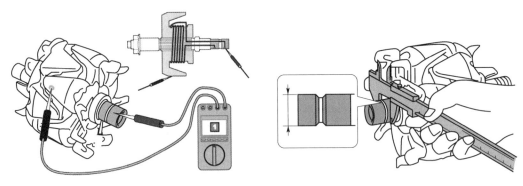

图 2-42　检查滑环和转子之间的绝缘　　　　图 2-43　测量滑环外径

2. 检查整流器

1) 检查整流器的二极管, 如图 2-44 所示。使用万用表的二极管测试模式, 在整流器的端子 B 和端子 P1~P4 测量。交换测试导线时, 检查是否只能单向导通。改变端子 B、E 的连接方式, 测量过程同上, 测量时可参照充电电路图。若其中一次阻值大于 $10k\Omega$, 而另一次阻值为 $8\sim10\Omega$, 则该二极管为性能良好; 若两次测量阻值均为 ∞, 则为断路; 若两次测得阻值均为 0, 则为短路。

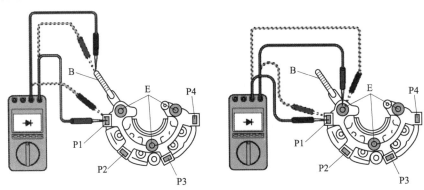

图 2-44　检查整流器的二极管

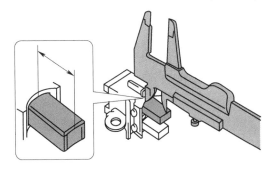

图 2-45　检查交流发电机电刷

2) 检查交流发电机电刷, 如图 2-45 所示。用游标卡尺在电刷的中部测量电刷的长度, 因为这个地方磨损最严重。如果测量值小于标准值, 应将电刷和电刷架一起更换。电刷和电刷架应无破损或裂纹, 电刷在电刷架中应活动自如, 不得出现卡滞现象。电刷弹簧压力应符合标准, 一般为 2~3N, 将电刷压入电刷架使之露出部分约 2mm, 弹簧压力过小应更换。

电刷表面不得有油污, 电刷与滑环接触面积应达到 75% 以上, 否则, 应进行修磨。

3. 定子检查

1) 定子绕组断路检查

如图 2-46 所示, 用万用表电阻挡检测定子绕组三个接线端, 两两相测, 阻值应小于 1Ω, 若阻值为 ∞, 说明断路。

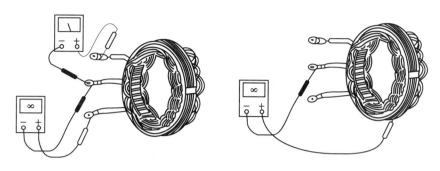

图 2-46　定子绕组断路检查

2）定子绕组搭铁检查

用万用表电阻最大挡检测定子绕组接线端与定子铁芯间的电阻,应为∞,否则说明有搭铁故障。

五、重新组装交流发电机

重新组装交流发电机的步骤如下:

1. 安装发电机转子总成

如图 2-47 所示,将转子安装到驱动端盖。

2. 安装整流器

用压力机将整流器端盖压到驱动端盖内。将 29mm 套筒扳手放在机座的中心,这样压力机不会压到转子轴。套筒扳手的尺寸可能会随着交流发电机的类型不同而不同,如图 2-48 所示。

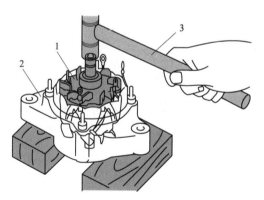

图 2-47　安装交流发电机转子总成
1-转子;2-驱动端盖;3-锤

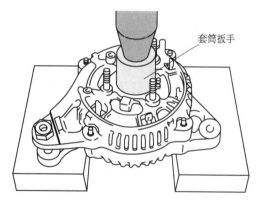

图 2-48　安装整流器

3. 安装交流发电机调节器总成

安装时注意区分搭铁形式。

4. 安装交流发电机电刷架总成

安装交流发电机电刷尽可能使用小号平头螺丝刀,将电刷压入电刷架,将电刷架安装到端盖机座内。拉出螺丝刀,目视检查电刷是否碰撞到滑环。注意:由于电刷质地比螺丝刀软,因此容易被损坏。为防止损坏,可在螺丝刀的末端包一些聚氯乙烯绝缘带,如图 2-49 所示。

5. 安装交流发电机皮带轮

当皮带轮锁止螺母拧紧后,它会随轴一起旋转。拧紧螺母时,使 SST 和螺母保持不动,

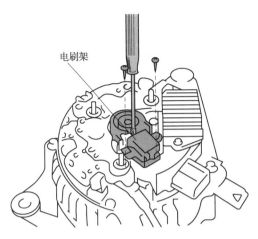

转动轴。所用工具与拆卸时相同。

(1)装上皮带轮锁止螺母,然后在皮带轮轴的末端安装 SST1-A 和 SST1-B。使用 SST1-A 在皮带轮轴一端,将 SST1-A 和 SST1-B 拧紧到指定的力矩。

(2)将 SST2 卡到台钳上,然后在 SST1-A 和 SST1-B 安装到发电机上的情况下,将皮带轮锁止螺母装入 SST 的六角部分(如图 2-35 所示)。

(3)逆时针旋转 SST1-A 来紧固皮带轮锁止螺母,然后从 SST2 上拆卸交流发电机。

图 2-49 安装交流发电机电刷架总成

(4)使用 SST1-B 保持不动的同时,顺时针旋转 SST1-A 将其旋松,然后从交流发电机上拆卸 SST1-A 和 SST1-B。确认皮带轮旋转平稳。

六、将交流发电机安装到汽车上

1. 安装交流发电机

安装交流发电机与拆卸时的顺序相反,即首先滑动轴套直到表面和托架平齐(管接头一端),然后用锤子和铜棒将交流发电机安装部分的轴套向外滑动,以便安装交流发电机。安装步骤如下(如图 2-50 所示):

(1)初步安装交流发电机,使它通过贯穿螺栓 A;

(2)初步安装螺栓 B;

(3)安装传动皮带;

(4)通过用锤子的手柄等物移动交流发电机来调整皮带的张紧度;

(5)拧紧贯穿螺栓 A 和螺栓 B 以牢固地安装交流发电机。

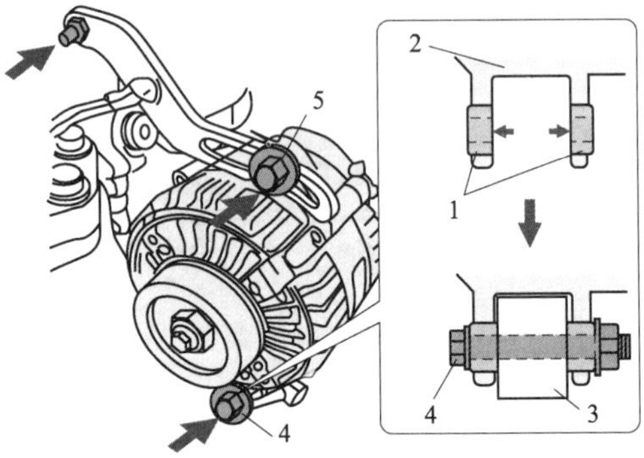

2. 安装传动皮带

(1)当交流发电机安装螺栓和松开后,将皮带安装到所有的皮带轮上。

(2)用杠杆(锤子的把手或轮毂螺母扳手等)移动交流发电机以调节皮带松紧然后旋紧螺栓 3。

图 2-50 安装交流发电机
1-轴套;2-交流发电机;3-托架(发动机一侧);4-贯穿螺栓 A;5-螺栓 B

(3)检查传动皮带松紧并旋紧螺栓 2(如图 2-51 所示)。

3. 连接交流发电机的电缆

(1)平直连接交流发电机的电缆(如图 2-52 所示),这样不会损伤交流发电机的端子。

(2)安装定位螺母。

(3)安装防短路罩壳。

4. 连接交流发电机连接器

(1)握住连接器主体,然后连接连接器(如图 2-53 所示)。

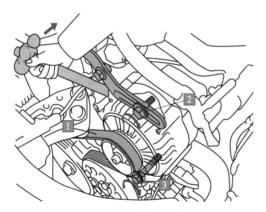
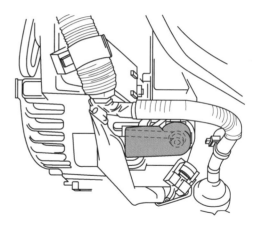

图2-51 安装传动皮带
1-传动皮带;2、3-安装螺栓

图2-52 连接交流发电机的电缆

(2)确认卡爪已经牢固地连接。

5. 连接蓄电池负极(-)端子电缆

(1)平直连接蓄电池负极(-)电缆(如图2-54所示),这样不会损伤蓄电池端子。
(2)恢复车辆信息。检查过程完成后,恢复工作前记下的车辆信息。

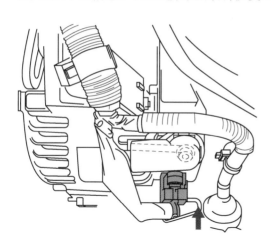
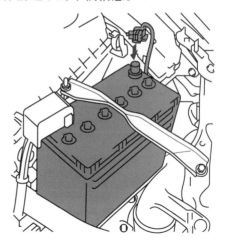

图2-53 连接交流发电机连接器

图2-54 连接蓄电池负极(-)端子电缆

 任务工作单

学习情境二:充电指示灯常量故障检修	班级			
工作任务一:交流发电机的拆装与维护	姓名		学号	
	日期		评分	

一、工作单内容
检测交流发电机技术状况,熟悉交流发电机异响故障原因,正确组装交流发电机。
二、准备工作
说明:每位学生应在工作任务实施前独立完成准备工作。
1. 一辆汽车及所分配车辆的维修手册、数字万用表、拆装工具、SST。
2. 强调实训中的安全注意事项。

3. 记录实验车辆的信息。

制造年份	制造商	型号	发动机类型	VIN 码

三、任务实施

1. 交流发电机的拆装、检查
(1) 固定交流发电机总成检查安装效果,并检查交流发电机转动情况。
(2) 拆卸交流发电机总成:
①拆下交流发电机皮带轮;
②拆卸交流发电机电刷架总成;
③拆卸后端盖、电刷罩、电刷支架;
④拆下交流发电机电压调节器总成;
⑤拆卸带整流器的发电机支架;
⑥拆卸交流发电机转子总成。
(3) 检查交流发电机转子总成:
①测量交流发电机转子总成电阻:该交流发电机转子总成电阻规定值为_____,测量值_____。
②维修判断_____。
(4) 测量带整流器的交流发电机支架单向导通性。
维修判断_____。
(5) 组装交流发电机总成。
①安装交流发电机转子总成;
②安装交流发电机电刷架总成;
③安装后端盖、电刷罩、电刷支架;
④安装交流发电机电压调节器总成;
⑤安装交流发电机皮带轮。
(6) 复查:
①检查安装效果;
②检查交流发电机端子及线路连接;
③检查是否发电;
④清洁及整理。
2. 描述交流发电机异响现象,造成该现象的原因有哪些?

四、工作小结

通过此工作任务的实施,各小组集中完成下述工作。
1. 通过本任务的学习,描述交流发电机的工作特性。

2. 对本项工作任务有哪些好的建议和意见?

工作任务二　交流发电机与电压调节器的使用

任务概述

1. 应知应会

(1)通过本工作任务的学习与具体实施,学生应学会下列知识:

①熟悉交流发电机电压调节器的功用、分类及电压调节原理。

②掌握交流发电机电压调节器的基本工作原理。

(2)应该掌握下列技能:

①掌握电压调节器的正确使用与检测方法。

②会对充电系统线路故障进行正确诊断。

2. 学习要求

(1)在每个工作任务的学习过程中,完成相关任务工作单的填写,并通过课程网站及时提交给相关教师。任务工作单提交方法详见课程网站。

(2)在每个学习情境实施阶段的中期或后期,按要求填写检修工作单。学习情境学习结束后按要求填写学生考核记录表,进行自我评价后交小组长,小组长评价后连同检修工作单统一交教师。

(3)每个学习情境学习到评价环节时,个人进行任务完成情况的评估。教师对小组抽查,被抽查的个人上台进行讲评。

相关知识

一、电压调节器的基本工作原理

1. 发电机电压调节器的功用

由于交流发电机的转子是由发动机通过皮带驱动旋转的,且发动机和交流发电机的速比为1.7~3,而且交流发电机转子的转速变化范围非常大,从而引起交流发电机的输出电压发生较大变化,无法满足汽车用电设备的工作要求。为了满足用电设备恒定电压的要求,交流发电机必须配用电压调节器才能工作。

电压调节器是把交流发电机输出电压控制在规定范围内的装置,其功用是在交流发电机转速变化时,自动控制交流发电机输出电压保持恒定,使其不因交流发电机转速高时,电压过高而烧坏用电器和导致蓄电池过充电;也不会因交流发电机转速低时,电压不足而导致用电器工作失常。

2. 发电机电压调节器的分类

1)按照工作原理分类

交流发电机电压调节器按工作原理可分为:

(1)触点式电压调节器。

触点式电压调节器应用较早,这种调节器触点振动频率慢,存在机械惯性和电磁惯性,电压调节精度低,触点易产生火花,对无线电干扰大,可靠性差,寿命短,现已被淘汰。

(2)晶体管电压调节器。

随着半导体技术的发展曾广泛采用的晶体管调节器如图2-55所示。这种调节器的优点是:三极管的开关频率高,且不产生火花,调节精度高,还具有重量轻、体积小、寿命长、可靠性高、电波干扰小等优点。

图 2-55　晶体管调节器

(3)集成电路电压调节器。

集成电路调节器除具有晶体管调节器的优点外,还具有超小型,安装于交流发电机的内部(又称内装式调节器),减少了外接线,并且冷却效果得到了改善,如图2-56所示。广泛应用于桑塔纳、奥迪等多种轿车车型上的就是这种调节器。

图 2-56　集成电路调节器

(4)电脑控制电压调节器。

电脑控制调节器是现在轿车采用的一种新型电压调节器,由负载检测仪测量系统总负载后,向交流发电机电脑发送信号,然后由发动机电脑控制交流发电机电压调节器,适时地接通和断开磁场电路。即能可靠地保证电器系统正常工作,使蓄电池充电充足,又能减轻发动机负荷,提高燃料经济性。上海别克、广州本田等轿车发电机上使用了这种调节器。

2)按照所匹配的交流发电机搭铁类型分类

交流发电机电压调节器按所匹配的交流发电机搭铁类型可分两种:

(1)内搭铁型电压调节器。

适用于内搭铁型交流发电机的电压调节器称为内搭铁型电压调节器。

(2)外搭铁型电压调节器。

适合用于外搭铁型交流发电机的电压调节器称为外搭铁型电压调节器。

对于晶体管电压调节器,在使用过程中,最好使用汽车说明书中指定的电压调节器,如果采用其他型号替代,除标称电压、功率等规定参数与原电压调节器相同外,代用电压调节器必须与原电压调节器的搭铁形式相同,否则,交流发电机可能由于励磁电路不通而不能正常工作。

3. 交流发电机电压调节器的工作原理

交流发电机三相绕组产生的相电动势有效值为 $E_\Phi = C_e \Phi n (\text{V})$ 即交流发电机所产生的感应电动势与转子转速和磁极磁通成正比。

当转速 n 升高时，E_Φ 增大，交流发电机输出端电压 U_B 升高，当转速升高到一定值时，输出端电压将达到限定值，要想使交流发电机的输出电压 U_B 不再随转速的升高而上升，只能通过减小磁通 Φ 来实现。又因磁极磁通 Φ 与励磁电流 I_f 成正比，所以减小磁通 Φ 也就是减小励磁电流 I_f。

所以，交流发电机电压调节器的调压原理是：当交流发电机转速升高时，电压调节器通过减小交流发电机励磁电流 I_f 来减小磁通 Φ，使交流发电机的输出电压 U_B 保持不变；当交流发电机的转速降低时，电压调节器通过增大交流发电机的励磁电流 I_f 来增加磁通 Φ，使交流发电机的输出电压 U_B 保持不变。

1）外搭铁型电压调节器工作原理

电压调节器有多种形式，其内部电路各不相同，但工作原理可用基本电路工作原理理解，如图 2-57 所示。工作原理如下：

(1) 点火开关 SW 刚接通时，发动机不转。发电机不发电，蓄电池电压加在分压器 R_1、R_2 上，此时因 R_1 上的压降较低不能使稳压管 VS 反向击穿，VT_1 截止。VT_1 截止使得 VT_2 导通，交流发电机磁场电路接通，此时由蓄电池供给磁场电流。随着发动机的起动，交流发电机转速升高，交流发电机他励发电，电压上升。

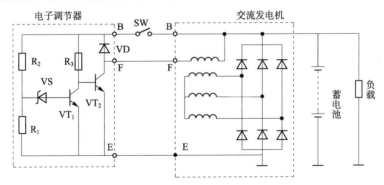

图 2-57 外搭铁型电压调节器原理

(2) 当交流发电机电压升高到大于蓄电池电压时，交流发电机自励发电并开始对蓄电池充电，如果此时交流发电机输出电压 U_B 小于电压调节器调节电压的上限 U_{B_2}，VT_1 继续截止，VT_2 继续导通，但此时的磁场电流由交流发电机供给，交流发电机电压随转速升高迅速升高。

(3) 当交流发电机电压升高到等于调节电压上限 U_{B_2} 时，电压调节器对电压的调节开始。此时 VS 导通，VT_1 导通，VT_2 截止，交流发电机磁场电路被切断，由于磁场被断路，磁通下降，交流发电机输出电压下降。

(4) 当交流发电机电压下降到等于调节下限 U_{B_1} 时，VS 截止，VT_1 截止，VT_2 重新导通，磁场电路重新被接通，交流发电机电压上升。

周而复始，交流发电机输出电压 U_B 被控制在一定范围内。

2）内搭铁型电压调节器工作原理

如图 2-58 所示，内搭铁型电压调节器基本电路的特点是晶体管 VT_1、VT_2 采用 PNP 型，交流发电机的励磁绕组连接在 VT_2 的集电极和搭铁端之间,与外搭铁型电路显著不同。电路工作原理和结构与外搭铁型电子调节器类似。其工作特性如下。

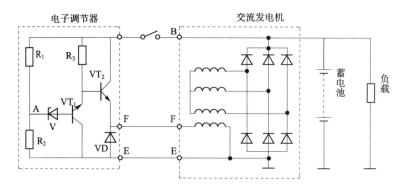

图 2-58 内搭铁型电压调节器工作原理

内搭铁型电压调节器通过三极管 VT_2 的通断控制磁场电流,随着转速的提高,大功率三极管 VT_2 的导通时间减小,截止时间增加,这样可使得磁场电流平均值减小,磁通减小,保持输出电压 U_B 不变。交流发电机的输出电压 U_B、磁场电流 I_f(平均值)随转速 n 的变化关系称为电压调节器的工作特性,如图 2-59 所示。

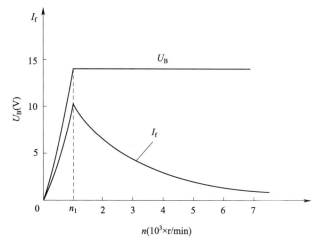

图 2-59 电压调节器工作特性

从电压调节器的工作特性曲线可以看出,n_1 为电压调节器开始工作转速,随着交流发电机转速的升高,磁场电流减小。当交流发电机转速很高时,由于大功率三极管不导通,磁场电流被切断,交流发电机仅靠剩磁发电,所以,电压调节器的工作转速上限很高,调节范围很大。

3)集成电路电压调节器

集成电路也叫 IC 电路。它是将二极管、三极管、电阻、电容等电子元件集成在一块硅基片上,制成一个独立的电子芯片。集成电路电压调节器,在很多方面优于晶体管式电压调节器。比如体积更小,可将其安装在交流发电机内部,减少了外部线路,缩小了整个充电系统的体积,同时更加耐用。所以目前已被广泛的应用。

IC 电压调节器在工作原理与晶体管电压调节器工作原理完全相同,都是根据交流发电机的电压信号,利用三极管的开关特性控制磁场电流来调节交流发电机的输出电压。集成电路电压调节器同样也有内、外搭铁之分,而且以外搭铁的居多。

根据 IC 电压调节器分压电路检测的电压归属的不同,可分为交流发电机端电压检测法和蓄电池端电压检测法。

(1) 蓄电池电压检测法。

蓄电池电压检测电路如图 2-60a) 所示,分压器 R_1、R_2 从蓄电池输出端得到电压,稳压管 VS 上的电压和蓄电池端电压成正比,所以该电路称为蓄电池电压检测电路(检测点在蓄电池上)。

蓄电池电压检测电路优点:直接检测蓄电池端电压来控制交流发电机的输出电压,可使蓄电池的充电电压有保证。

蓄电池电压检测电路的缺点:当蓄电池和交流发电机之间的连接不可靠时,会使交流发电机输出电压失控。

(2) 交流发电机电压检测法。

交流发电机电压检测电路如图 2-60b) 所示,分压器 R_1、R_2 从交流发电机输出端(D+端)得到电压,稳压管 VS 上的电压与交流发电机的输出电压成正比,所以该电路称为交流发电机电压检测电路(检测点在交流发电机上)。

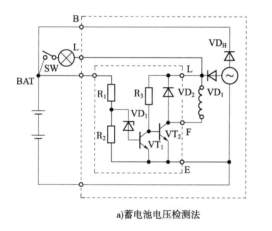
a) 蓄电池电压检测法

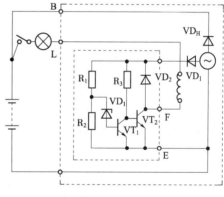
b) 交流发电机电压检测法

图 2-60 电压检测法

交流发电机电压检测电路的优点:交流发电机到检测电路距离近,可不用导线连接,直接接在交流发电机输出端,连接可靠,否则检测电路将检测不到信号。

交流发电机电压检测电路的缺点:当交流发电机到蓄电池之间连接电阻大时,蓄电池充电电压会偏低,使蓄电池充电不足。

(3) 集成电路电压调节器应用举例。

天津夏利轿车交流发电机使用的集成电路调节器外形如图 2-61 所示。该交流发电机为整体式交流发电机,电压调节器为内装式外搭铁型。该电压调节器有 6 个接线端子 F、P、E 三个端子用螺钉直接和交流发电机连接,B 端用螺母固定在交流发电机的输出端子"B"上,IG、L 两个端子用金属线引到电压调节器的外部接线插座上。

夏利轿车电压调节器电路连接图如图 2-62 所示。

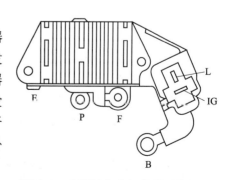

图 2-61 夏利轿车集成电路调节器外形

磁场电流控制：VT$_2$ 是大功率三极管，与磁场串联，由集成片 IC 控制 VT$_2$ 的导通和截止，从而控制磁场电路通断，使交流发电机电压得到控制。

充电指示灯控制：充电指示灯串接在 VT$_1$ 集电极上，VT$_1$ 导通充电指示灯点亮，VT$_1$ 截止充电指示灯熄灭。在集成片 IC 中有控制 VT$_1$ 导通和截止的电路，控制信号由 P 点提供，P 点提供的是交流发电机单相电压的交流信号，其信号幅值大小可反映交流发电机输出电压高低。当交流发电机输出电压低于蓄电池电压时，IC 中控制电路使 VT$_1$ 导通，充电指示灯点亮，当交流发电机输出电压高于蓄电池电压时，IC 中控制电路使 VT$_1$ 截止，充电指示灯熄灭。

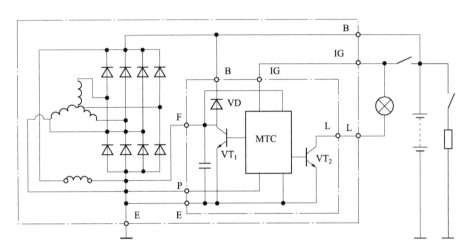

图 2-62　夏利轿车电压调节器

二、电压调节器的检测

1. 电压调节器检测

电压调节器检测用于确定电压调节器是否在不同负载需求下维持准确的电压输出。在利用 VAY-40 进行电压调节器电压检测时，按照以下步骤进行。

（1）跨过蓄电池连接红色（+）和黑色（-）电缆，注意极性不要接反；
（2）选择电压调节器；
（3）选择 INT18V；
（4）把电流调"0"；
（5）围绕交流发电机输出接线，夹住感应传感器；
（6）起动发动机并保持其转速为 1500~2000r/min；
（7）将发动机运转直到电流表读数在 10A 或小些，表明蓄电池是全充电的；
（8）使电压表读到稳定电压值 13.5~14.5V；
（9）加载系统到 10~20A；
（10）电压表仍旧应读到稳定电压值 13.5~14.5V。

以上检测环节如果电压表读数不在稳定电压值 13.5~14.5V 时，则表明电压调节器可能有故障。

2. 交流发电机与电压调节器的使用注意事项

交流发电机与电压调节器的结构简单，维护方便，若正确使用，不仅故障少而且寿命长；

若使用不当就会很快损坏。因此在使用和维护中应注意以下几点:

(1)蓄电池的极性必须是负极搭铁,不能接反。否则,会烧坏交流发电机或电压调节器的电子元件;

(2)交流发电机运转时,不能用试火的方法检查交流发电机是否发电,否则会烧坏二极管;

(3)整流器和定子绕组连接时,禁止用兆欧表或220V交流电源检查交流发电机的绝缘情况;

(4)交流发电机与蓄电池之间的连接要牢靠,如突然断开,会产生过电压损坏交流发电机或电压调节器的电子元件;

(5)一旦发现交流发电机或电压调节器有故障应立即检修,及时排除故障,不应再连续运转;

(6)为交流发电机配用电压调节器时,交流发电机的电压等级必须与电压调节器电压等级相同,交流发电机的搭铁类型必须与电压调节器搭铁类型相同,电压调节器的功率不得小于交流发电机的功率;

(7)线路连接必须正确,目前各种车型电压调节器的安装位置及接线方式各不相同,故接线时要特别注意;

(8)电压调节器必须受点火开关控制,发动机停止转动时,应将点火开关断开,否则会使交流发电机的磁场电路一直处于接通状态,不但会烧坏磁场线圈,而且会引起蓄电池亏电。

3. 交流发电机与调节器的维护

交流发电机在使用中,应定期进行以下检查:

1)查发电机驱动带

(1)检查驱动带的外观:用肉眼观看应无裂纹或磨损现象,如有则应更换;

(2)检查驱动带的挠度:用100N的力压在驱动带的两个传动轮之间,新带挠度为5~10mm,旧带为7~14mm。

2)检查导线的连接

(1)接线是否正确;

(2)接线是否牢靠;

(3)交流发电机输出端接线螺钉必须加弹簧垫。

3)检查运转时有无噪声

4)检查是否发电

(1)观察充电指示灯的熄灭情况:若充电指示灯一直点亮,说明交流发电机或电压调节器有故障,也可能是充电指示灯线路有故障,应及时维修。

(2)用万用表直流电压挡测量电压:在交流发电机未转动时测量蓄电池端电压,并记录下来,起动发动机并将转速提高到怠速以上转速,测量蓄电池端电压,若能高于原记录,说明交流发电机能发电,若测量电压一直不上升,说明交流发电机或电压调节器有故障,应及时维修。

5)调节器故障处理

当发现交流发电机或调节器有故障需要从车上拆下检修时,首先断开点火开关及一切用电设备,拆下蓄电池负极电缆线,再拆卸交流发电机上的导线接头。

**任务实施**

1. 准备工作

(1) 一辆汽车及所分配汽车的维修手册,起动、充电系统检测仪,一台数字万用表,皮带张力计。

(2) 强调实训中的安全注意事项。

2. 不充电故障检测

1) 故障现象

发动机中速以上运转,电流表指示放电或充电指示灯不熄灭。

2) 原因分析

(1) 交流发电机皮带断裂或打滑严重;

(2) 交流发电机励磁线路或充电线路断路;

(3) 交流发电机故障:

① 电刷与滑环接触不良;

② 二极管击穿、断路;

③ 转子绕组短路、断路、搭铁;

④ 定子绕组短路、断路、搭铁。

(4) 电压调节器故障:

① 晶体管电压调节器的稳压管及小功率三极管短路或到功率三极管断路;

② 电压调节器的搭铁方式与交流发电机不匹配。

3) 故障诊断方法步骤

(1) 依次检查皮带松紧、导线连接(松脱或接错)情况。若正常,进行下一步;

(2) 检查励磁电路:

对交流发电机进行电磁吸力试验,若不正常,检查励磁电路。应首先区分是交流发电机的故障还是电压调节器的故障(给交流发电机转子绕组通电,通过试验其是否有电磁吸力,来证明)。若正常,进行下一步;

(3) 检查电枢回路:

① 用试灯检查交流发电机"B"接线端是否有电的方法来确定故障是在外线路还是在发电机内部;

② 诊断电路故障时,可用试灯或万用表的电阻挡或电压挡。

3. 充电电流过小故障检测

1) 故障现象

在蓄电池亏电的情况下,发动机中高速运转时充电电流很小,或蓄电池经常亏电。

2) 原因分析

(1) 充电线路接触不良;

(2) 皮带打滑;

(3) 交流发电机有故障;

(4) 电压调节器调节电压过低或有故障。

3) 故障诊断方法步骤

(1) 检查交流发电机传动带的松紧或油污、检查导线的连接;

(2)对于内搭铁的交流发电机,拆下交流发电机"F"导线,用试灯两端接交流发电机"B"和"F"接线柱(对于外搭铁的交流发电机,拆下交流发电机"F"导线,用试灯两端接交流发电机"F"和"E"接线柱),起动发动机,并逐渐提高转速,若试灯发红,证明交流发电机有故障;若亮度增加较大则说明交流发电机正常,故障在电压调节器。有电流表可在此情况下观察其充电电流的大小,以区分是交流发电机还是电压调节器的故障。

4. 充电电流过大故障检测

1)故障现象

在蓄电池不亏电的情况下,电流表指示充电仍在10A以上,或电解液消耗过快。

2)原因分析

(1)电压调节器调节电压值过高;

(2)晶体管电压调节器大功率三极管不能有效截止或短路;

(3)交流发电机的励磁线路与发电机正极短接。

3)故障诊断方法步骤

拆下电压调节器磁场接线,逐步提高交流发电机转速并观察电流表。若仍指示充电,即为交流发电机的故障;否则,为电压调节器的故障则应进行更换。

5. 充电不稳故障检测

1)故障现象

发动机在怠速以上运转时,电流表指示不稳或开灯后又闪亮现象。

2)原因分析

(1)皮带松动有时打滑;

(2)充电系导线接触不良;

(3)交流发电机故障:

①转子或定子线圈有局部断路或短路故障;

②电刷与滑环间接触不良。

(4)电压调节器故障。

3)故障诊断方法步骤

(1)首先排除皮带打滑和导线接触不良等外在故障。

(2)应先检查电压调节器的故障再检查交流发电机的故障。

(3)交流发电机故障:

①轴承故障;

②转子与定子相碰;

③电刷磨损过大或与滑环接触不良;

④转子轴弯曲等。

6. 交流发电机异响故障检测

1)故障现象

发动机在运转过程当中有不正常的响声。

2)原因分析

(1)皮带过紧或过松;

(2)轴承损坏或缺油松旷、转子与定子相碰;

(3)电刷磨损过大或与滑环接触角度偏斜;

（4）电刷在电刷架内倾斜摇摆；

（5）交流发电机装配不到位，使机体倾斜或转子轴弯曲；

（6）交流发电机皮带轮与轴松旷，使皮带轮与散热片碰撞。

3）故障诊断方法步骤

先检查皮带的松紧度，然后根据原因分析依次进行检修与调整。

7. 充电指示灯故障检测

1）继电器控制式充电指示灯故障

（1）充电指示灯在汽车行驶中时亮时灭。可首先检查是否充电不稳，若正常，应检查相应的插接器和交流发电机继电器间的中性点导线是否接触不良。

（2）充电指示灯不亮。接通点火开关，观察其他报警灯和仪表是否正常，若正常，应检查灯泡是否损坏、接线是否断路。

（3）充电指示灯不熄灭。将试灯两端分别接发电机"B"和"N"接线端（如图 2-63 所示），会出现以下几种情况之一：

①试灯微亮指示灯熄灭，应拆检交流发电机内部中性点线路是否断路；

②若试灯不亮，说明继电器磁化线圈有断路；

③若试灯微亮指示灯不熄灭，应检查继电器，弹簧是否过硬，触点是否烧结；

④若试灯亮，则证明整流器负极管有击穿的。

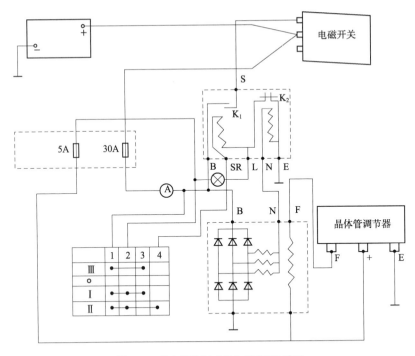

图 2-63　继电器控制式充电指示灯电路图

2）带励磁二极管发电机的充电指示灯故障

（1）充电指示灯不亮。这表明励磁电路断路，检查的内容包括：灯泡是否烧坏、电压调节器是否断路、电刷和滑环断路、线路是否断路或插接器接触不良、磁场绕组短路。

（2）充电指示灯常亮。应首先检查交流发电机是否发电，若发电再检查线路二极管是否击穿、励磁二极管是否均发生断路、负极管和励磁二极管均有击穿短路的。

任务工作单

学习情境二:充电指示灯常量故障检修	班级		
工作任务二:交流发电机与电压调节器的使用	姓名		学号
	日期		评分

一、工作单内容

检测充电系统常见故障,熟悉电压调节器故障原因。

二、准备工作

说明:每位学生应在工作任务实施前独立完成准备工作。

1. 一辆汽车及所分配车辆的维修手册,数字万用表,拆装工具,SST。
2. 强调实训中的安全注意事项。
3. 记录实验车辆的信息。

制造年份	制造商	型号	发动机类型	VIN 码

三、任务实施

1. 检测充电系统:

(1)分辨出交流发电机的类型和型号。

它属于_____类型,输出参数是_____,在转速为_____ r/min,其电流为_____ A,电压为_____ V。

(2)把起动/充电系统检测仪与该汽车相连接。

(3)起动发动机并让它以规定的转速运行。

(4)观察该蓄电池的输出功率。该检测仪的读数:_____ A 和_____ V(在卸载负荷并电压稳定时)。

(5)把检测仪的读数与规定值比较,然后给出你的建议。

(6)如果读数超出规定值,查阅维修手册找出交流发电机满励磁工作的正确方法。描述一下这种方法。

(7)使该交流发电机满励磁工作,并观察其向蓄电池充电的输出参数。检测仪的读数为_____ A 和_____ V。

(8)将这些读数与规定值相比较,并给出建议。

2. 描述交流发电机异响现象,造成该现象的原因有哪些?

四、工作小结

通过此工作任务的实施,各小组集中完成下述工作。

1. 通过本任务的学习,比较电压调节器的优缺点。

2. 对本项工作任务有哪些好的建议和意见?

学习情境三 起动机不转故障检修

情境概述

本学习情境主要介绍起动机的类型、结构及工作原理,起动机的检测与维护方法及起动机不转故障的诊断及排除方法。根据岗位职业能力的要求,本情境共安排了两个真实的工作任务。

一、职业能力分析

通过本情境的学习,期望达到下列目标。

1. 专业能力

(1)熟悉起动机构造、各主要部件作用及工作原理。
(2)能正确进行起动机的拆装。
(3)能正确进行起动机整机及解体后的检测。
(4)能正确进行起动机各主要部件的检查与更换。
(5)熟悉起动机控制电路及电路连接。
(6)熟悉起动机的使用、检修与试验。
(7)起动机常见故障的诊断排除。

2. 社会能力

(1)通过分组活动,培养团队协作能力。
(2)通过规范文明操作,培养良好的职业道德和安全环保意识。
(3)通过小组讨论、上台演讲评述,培养与客户的沟通能力。

3. 方法能力

(1)通过查阅资料、文献,培养个人自学能力和获取信息能力。
(2)通过情境化的工作任务活动,掌握解决实际问题的能力。
(3)填写任务工作单,制订工作计划,培养工作方法能力。
(4)能独立使用各种媒体完成学习任务。

二、学习情境描述

一部桑塔纳轿车在将点火开关旋转至起动挡时,无任何反应。按下喇叭,喇叭声音正常,打开前照灯,灯光明亮。如何诊断排除此故障?该故障是怎样产生的,应用什么方法及设备诊断排除?

三、教学环境要求

学习情境要求在理实一体化专业教室和专业实训室完成。要求配备起动机不转的小型车辆4辆;检测诊断仪器和拆装工具4套。同时提供相关车辆的汽车维修手册、使用说明书;可以用于查询资料的电脑、任务工作单、多媒体教学设备、课件和视频教学资料等。

将学生分成4个小组,各组独立完成相关的工作任务,并在教学完成后提交任务工作单。

工作任务一　起动机的正确使用及维护

 任务概述

1. 应知应会

通过本工作任务的学习与具体实施,学生应学会下列知识:

(1)熟悉起动机的构造、主要部件的作用及工作原理。

(2)掌握起动机的拆装方法。

(3)掌握起动机的整机检测及解体后主要部件的检测方法。

应该掌握下列技能:

(1)能正确进行起动机整机及解体后的检测。

(2)能正确进行起动机各主要部件的检查与更换。

2. 学习要求

(1)在每个工作任务的学习过程中,完成相关任务工作单的填写,并通过课程网站及时提交给相关教师。任务工作单提交方法详见课程网站。

(2)在每个学习情境实施阶段的中期或后期,按要求填写检修工作单。学习情境结束后按要求填写学生考核记录表,进行自我评价后交小组长,小组长评价后连同检修工作单统一交教师。

(3)每个学习情境学习到评价环节时,个人进行任务完成情况的评估。教师对小组抽查,被抽查的个人上台进行讲评。

 相关知识

一、汽车用起动机的要求

(1)起动时,起动机驱动齿轮与飞轮齿圈啮合应无冲击,柔和啮合;

(2)起动过程中,起动机工作平顺,起动后驱动齿轮打滑,并能及时退出啮合;

(3)发动机起动后,驱动齿轮不应再次进入啮合以防损坏;

(4)起动机体积紧凑、重量轻,工作可靠。

二、起动机的分类

在各种起动机的三个组成部分中,电动机部分一般没有本质的差别,而控制方法和传动机构的啮入方式则有很大差异,因此起动机是按控制方法和传动机构的啮入方式的不同来分类的。

（1）按控制方法的不同，起动机可分为机械控制式和电磁控制式。

（2）按传动机构啮入方式，起动机可分为惯性啮合式、强制啮合式、电枢移动式、同轴式起动机。

除上述以外，还有磁极为永久磁铁的永磁式起动机，以及内装减速齿轮的减速起动机等，一般来说，减速起动机大多都是永磁式的。

三、常规起动机的组成

常规起动机一般由直流串励式电动机、传动机构、控制装置等三个部分组成，如图3-1所示。

1. 直流串励式电动机

功用：将蓄电池输入的电能转换为机械能，产生电磁转矩。

结构：由电枢（转子）、磁极（定子）、换向器和电刷等主要部件构成。

1）电枢

直流电动机的转动部分称为电枢，又称转子。转子由外缘带槽的硅钢片叠成的铁芯、电枢绕组、电枢轴和换向器等组成，如图3-2所示。

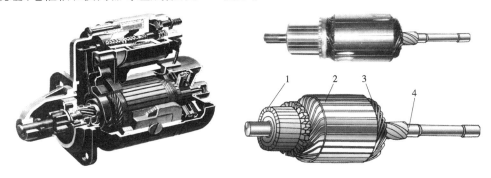

图3-1　汽车常规起动机　　　图3-2　直流串励式电动机电枢结构
　　　　　　　　　　　　　　1-换向器；2-铁芯；3-绕组；4-电枢轴

为了获得足够的转矩，通过电枢绕组的电流一般较大（汽油机为200～600A；柴油机可达1000A），因此，电枢绕组采用较粗的裸铜漆包线绕制为成型绕组。

2）磁极

磁极由固定在机壳内的磁极铁芯和磁场绕组组成，如图3-3所示。

磁极一般是4个，两对磁极相对交错安装在电机的壳体内，定子与转子铁芯形成的磁通回路如图3-4所示，低碳钢板制成的机壳也是磁路的一部分。

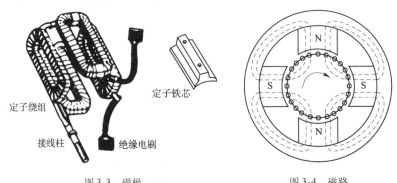

图3-3　磁极　　　　　　　　图3-4　磁路

4个励磁线圈的连接方式有两种,一种是相互串联后再与电枢绕组串联(称为串联式),另外一种则是两两相串联后再并联,再与电枢绕组串联(称混联式),如图3-5所示。

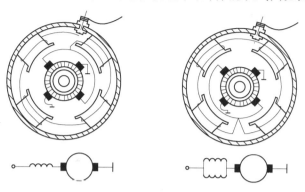

图3-5 励磁绕组的连接

当起动开关接通时,电动机的工作电路为蓄电池正极→接线柱→励磁绕组→正极电刷→换向器和电枢绕组→负极电刷→搭铁→蓄电池负极。

3)换向器

换向器的作用是向旋转的电枢绕组注入电流。

它由许多截面呈燕尾形的铜片围合而成,如图3-6所示。铜片之间由云母绝缘。云母绝缘层应比换向器铜片外表面下凹约0.8mm,以免铜片磨损时,云母片很快突出。电枢绕组各线圈的端头均焊接在换向器的铜片上。

4)电刷与电刷架

如图3-7所示为电刷架总成,电刷与电刷架的作用是将电流引入电枢,使电枢产生连续转动。电刷一般用(80%～90%)铜和(10%～20%)石墨压制而成,以利于减小电阻及增加耐磨性。电刷装在电刷架中,借弹簧压力紧压在换向器上。与外壳直接相连构成电路搭铁,称为搭铁(负极)电刷,与励磁绕组和电枢绕组相连,与外壳绝缘,称为绝缘(正极)电刷。

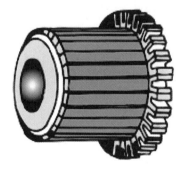

图3-6 换向器

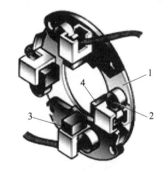

图3-7 电刷架总成图
1-电刷架;2-电刷弹簧;3-绝缘电刷;4-搭铁电刷

2.传动机构

传动机构的作用是把直流电动机产生转矩传递给飞轮齿圈,再通过飞轮齿圈把转矩传递给发动机的曲轴,使发动机起动;起动后,飞轮齿圈与驱动齿轮自动打滑脱离啮合。一般由驱动齿轮、单向离合器、拨叉、啮合弹簧等组成。单向离合器有滚柱式、摩擦片式、弹簧式等几种类型。

其中滚柱式单向离合器是小型汽车上最常用的,下面就以滚柱式单向离合器为例,讨论其结构和工作原理。

滚柱式单向离合器的构造如图 3-8 所示。滚柱式单向离合器的驱动齿轮与外壳制成一体，外壳内装有十字块和 4 套滚柱、压帽和弹簧。十字块与花键套筒相连，壳底与外壳相互扣合密封。花键套筒的外面装有啮合弹簧及衬圈，末端安装着拨环与卡圈。整个离合器总成套装在电动机轴的花键部位上，可做轴向移动和随轴转动。在外壳与十字块之间，形成 4 个宽窄不等的楔形槽，槽内分别装有一套滚柱、压帽及弹簧。滚柱的直径略大于楔形槽窄端，略小于楔形槽的宽端。

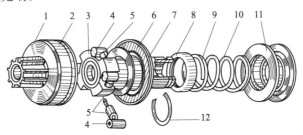

图 3-8　滚柱式单向离合器

1-驱动齿轮；2-外壳；3-十字块；4-滚柱；5-压帽弹簧；6-垫圈；7-护盖；8-花键套筒；9-弹簧座；10-啮合弹簧；11-拨环；12-卡簧

其工作过程是：当起动机电枢旋转时，转矩经套筒带动十字块旋转，滚柱滚入楔形槽窄端，将十字块与外壳卡紧，使十字块与外壳之间能传递力矩；发动机起动以后，飞轮齿圈会带动驱动齿轮旋转，当转速超过电枢转速时，滚柱滚入宽端打滑，这样发动机的力矩就不会传递至起动机，起到保护起动机的作用。其受力分析如图 3-9 所示。

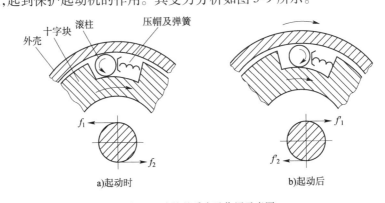

图 3-9　滚柱的受力及作用示意图

3. 控制装置

电磁控制装置在起动机上称为电磁开关，它的作用是控制驱动齿轮与飞轮齿圈的啮合与分离，并控制电动机电路的接通与切断。在现代汽车上，起动机均采用电磁式控制电路，电磁式控制装置是利用电磁开关的电磁力操纵拨叉，使驱动齿轮与飞轮啮合或分离。

1）控制装置的组成

图 3-10 所示为其结构图。控制装置主要由吸引线圈、保持线圈、复位弹簧、活动铁芯、接触片等组成。其中，端子 50 接点火开关，通过点火开关再接

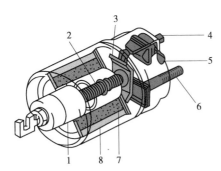

图 3-10　电磁开关结构图

1-活动铁芯；2-回位弹簧；3-接触片；4-端子 30；5-端子 50；6-端子 C；7-吸引线圈；8-保持线圈

电源;端子 30 直接接蓄电池正极。

2) 工作过程

当起动电路接通后,保持线圈的电流经起动机端子 50 进入,经线圈后直接搭铁,吸拉线圈的电流也经起动机端子 50 进入,但通过线圈后未直接搭铁,而是进入电动机的励磁线圈和电枢后再搭铁。两线圈通电后产生较强的电磁力,克服复位弹簧弹力使活动铁芯移动,一方面通过拨叉带动驱动齿轮移向飞轮齿圈并与之啮合,另一方面推动接触片移向端子 30 和 C 的触点,在驱动齿轮与飞轮齿圈进入啮合后,接触片将两个主触点接通,使电动机通电运转。在驱动齿轮进入啮合之前,由于经过吸引线圈的电流经过了电动机,所以电动机在这个电流的作用下会产生缓慢旋转,以便于驱动齿轮与飞轮齿圈进入啮合。在两个主接线柱触点接通之后,蓄电池的电流直接通过主触点和接触片进入电动机,使电动机进入正常运转,此时通过吸引线圈的电路被短路,因此,吸引线圈中无电流通过,主触点接通的位置靠保持线圈来保持。发动机起动后,切断起动电路,保持线圈断电,在弹簧的作用下,活动铁芯复位,切断了电动机的电路,同时也使驱动齿轮与飞轮齿圈脱离啮合。

四、直流电动机的工作原理

直流电动机是根据载流导体在磁场中受到电磁力作用而发生运动的原理工作的。如图 3-11 所示,两片换向片分别与环状线圈的两端连接,电刷一端与两换向器片相接触,另一端分别接蓄电池的正极和负极。在环状线圈中电流的方向交替变化,用左手定则判断可知,环状线圈在电磁力矩作用下按顺时针方向连续转动。这样在电源连续对电动机供电时,其线圈就不停地按同一方向转动。

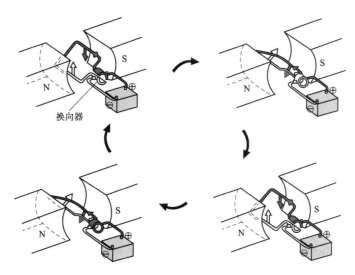

图 3-11 直流电动机的工作原理

为了增大输出力矩并使运转均匀,实际的电动机中电枢采用多匝线圈,随线圈匝数的增多换向片的数量也要增多。

五、起动机的型号

根据中华人民共和国行业标准规定,起动机的规格型号如下:

第一部分:起动机产品代号。起动机产品代号 QD、QDJ、QDY 分别表示常规起动机、减速起动机及永磁式起动机。

第二部分:电压等级代号。1表示12V,2表示24V,6表示6V。

第三部分:功率等级代号,其含义见表3-1。

功率等级代号　　　　　　　　　　　　　　　　表3-1

功率等级	1	2	3	4	5	6	7	8	9
功率(kW)	0~1	1~2	2~3	3~4	4~5	5~6	6~7	7~8	8~9

第四部分:设计序号。

第五部分:变形代号。

例如:QD124表示额定电压为12V、功率为1~2kW经过第四次设计的起动机。

任务实施

1. 准备工作

(1)待分解的常规起动机4个;

(2)常用工具4套;

(3)强调实训中的安全注意事项。

2. 实训内容及要求

(1)认识起动机电动机、传动机构及电磁开关等组成件结构;

(2)熟悉起动机规格型号中各代号的含义;

(3)认识滚柱式单向离合器及电磁开关的结构;

(4)熟知起动机的工作原理。

3. 具体操作

1)起动机拆卸步骤

(1)断开蓄电池的负极电缆。

断开蓄电池的负极电缆(如图3-12所示)之前,对存储在ECU等器件内的信息做记录。

(2)拆下起动机。

①拆下防短路盖;

②拆下起动机电缆定位螺母;

③断开起动机端子30的起动机电缆(如图3-13所示)。

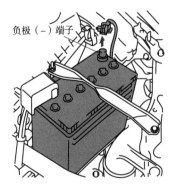

图3-12 断开蓄电池的负极电缆

图3-13 断开起动机端子30的起动机电缆
1-定位螺母;2-起动机电缆;3-防短路盖

（3）断开起动机连接器。

按压连接器的卡销,然后握住连接器机身断开连接器(如图3-14所示)。

（4）拆卸起动机。

拆下起动机安装螺栓,然后滑动起动机将其拆下(如图3-15所示)。

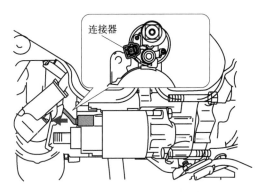

图3-14 断开起动机连接器

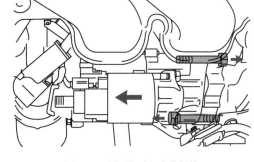

图3-15 拆下起动机安装螺栓

2）起动机的分解

（1）拆卸电磁开关总成。

①拆下定位螺母并断开引线。

②拆卸电磁开关总成:拆下2颗螺母并将电磁开关拉到后侧;向上拉电磁开关的顶端,从驱动杆中取出柱塞钩(如图3-16所示)。

③拆下电磁开关。

（2）拆下起动机磁轭总成。

拆下2个螺栓;拆下换向器端盖;分开起动机外壳从起动机磁轭;拆下驱动杆(如图3-17所示)。

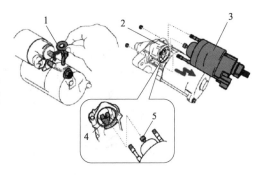

图3-16 拆卸电磁开关总成

1-引线；2-起动机外壳；3-电磁开关；4-驱动杆；5-柱塞钩

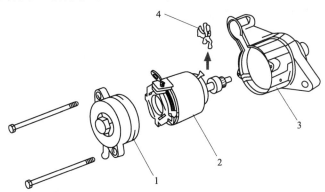

图3-17 拆下起动机磁轭总成

1-端盖；2-起动机磁轭；3-起动机外壳；4-驱动杆

（3）拆下起动机电刷弹簧。

①拆下起动机电刷弹簧:用台钳将带电枢轴固定在两块铝板或者布之间(如图3-18所示);

②释放卡销并取下板:用手指向上扳卡销,然后拆下板;

注意:请慢慢拆下板,否则电刷弹簧可能会弹出。

③用平头螺丝刀(或其他工具)压住弹簧,然后拆下电刷;

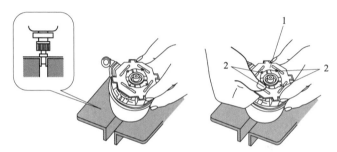

图 3-18 拆下起动机电刷弹簧
1-板；2-卡销

注意：执行此操作时请用胶带缠住螺丝刀；为防止弹簧弹出，执行此操作时请用一块布盖在电刷架上。

④从电刷架绝缘体拆下电刷弹簧（如图 3-19 所示）；

⑤拆下电刷架绝缘体（如图 3-20 所示）。

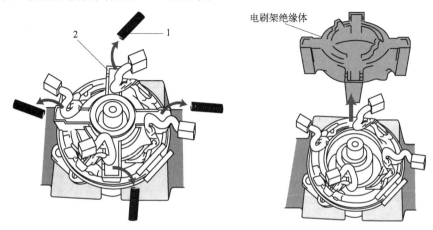

图 3-19 从电刷架绝缘体拆下电刷弹簧
1-电刷弹簧；2-电刷架绝缘体

图 3-20 拆下电刷架绝缘体

（4）拆卸起动机单向离合器。

①拆卸起动机单向离合器（如图 3-21 所示）：先从起动机磁轭拆下起动机电枢总成，然后用台钳将带电枢固定在两块铝板或布之间；

②用平头螺丝刀轻敲止动环，使其向下滑动；

③拆下卡环（如图 3-22 所示）：用平头螺丝刀打开卡环的开口，拆下卡环；

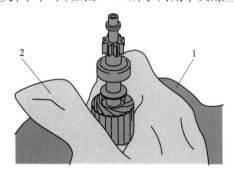

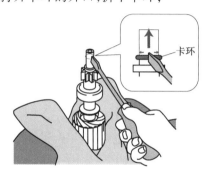

图 3-21 拆下起动机单向离合器
1-台钳；2-布

图 3-22 拆下卡环

— 64 —

④从电枢轴上拆下止动环和起动机单向离合器(如图3-23所示)。

3)起动机的检查

(1)检查起动机电枢总成。

①目测检查。

检查电枢线圈和换向器脏污的程度或是否烧坏。通过自转,使电枢线圈和换向器接触到电刷,随后接通电流。因此,起动机的换向器很容易变脏和烧坏。换向器变脏和烧坏之后会干扰电流并妨碍起动机的正常运转。

②清洁。

用抹布或者刷子清洁电枢总成。

③起动机电枢绝缘和导通检查。

用万用表做下列检查(如图3-24所示):

a. 换向器和电枢铁芯之间的绝缘情况。由于电枢铁芯和电枢线圈之间的状态为绝缘,换向器与电枢线圈相连,因此正常情况下换向器和电枢铁芯之间的状态应为绝缘。

b. 换向器片之间的导通情况(如图3-25所示)。由于每个换向器片通过电枢线圈连接,因此正常情况下,换向器片之间的状态应为导通。

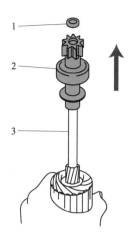

图3-23 拆卸止动环和起动机单向离合器

1-止动环;2-起动机单向离合器;3-电枢轴

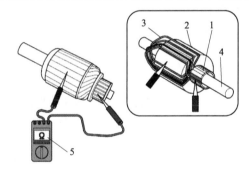

图3-24 起动机电枢绝缘和导通检查

1-换向器;2-电枢铁芯;3-电枢线圈;4-电枢轴;5-不导通

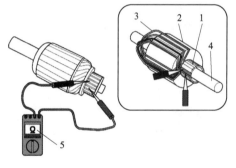

图3-25 换向器片之间的导通情况

1-换向器;2-电枢铁芯;3-电枢线圈;4-电枢轴;5-导通

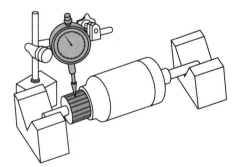

图3-26 用千分表检查换向器的圆跳动量

④换向器圆跳动检查。

用千分表检查换向器的圆跳动量(如图3-26所示)。

如果换向器的跳动量变大,换向器与电刷的接触就会减弱,从而出现起动机无法运转故障。

⑤检查换向器的外径。

用游标卡尺测量换向器的外径(如图3-27所示)。

由于换向器在转动时要与电刷接触,因此会造成磨损。如果测量值超出规定的磨损范围,与电刷的接触将变弱,从而会发生起动机无法转动或其他故障。

⑥检查凹槽深度。

用游标卡尺的深度杆测量换向器片之间的深度(如图3-28所示)。

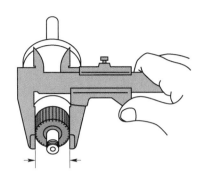

图 3-27 用游标卡尺测量换向器的外径

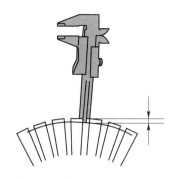

图 3-28 用游标卡尺的深度杆测量换向器片之间的深度

(2)检查励磁线圈。

用万用表进行下列检查:

①电刷引线(A组)和引线之间的导通情况(如图 3-29 所示)。

电刷引线由两组构成:一组与引线相连(A组),另一组与起动机磁轭相连(B组)。

②引线和所有电刷引线之间的导通情况。A组的两根电刷引线导通,B组的两根电刷引线不导通。

检查电刷引线和引线之间的导通情况有助于确定励磁线圈中是否发生开路。检查电刷引线和起动机磁轭之间的绝缘情况有助于确定励磁线圈中是否发生短路。

③电刷引线(A组)和起动机磁轭之间的绝缘情况(如图 3-30 所示)。

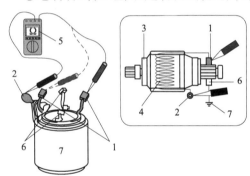

图 3-29 检查励磁线圈
1-电刷引线(A组);2-引线;3-电枢;4-励磁线圈;
5-导通;6-电刷引线(B组);7-起动机磁轭

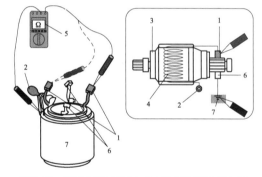

图 3-30 检查电刷引线(A组)和起动机磁轭之间的绝缘情况
1-电刷引线(A组);2-引线;3-电枢;4-励磁线圈;
5-导通;6-电刷引线(B组);7-起动机磁轭

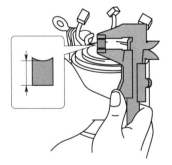

图 3-31 检查电刷

(3)检查电刷。

电刷被弹簧压在换向器上,如果电刷磨损程度超过规定限度,弹簧的夹持力将降低,与换向器的接触将变弱。这会使电流的流动不畅,起动机可能因此而无法转动。

①清洁电刷并用游标卡尺测量电刷长度,如图 3-31 所示。

②测量电刷中部的电刷长度,因为此部分磨损最严重。

③用游标卡尺的顶端测量电刷长度,因为磨损部位呈圆形。

如果上述测量值低于规定值,请更换电刷。

(4)检查起动机单向离合器分总成。

用手转动起动机单向离合器,检查单向离合器是否处于闭锁状态,如图 3-32 所示。单向离合器仅向一个旋转方向传送转矩。在另一个方向,单向离合器只是空转,不传送转矩。发动机由起动机起动之后,发动机将会带动起动机。因此,单向离合器可以防止发动机带动起动机。

(5)检查电磁开关总成。

①检查电磁开关的操作。

用手指按住柱塞(如图 3-33 所示),松开手指之后,检查柱塞是否很顺畅地返回其原来位置。

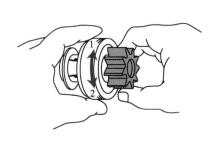 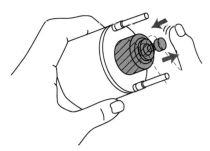

图 3-32　检查起动机单向离合器分总成　　　　图 3-33　检查电磁开关
1-自由;2-闭锁

由于开关装在柱塞中,如果柱塞无法顺畅地返回其原始位置,开关的接触会变弱,从而无法打开/关闭起动机。

如果柱塞的运行不正常,则应更换电磁开关总成。

②检查电磁开关的导通情况。

用万用表检查下列项目:

a.端子 50 和端子 C 之间的导通情况:牵引线圈中的导通检查如图 3-34 所示,牵引线圈连接端子 50 和端子 C。如果牵引线圈正常,则两个端子之间为导通。

如果牵引线圈断开,柱塞无法被引入。

b.端子 50 和开关体之间的导通情况保持线圈中的导通检查,如图 3-35 所示。

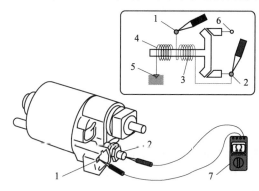 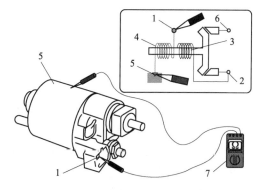

图 3-34　牵引线圈导通检查　　　　　　　　　图 3-35　保持线圈导通检查
1-端子 50;2-端子 C;3-牵引线圈;4-保持线圈;5-开　　1-端子 50;2-端子 C;3-牵引线圈;4-保持线圈;5-开
关体;6-端子 30;7-导通　　　　　　　　　　　　关体;6-端子 30;7-导通

保持线圈连接端子50和开关体,如果保持线圈正常,则端子50和开关体之间为导通。

如果保持线圈断开,可牵引柱塞,但是无法保持,因此小齿轮反复伸出和返回。

4)起动机的重新组装

(1)安装起动机单向离合器分总成。

①在起动机单向离合器花键上涂一些润滑脂;

②将起动机单向离合器安装到电枢轴上(如图3-36所示);

③将止动环安装到轴上,较小的内径应指向下方(如图3-37所示);

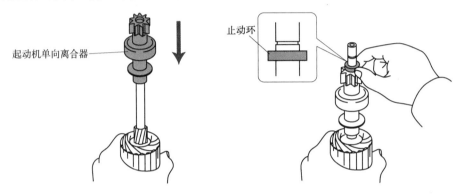

图3-36 安装起动机单向离合器　　　　图3-37 安装止动环

④将卡环对齐轴上的凹槽,用台钳拧紧,将其固定在轴上(如图3-38所示);

⑤抬起起动机单向离合器,将其保持在该位置,然后用塑料锤敲打轴,将卡环装入止动环中(如图3-39所示)。

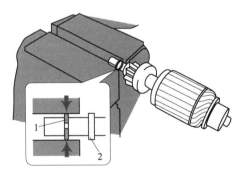 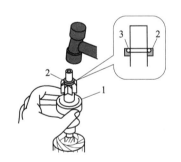

图3-38 卡环对齐轴上的凹槽　　　　图3-39 卡环装入止动环
1-卡环;2-止动环　　　　　　　　1-起动机单向离合器;2-止动环;3-卡环

(2)安装起动机电刷弹簧。

①将起动机电枢总成安装在起动机磁轭上。

②安装起动机电刷弹簧。

用台钳固定住夹在两块铝板或者布之间的电枢轴(如图3-40所示)。

安装电刷架绝缘体(如图3-41所示)。

将弹簧安装在电刷架绝缘体上(如图3-42所示)。

压住弹簧,同时将电刷装到电刷架绝缘体上(如图3-43所示)。由于电刷受弹簧的推动,操作时请务必小心,不要让弹簧弹出来。用螺丝刀可以比较方便地压住弹簧。用胶带缠绕螺丝刀的顶端。

③安装板。用手指按住卡销安装。

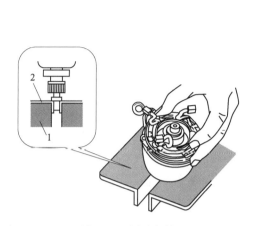

图 3-40　固定电枢轴

1-台钳;2-铝板

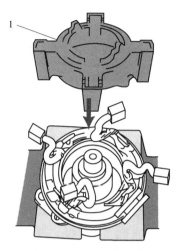

图 3-41　安装电刷架绝缘体

1-电刷架绝缘体

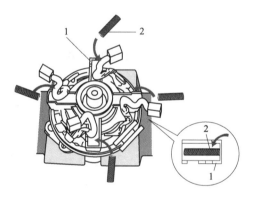

图 3-42　在电刷架绝缘体上安装弹簧

1-电刷架绝缘体;2-电刷弹簧

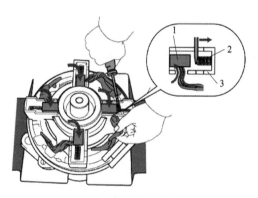

图 3-43　将电刷装到电刷架绝缘体上

1-电刷;2-电刷弹簧;3-电刷架绝缘体

(3)安装起动机磁轭总成。

①如图 3-44 所示,在驱动杆和起动机单向离合器互相接触的部位涂一些润滑脂;

②将驱动轴放到轴上;

③拧紧两个螺栓,将换向器端盖和磁轭安装到起动机外壳上。

(4)安装电磁开关总成。

①安装电磁开关:将柱塞钩钩到驱动杆上,然后用两个螺栓将电磁开关安装到起动机外壳上(如图 3-45 所示)。

②连接引线和螺母。

5)起动机的测试

(1)牵引测试:检查电磁开关是否正常(如图 3-46 所示)。

①为防止起动机转动,从端子 C 断开励磁线圈引线;

②将蓄电池正极(+)端子连接到端子 50 上;

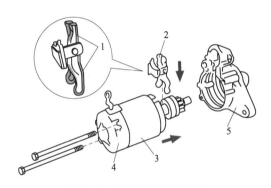
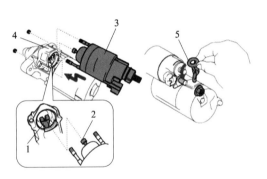

图 3-44 安装起动机磁轭总成
1-润滑脂;2-驱动杆;3-起动机磁轭;4-端盖;5-起动机外壳

图 3-45 安装电磁开关总成
1-驱动杆;2-柱塞钩;3-电磁开关;4-起动机外壳;5-引线

③将蓄电池负极(-)端子连接到起动机体和端子C(测试引线A)上,检查小齿轮是否露出;

④转动点火开关使其处于"起动"位置。然后让电流流入牵引线圈和保持线圈,检查小齿轮是否伸出。如果小齿轮没有伸出则更换电磁开关总成。

(2)保持测试:检查保持线圈是否正常(如图3-47所示)。

①牵引测试之后,当小齿轮伸出时,从端子C断开测试引线A;

②检查小齿轮是否保持伸出状态:

断开测试引线A(该引线连接蓄电池负极端子和端子C),从端子C断开流入牵引线圈的电流,让电流仅流入保持线圈。

如果小齿轮无法保持伸出状态则更换电磁开关总成。

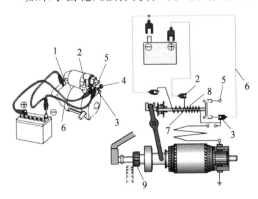
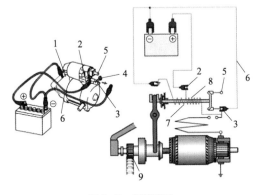

图 3-46 牵引测试
1-起动机体;2-端子50;3-端子C;4-励磁线圈引线;5-端子30;6-测试引线;7-保持线圈;8-牵引线圈;9-小齿轮

图 3-47 保持测试
1-起动机体;2-端子50;3-端子C;4-励磁线圈引线;5-端子30;6-测试引线;7-保持线圈;8-牵引线圈;9-小齿轮

(3)检查小齿轮间隙:检查小齿轮的伸出量(如图3-48所示)。

在保持测试状态下,测量小齿轮和止动环之间的间隙。如果间隙超出规定值范围则更换电磁开关总成。

(4)小齿轮返回测试:检查小齿轮是否返回其原始位置(如图3-49所示)。

①保持测试后当小齿轮伸出时,从起动机体断开接地线;

②确认小齿轮返回其原始位置:

把点火开关从"起动"位置转到"接通"位置将会断开流向保持线圈的电流。如果小齿轮未返回其原始位置则更换电磁开关总成。

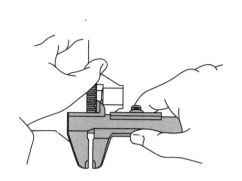

图3-48 检查小齿轮的伸出量

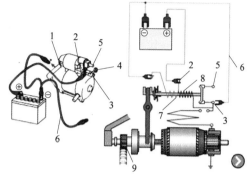

图3-49 小齿轮返回测试

1-起动机体;2-端子50;3-端子C;4-励磁线圈引线;
5-端子30;6-测试引线;7-保持线圈;8-牵引线圈;
9-小齿轮

(5)无负荷测试:检查电磁开关的接触点以及换向器和电刷之间的接触(如图3-50所示)。

①用台钳固定住夹在铝板或者布之间的起动机;
②将拆下的励磁线圈引线连接到端子C;
③将蓄电池正极(+)端子连接到端子30和端子50上;
④将万用表连接在蓄电池正极(+)端子和端子30之间;
⑤将蓄电池负极(-)端子连接到起动机体上,然后转动起动机。

6)测量流入起动机的电流(如图3-51所示)

由于蓄电池向起动机长时间供电会烧坏线圈,因此测试时间应限定为3~5s。

在无负荷测试中,电流会随起动机电机的不同而略有不同,有时甚至会用到200~300A的电流,因此应预先查阅维修手册,务必使用容量足够大的安培计和引线。

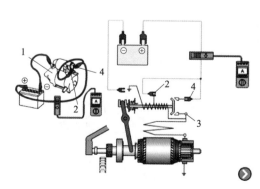

图3-50 无负荷测试

1-起动机体;2-端子50;3-端子C;4-端子30

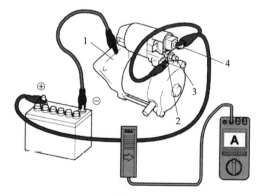

图3-51 测量流入起动机的电流

1-起动机体;2-端子50;3-端子C;4-端子30

	班级			
学习情境三:起动机不转故障检修	姓名		学号	
工作任务一:起动机的正确使用及维护	日期		评分	

一、工作单内容
熟悉起动机结构,学会起动机拆解检查。

二、准备工作
说明:每位学生应在工作任务实施前独立完成准备工作。
1. 一辆汽车及维修手册,数字万用表,拆装工具,SST。
2. 强调实训中的安全注意事项。
3. 记录实验车辆的信息:

制造年份	制造商	型号	发动机类型	VIN 码

三、任务实施
1. 结构认识,丰田汽车公司的行星齿轮式直流起动机的结构如下图所示。

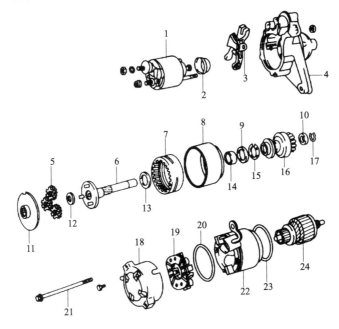

主要由电磁开关1、活动铁芯罩2、传动杆(拨叉)3、驱动机构外壳4、行星齿轮5、驱动齿轮6、内齿轮4、内齿轮7、缓冲器壳8、板垫圈9、止动套圈10、压板11、垫圈12、13、中间轴承14、17弹簧卡环15、单向离合器16、换向器端盖18、电刷架19、O形环20、23、贯穿螺栓21、_____22、_____24组成。

2. 描述起动机的拆解步骤。

3.解体起动机,并思考:
(1)区分正极电刷与负极电刷方法是:_____。
(2)正极电刷架与后端盖绝缘的方法是:_____。
(3)电刷压力不足会引起的不良后果是:_____。
(4)磁开关内部主接线柱接触不良会造成起动机的故障是:_____。
4.起动机解体后的检查
(1)各接线头和接线柱是否氧化,接线是否松脱,焊端是否脱焊等,并记录检查情况:_____。
(2)控制开关的触点是否脏污、烧蚀而导致接触不良,并记录检查情况:_____。
(3)各轴颈和滑动轴承铜套磨损的程度以及润滑情况,并记录检查情况:_____。
5.用万用表检测电磁开关接线柱50与电磁开关壳体之间的电阻,应为_____,否则表示_____,应_____。其检测结果是:_____。电磁开关接线柱50与接线柱30之间的电阻,应为_____,否则表示_____,应_____。其检测结果是:_____。
6.拆下起动机电刷,换向器表应无_____现象,电刷在电刷架内应活动自如,电刷与换向器的接触面积不应小于_____,电刷长度不应小于新电刷的_____。电刷弹簧的张力应在_____之间。其检查结果是:_____。
7.用万用表检测磁场线较正端与炭刷之间的电阻,应为_____。其检测结果是:_____。磁场线较正端与定子壳体之间的电阻,应为_____,否则表示_____,应_____。其检测结果是:_____。
8.起动机的电枢检查应在_____上进行,当测试仪通电后,将铁片置于电枢的铁芯上,一边转动电枢,一边移动铁片,当铁片3在某一部位产生振动时,说明电枢_____,应_____。其检测结果是:_____。
9.用万用表检测整流器铜条与轴之间的电阻,应为_____,否则表示_____,应_____。其检测结果是:_____。
10.用万用表检测整流器铜条之间的电阻,应为_____,否则表示_____,应_____。其检测结果是:_____。
11.结论:_____。
12.排除故障,组装起动机。注意:在组装起动机前应将起动机的轴承和滑动部位涂以润滑脂。

四、工作小结
通过此工作任务的实施,各小组集中完成下述工作。
1.通过本任务的学习,比较常见起动机的优缺点。

2.对本项工作任务有哪些好的建议和意见?

工作任务二 起动系统的故障诊断与排除

任务概述

1. 应知应会

通过本工作任务的学习与具体实施,学生应学会下列知识:

(1)熟悉起动机控制电路及电路连接的检修方法。

(2)熟悉起动机的使用、维修及试验方法。

应该掌握下列技能:

会对起动机常见故障进行诊断排除。

2. 学习要求

(1)在每个工作任务的学习过程中,完成相关任务工作单的填写,并通过课程网站及时提交给相关教师。任务工作单提交方法详见课程网站。

(2)在每个学习情境实施阶段的中期或后期,按要求填写检修工作单。学习情境结束后按要求填写学生考核记录表,进行自我评价后交小组长,小组长评价后连同检修工作单统一交教师。

(3)每个学习情境学习到评价环节时,个人进行任务完成情况的评估。教师对小组抽查,被抽查的个人上台进行讲评。

相关知识

一、起动系统的控制电路

采用电磁操纵起动机的汽车起动系统,按其控制电路的不同分为开关直接控制、起动继电器控制和复合继电器控制三种形式。

1. 点火开关直接控制起动系统

点火开关直接控制起动系统的控制电路(如图3-52所示)

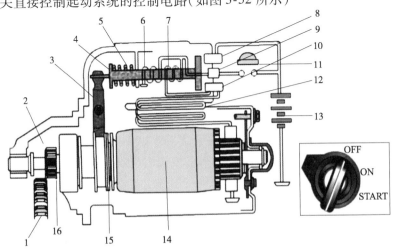

图3-52 点火开关直接控制起动系统的控制电路

1-飞轮齿圈;2-驱动齿轮;3-拨叉;4-活动铁芯;5-复位弹簧;6-保持线圈;7-吸引线圈;8-端子30;9-端子50;10-端子C;11-点火开关;12-励磁线圈;13-蓄电池;14-电枢;15-螺纹花键;16-离合器

1）丰田 AE 系列轿车的起动控制电路

图 3-53 所示为丰田 AE 系列中常用的起动机控制电路及其工作过程。

当点火开关置于起动挡时，电流的流向为：蓄电池"+"→点火开关起动开关→端子 50→保持线圈→搭铁，同时吸引线圈中也通过电流，方向为：蓄电池"+"→点火开关起动开关→端子 50→吸引线圈→端子 C→励磁线圈→电枢→搭铁。此时由于吸引线圈和励磁线圈中的电流非常小，电动机低速运转。同时吸引线圈和保持线圈中产生的磁场吸引可动铁芯向右运动，克服复位弹簧的作用力，拉动拨叉向左运动，拨叉使离合器的小齿轮向左和飞轮的齿圈啮合。这个过程电动机的转速低，可以保证齿轮之间平顺啮合。

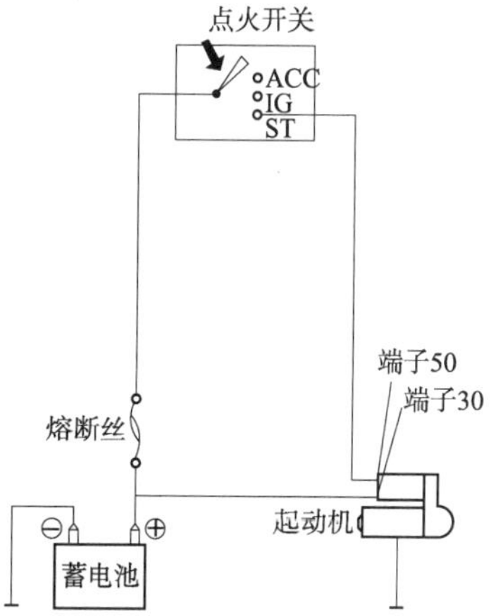

当小齿轮和飞轮齿圈完全啮合以后，与可动铁芯连在一起的接触片向右运动，使端子 30 及端子 C 接触，从而接通了主开关，通过起动机的电流增大，电动机的转速升高。而电枢轴上的螺纹使小齿轮和飞轮齿圈更加牢固的啮合。此时吸引线圈两端的电压相等，所以无电流通过。保持线圈产生的磁场力使可动铁芯保持在原位不动。此时的电流方向分别为：蓄电池"+"→点火开关起动开关→端子 50→保持线圈→搭铁；蓄电池"+"→端子 30 接触片→端子 C→励磁线圈→电枢绕组→搭铁。

图 3-53 点火开关位于起动位置

发动机起动以后，点火开关从"START"挡置回"ON"挡，从而切断了端子 50 上的电压。这时，接触片和端子 30 及端子 C 仍保持接触。电路中的电流为：蓄电池"+"→端子 30→接触片→端子 C→吸引线圈→保持线圈→搭铁。同时电流还经过端子 C→励磁线圈→电枢→搭铁。由于此时吸引线圈和保持线圈的电流方向相反，产生的磁场力相互抵消，在复位弹簧的作用下，可动铁芯向左运动，使得小齿轮与飞轮齿圈脱离，同时，接触片和两个端子断开，切断电动机中的电流，整个起动过程结束。

2）普通桑塔纳轿车的起动控制电路

桑塔纳轿车采用 QD1225 型起动机，起动系的控制电路采用无起动继电器的起动电路，如图 3-54 所示。其控制电路中，点火开关接线柱 30 接电源，由红/黑色导线从点火开关上接线柱 50 送至中央线路板 B8 结点，再通过中央线路板 C18 结点，引到起动机电磁开关接线柱 50。用黑色导线连接蓄电池正极与起动机接线柱 30。

工作过程如下：

点火开关置于第二挡，其端子 30 与端子 50 接通，使起动机的电磁开关通电，起动机进入工作状态。其电路为：蓄电池正极端子→红色导线→中央线路板的单端子插座 P 端子→中央线路板内部线路→中央线路板单端子插座 P 端子→红色导线→点火开关端子 30→点火开关→点火开关端子 50→中央线路板端子 B8→中央线路板内部线路→中央线路板端子 C18→起动机端子 50→进入电磁开关。

2. 带起动继电器的起动控制电路

在电磁操纵式起动机的使用中，常通过起动继电器的触点接通或切断起动机电磁开关的电路控制起动机的工作，以保护起动开关。

工作过程如下：

起动开关未接通时，起动继电器触点张开，起动机开关断开，离合器驱动齿轮与飞轮处于分离状态。起动开关接通时的状况如图 3-55 所示。

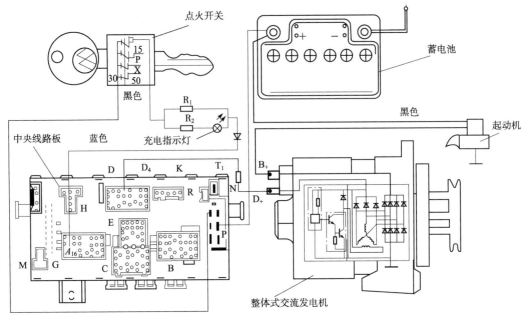

图 3-54　桑塔纳系列轿车起动系统线路

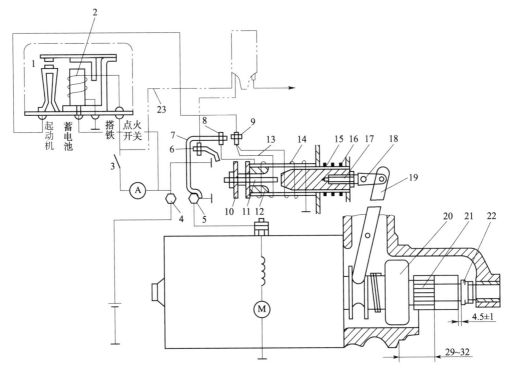

图 3-55　带起动继电器的起动控制电路

1-起动继电器触点；2-起动继电器线圈；3-点火开关；4、5-起动机主电路接线柱；6-辅助接线柱；7-导电片；8、9-电磁开关接线柱；10-接线盘；11-推杆；12-固定铁芯；13-吸引线圈；14-保持线圈；15-活动铁芯；16-复位弹簧；17-调节螺钉；18-连接片；19-拨叉；20-滚柱式单向离合器；21-驱动齿轮；22-限位螺钉；23-附加电阻线

1）起动继电器线圈电路接通

其电路为：蓄电池正极→点火开关接柱→接线柱→起动继电器"点火开关"接柱→线圈

搭铁→蓄电池负极。

2) 电磁线圈电路接通

继电器触点闭合,同时接通吸引线圈和保持线圈电路,两线圈产生同方向的磁场,磁化铁芯,吸动活动铁芯前移,铁芯前端带动触盘接通两个开关(起动机开关和附加电阻短路开关),后端通过耳环带动拨叉移动使驱动齿轮与飞轮啮合。

吸引线圈电路:蓄电池正极→电动机开关接柱→起动继电器"电池"接柱、支架、触点、"起动机"接柱→电磁开关接柱→吸引线圈→电动机开关接柱→电动机磁场绕组→电枢绕组→搭铁→蓄电池负极。

保持线圈电路:蓄电池正极→电动机开关接柱→起动继电器"电池"接柱、支架、触点、"起动机"接柱→电磁开关接柱→保持线圈→搭铁→蓄电池负极。

3) 电动机电路接通

接触盘将电动机开关接柱连通后,电动机电路接通。此电路电阻极小,电流可达几百安培,电动机产生较大转矩,带动飞轮转动。电动机开关接通后,吸引线圈和附加电阻被短路。

其电路为:蓄电池正极→电动机开关接柱→导电片→磁场绕组→电枢绕组→搭铁→蓄电池负极。

4) 起动开关断开

起动继电器停止工作,触点张开。电动机开关断开,驱动齿轮和飞轮分离。

起动继电器触点张开后电动机开关断开瞬间,保持线圈电流通路为:蓄电池正极→电动机开关接柱→触盘→接柱→吸引线圈→保持线圈→搭铁→蓄电池负极。

3. 带组合继电器的起动控制

为了防止发动机起动以后起动电路再次接通,一些起动电路中还安装了带有保护功能的组合式继电器。下面以CA1090型汽车起动系电路为例,介绍其作用和工作过程。

1) 组合继电器

CA1090型汽车起动系装用了JD171型组合继电器,如图3-56所示。

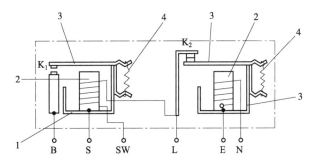

图3-56 JD171型组合继电器
1-磁轭;2-铁芯;3-动铁;4-弹簧

它由两部分构成,一部分是起动继电器,其作用与前述起动继电器的作用相同;另一部分是保护继电器,它的作用是与起动继电器配合,使起动电路具有自动保护功能,另外还控制充电指示灯。

组合继电器中的起动继电器、保护继电器都由铁芯、线圈、磁轭、动铁、弹簧触点组成,其中起动继电器触点 K_1 为常开式,保护继电器触点 K_2 为常闭式。由于起动继电器线圈与保护继电器触点 K_2 串联,因此,当 K_2 打开时,K_1 不可能闭合。组合继电器共有6个接线柱分别为 B、S、SW、L、E、N,分别接电源、起动机电磁开关、点火开关起动挡、充电指示灯、搭铁和发电机中性点。

2)起动系的工作过程

CA1091 型汽车的起动电路如图 3-57 所示,其工作过程如下:

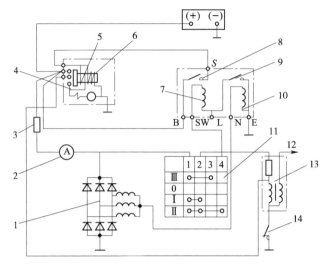

图 3-57　CA1091 型汽车起动系电路图

1-发电机;2-电流表;3-熔断器;4-起动机;5-吸引线圈;6-保持线圈;7-起动继电器线圈;8-起动继电器触点;9-保护继电器触点;10-保护继电器线圈;11-点火开关;12-至分电器盖;13-点火线圈;14-断电器

(1)当点火开关置于起动挡(Ⅱ挡)时,起动继电器线圈通电,电流回路为蓄电池正极→熔断器→电流表→点火开关→起动继电器线圈→保护继电器常闭触点→搭铁→蓄电池负极。

起动继电器线圈通电使起动继电器的常开触点闭合,接通了起动机电磁开关电路,使起动机进入起动状态。

(2)发动机起动后,松开点火开关,钥匙自动返回点火挡(Ⅰ挡),起动继电器触点打开,切断了起动机电磁开关电路,电磁开关复位,停止起动机工作。

(3)发动机起动后,如果点火开关没能及时返回Ⅰ挡,这时组合继电器中保护继电器线圈由于承受交流发电机中性点的电压,使常闭触点断开,自动切断了起动继电器线圈的电路,触点断开,使起动机电磁开关断电,起动机便自动停止工作。发动机起动后,由于触点的断开,也切断了充电指示灯的搭铁电路,充电指示灯也熄灭。

(4)在发动机运行时,如果误将点火开关置于起动挡,由于在此控制电路中,保护继电器的线圈总加有交流发电机中性点电压,常闭触点处于断开状态,起动继电器线圈不能通电,起动机电磁开关不能动作,避免了发动机在运行中使起动机的驱动齿轮进入与飞轮齿圈的啮合而产生的冲击,起到了保护作用。

有的汽车起动继电器线圈通过防盗系统搭铁,发动机起动时,只有防盗系统发出起动信号后,继电器线圈才能搭铁,如果防盗系统没有收到起动信号,则继电器线圈中无电流,起动机就不能工作,实现了防盗功能。

二、起动机的正确使用

(1)起动机每次起动时间不超过 5s,再次起动时应间歇 15s,使蓄电池得以恢复。如果连续第三次起动,应在检查与排除故障的基础上停歇 2min 以后进行。

（2）在冬季或低温情况下起动时,应对蓄电池采取保温措施。

（3）发动机起动后,必须立即切断起动机控制电路,使起动机停止工作。

（4）任何情况下,发动机起动后,都严禁再次起动发动机,否则起动机将有损坏的可能。

（5）起动机外部应保持清洁,各连接导线,特别是与蓄电池连接的导线,应保证连接可靠、牢固。在清洁发动机舱,严禁用水直接冲洗,起动机也有短路损坏的可能。

三、起动系统常见故障诊断

对于客户报修的车辆,仪表板上无发动机故障灯点亮,车辆起动异常,首先要排除是否是客户的使用不当引起的,如自动挡车辆挡位杆是否挂在 P/N 挡,某些手动挡车辆起动时是否踩下离合器踏板、汽车防盗状态是否解除等情况,这些情况都与起动机的使用有密切关系。在排除这些非故障因素外,起动系统故障原因一般有以下几种。

（1）起动机电动机故障。

（2）起动机电磁开关故障。

（3）起动控制电路故障。

（4）起动开关及继电器故障。

（5）其他故障。

1. 点火开关直接控制起动系统常见故障诊断

以丰田轿车起动系统为例,分析点火开关直接控制起动系统的故障(其电路见图 3-13)。其他汽车起动系的诊断思路和方法大致相同。

1）起动机不转

故障现象:将点火开关旋至起动挡,起动机驱动齿轮不向外伸出,起动机不转。

诊断思路与方法:

该故障可能由蓄电池及电路连接造成,也有可能由起动机本身造成,首先应进行区分,方法如下:用螺丝刀或导线短接起动机电磁开关上的端子 30 和端子 C 两个接线柱。若起动机不转,说明电动机有故障,应解体检修;若起动机运转,说明电动机正常,故障在起动机本身以外的电路。

诊断流程如图 3-58 所示。

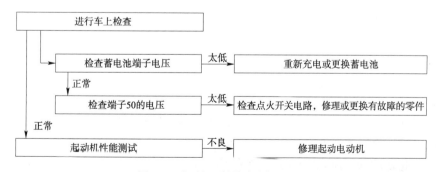

图 3-58 起动机不转故障诊断流程图

（1）在车上检查蓄电池的状况和电源导线连接情况。

可以按喇叭或开前照灯,若喇叭响声变小或前照灯灯光暗淡,说明蓄电池容量过低或电源导线接触不良;也可以在点火开关位于"起动"挡时,测量蓄电池两端的电压,不应低于 9.6V。

若蓄电池良好,应检查端子50的电压,若电压过低(<8V),应对蓄电池的正极线、搭铁线、各接线柱及点火开关进行检查,若接线柱有脏污或松脱,应清洁或紧固,若点火开关损坏,应进行修理和更换。

(2)若故障仍然存在,说明故障在起动机本身。此时应进行起动机的性能测试(吸引和保持线圈测试等)或解体测试进行故障诊断和排除。

2)起动机转动无力

故障现象:将点火开关旋至"起动"挡,驱动齿轮发出"咔嗒"声向外移出,但是起动机不转动或转动缓慢无力。

诊断思路与方法:

(1)检查蓄电池容量和电源导线的连接情况,确认蓄电池容量是否足够,线路连接是否良好;

(2)若故障依然存在要区分故障在起动机或发动机本身,还是在端子30之前的电路,用螺丝刀短接起动机电磁开关的端子30和端子C两个接线柱;

(3)若短接后起动有力且运转正常,说明起动机电磁开关内主触点和接触盘接触不良;

(4)若短接后起动仍然无力,则可认为电动机有故障,需进一步拆检。故障可能是由主开关接触不良、电刷和换向器之间电阻过大或接触不良、单向离合器打滑等引起的;

(5)如果在接通起动开关后,起动机有连续的"咔嗒"声;

(6)若短接起动机电磁开关的两个主接线柱,起动机转动正常,说明电磁开关保持线圈断路或短路。

诊断流程如图3-59所示。

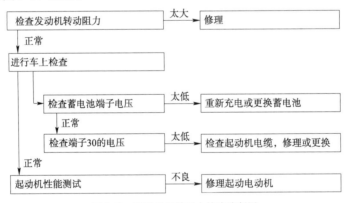

图3-59 起动机运转无力故障诊断图

3)起动机空转

故障现象:接通点火开关"起动"开关,起动机只是空转,不能带动发动机运转。

诊断思路与方法:

(1)起动机空转时,有较轻的摩擦声音,起动机驱动齿轮不能与飞轮轮齿啮合而产生空转,即驱动齿轮还没有啮合到飞轮轮齿中,电磁开关就提前接通,说明主回路的接触盘行程过短,应拆下起动机,进行起动机接通时刻的调整;

(2)起动机空转时,有严重的碰擦轮齿的声音:说明飞轮轮齿或起动机驱动齿轮严重磨损,应拆下起动机进一步检查,根据实际情况更换驱动齿轮或飞轮轮齿;

(3)起动机空转时,速度较快但无碰齿声音:说明起动机单向离合器打滑,即驱动齿轮已经啮入飞轮轮齿中,但不能带动飞轮旋转,只是起动机电枢轴在空转,应更换单向离合器总成。

2. 带起动继电器的起动系统故障诊断

1）起动机不转

起动时,起动机不转动,且无动作迹象,可能的故障如下:

(1) 电源故障。蓄电池严重亏电或极板硫化、短路等,蓄电池极桩与线夹接触不良,起动电路导线连接处松动而接触不良等。

(2) 起动机故障。换向器与电刷接触不良,励磁绕组或电枢绕组有断路或短路,绝缘电刷搭铁,电磁开关线圈断路、短路、搭铁或其触点烧蚀而接触不良等。

(3) 起动继电器故障。起动继电器线圈断路、短路、搭铁或其触点接触不良等。

(4) 点火开关故障。点火开关接线松动或内部接触不良。

(5) 起动系线路故障。起动线路中有断路、导线接触不良或松脱等。

故障诊断方法:

(1) 检查电源。按喇叭或开启前照灯,如果喇叭声音小或嘶哑,灯光比平时暗淡,说明是电源的问题。使用万用表检查蓄电池电压,电压不应低于12V,若正常,检查起动机控制熔断丝是否导通,若熔断,检查是否有短路故障后更换同样规格的新熔断丝。若正常,检查蓄电池极桩与线夹及起动电路导线连接处是否有松动,若某连接处松动,则说明该处接触不良。

(2) 检查起动机。如果判断电源无问题,用螺丝刀短接端子30与端子C,如果起动机不转,则说明是电动机内部有故障,应拆检起动机;如果起动机运转正常,则进行后面的步骤检查。

(3) 检查电磁开关。用螺丝刀将电磁开关上连接起动继电器的接线柱与连接蓄电池的接线柱短接,若起动机不转,则说明起动机电磁开关有故障,应检查电磁开关的吸拉线圈,其阻值应符合规定值;如果起动机运转正常,则说明故障在起动继电器或有关线路上。

(4) 检查直动继电器。短接起动继电器上的"电池"和"起动机"接线柱,若起动机转动,则说明起动继电器内部有故障,否则应再进一步检查。

(5) 检查点火开关及线路。将起动继电器的"电池"与点火开关用导线直接相连,若起动机能正常运转,则说明故障在起动继电器至点火开关的线路中,可对其进行检修。

2）起动机起动无力

起动时,起动机转速明显偏低甚至于停转,起动机有"咔嗒"声。可能的故障如下:

(1) 电源故障。蓄电池亏电或极板硫化短路导致蓄电池电压过低等。

(2) 起动机故障。换向器与电刷接触不良,电磁开关接触点和触点接触不良,电动机激励绕组或电枢绕组有局部短路等。

(3) 起动继电器故障。起动继电器触点接触不良等。

(4) 点火开关故障。点火开关接线松动或内部接触不良。

(5) 起动系线路故障。起动线路中有导线接触不良或锈蚀等。

故障诊断方法:

(1) 检查电源。使用万用表或蓄电池检测仪检查蓄电池存电状况,蓄电池电压不应小于12.4V。检查蓄电池极桩与线夹及起动电路导线连接处是否有松动,若某连接处松动或发热,则说明该处接触不良。

(2) 检查起动机。如果判断电源无问题,用螺丝刀将起动机电磁开关上端子30和端子C接线柱短接,如果起动机运转不良,则说明是电动机内部有故障,应拆检起动机;如果起动机空转正常,则进行后面的步骤检查。

(3)检查电磁开关。应检查电磁开关保持线圈;如果保持线圈阻值正常,则说明故障在起动继电器或有关线路上。

(4)检查起动继电器。将起动继电器上的"电池"和"起动机"两接线柱短接,若起动机转动,则说明起动继电器内部有故障,否则应再进一步检查。

(5)检查点火开关及线路。将起动继电器的"电池"与点火开关用导线直接相连,若起动机能正常运转,则说明故障在起动继电器至点火开关的线路中,可对其进行检修。

3)起动机空转

接通起动开关,起动机运转正常,发动机不转,发动机舱中有"嗡嗡"声。可能的原因是:

(1)起动机单向啮合器打滑。

(2)飞轮齿圈轮齿严重磨损或损坏。

(3)电磁开关控制的起动机,其电磁开关铁芯行程太短。

(4)拨叉与铁芯连接处脱开,或拨叉安装在单向离合器拨叉套外面。

故障诊断与排除:

(1)起动机空转时,有较轻的摩擦声音,起动机驱动齿轮不能与飞轮轮齿啮合而产生空转,即驱动齿轮还没有啮合到飞轮轮齿中,电磁开关就提前接通,说明主电路的接触盘行程过短,应拆下起动机,进行起动机接通时刻的调整。

(2)起动机空转时,有严重的碰撞轮齿的声音,说明飞轮轮齿或起动机驱动齿轮严重磨损,应拆下起动机进一步检查,根据实际情况更换驱动齿轮或飞轮。

(3)起动机空转时,速度较快但无碰齿声音,说明起动机单向离合器打滑,即驱动齿轮已经啮入飞轮轮齿中,但不能带动飞轮旋转,致使起动机电枢轴在空转,此时应更换单向离合器总成。

四、减速起动机的基本结构和工作原理

减速起动机与常规起动机的主要区别是在传动机构和电枢轴之间安装了一套齿轮减速装置,通过减速装置把力矩传递给单向离合器,以降低电动机的速度增大输出转矩,减小起动机的体积和重量。齿轮减速装置主要有平行轴外啮合减速齿轮装置和行星齿轮减速装置两种形式。

目前,采用减速起动机的汽车越来越多,如北京现代索纳塔、北京切诺基吉普车、奥迪、本田和丰田轿车等都采用了减速起动机。

1. 平行轴式减速起动机

其结构如图3-60所示。主要包括电动机、平行轴减速装置、传动机构和控制装置。

1)电动机

该电动机四个磁场绕组相互并联后再与电枢绕组串联,仍为串励式电动机,如图3-61所示。基本部件与常规起动机相似,此处不再重复其工作原理。

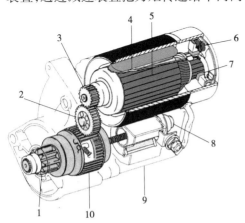

图3-60 平行轴式减速起动机的构造

1-驱动齿轮;2-惰轮;3-电枢轴齿轮;4-励磁绕组;5-电枢;6-电刷弹簧;7-电刷;8-可动铁芯;9-电磁开关;10-滚柱式单向离合器

2)传动机构及减速装置

传动机构和减速装置的位置关系如图 3-60 所示。图 3-62 所示为减速装置中齿轮的啮合关系和传动机构中单向离合器示意图。

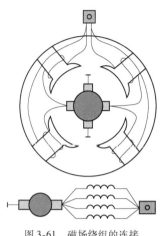

图 3-61 磁场绕组的连接

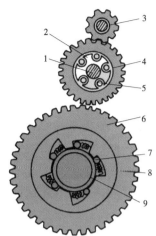

图 3-62 减速齿轮啮合关系和单向离合器
1-中间轴;2-尼龙骨架;3-电枢轴齿轮;4-中间齿轮;5-圆柱滚子轴承;6-减速齿轮;7-滚柱;8-弹簧;9-传动导管

滚柱式单向离合器设置在减速齿轮内毂,其内毂制成楔形空腔,传动导管装入时,将空腔分割成 5 个楔形腔室,腔室内放置滚柱和弹簧。平时在弹簧张力作用下,滚柱滚向楔形腔室窄端,传递动力时,由滚柱将传动导管和减速齿轮卡紧成一体。离合器的工作原理和常规起动机中的滚柱式单向离合器工作原理相同,此处不再进行分析。

减速齿轮装置采用平行轴外啮合减速齿轮装置,该装置中设有三个齿轮,即电枢轴齿轮,惰轮(中间齿轮)及减速齿轮。从图中可以看出,与常规起动机相比该减速装置传动比较大,输出转矩也较大。

3)控制装置及工作过程

下面以丰田花冠轿车中平行轴式减速起动机为例,结合电路图分析控制装置的工作原理。如图 3-63 所示,控制装置的结构同传统式电磁控制装置大致相同,不同之处在于可动铁芯的左端固装的挺杆,经钢球推动驱动齿轮轴,引铁右端绝缘地固装着接触片。起动机不工作时,触盘与触点分开,驱动齿轮与飞轮分离。

其工作过程如下:

接通起动开关,吸引线圈和保持线圈通电,此时的电流流向为:蓄电池→点火开关→端子 50→保持线圈→搭铁,蓄电池→点火开关→端子 50→吸引线圈→端子 C 励磁线圈→电枢绕组→搭铁。此时电动机低速运转,如图 3-64 所示。

如图 3-65 所示,吸引线圈和保持线圈的电磁力吸引可动铁芯左移,推动驱动齿轮轴,迫使驱动齿轮与飞轮啮合,这种动作过程称为直动齿轮式。驱动齿轮与飞轮齿圈进入啮合后,接触片和触点接触,此时电流的方向为:蓄电池→点火开关→端子 50→保持线圈→搭铁。这样保持线圈产生的磁场使可动铁芯保持在原位。同时电流还流经磁场线圈,电路为:蓄电池"+"→端子 30→接触片→端子 C→励磁线圈→电枢绕组→搭铁。这样电枢电路接通并开始旋转。电枢轴产生的力矩经电枢轴齿轮→惰轮→减速齿轮→滚柱式单向离合器→驱动齿轮轴→驱动齿轮→飞轮齿圈,带动曲轴旋转,使发动机起动。

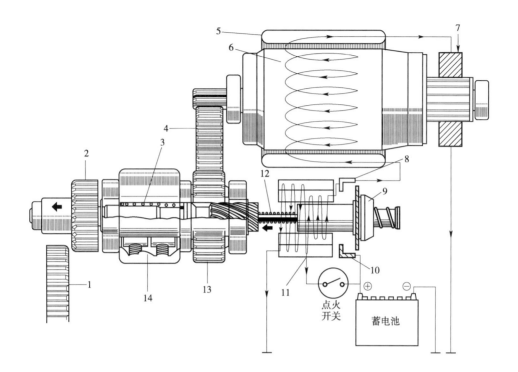

图 3-63 平行轴式减速起动机结构及电路图

1-飞轮齿圈;2-驱动齿轮;3-驱动齿轮复位弹簧;4-惰轮;5-励磁线圈;6-电枢;7-电刷;8-端子 C;9-可动铁芯;10-端子 30;11-端子 50;12-可动铁芯复位弹簧;13-离合器齿轮;14-单向离合器

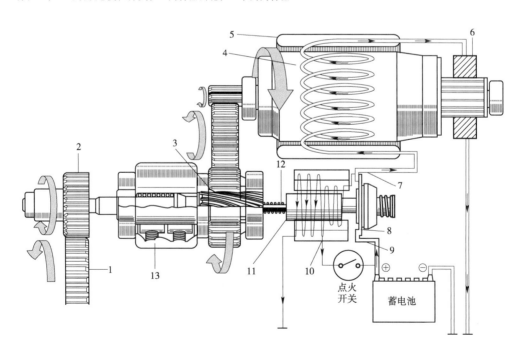

图 3-64 驱动齿轮和齿圈啮合过程

1-飞轮齿轮;2-驱动齿轮;3-螺纹花键;4-电枢线圈;5-励磁线圈;6-电刷;7-端子 C;8-接触片;9-端子 30;10-端子 50;11-可动铁芯;12-可动铁芯复位弹簧;13-单向离合器

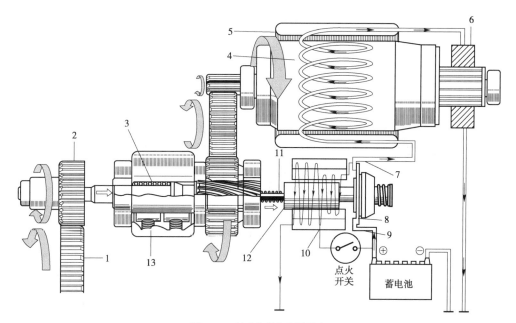

图 3-65　驱动齿轮和齿圈脱离

1-飞轮齿轮;2-驱动齿轮;3-驱动齿轮复位弹簧;4-电枢线圈;5-励磁线圈;6-电刷;7-端子C;8-接触片;9-端子30;10-端子50;11-可动铁芯复位弹簧;12-可动铁芯;13-单向离合器

发动机起动后,放松起动开关,点火开关回到"点火"挡。吸引线圈和保持线圈断电,铁芯在复位弹簧张力作用下复位,接触片与触点分离,电枢停止转动。同时,驱动齿轮轴在复位弹簧作用下复位,拖动驱动齿轮与飞轮分离,恢复到初始状态。

2. 行星齿轮式减速起动机

行星齿轮减速起动机的结构如图 3-66 所示。

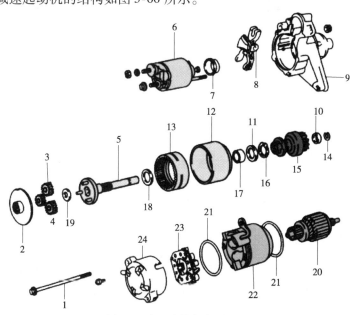

图 3-66　行星齿轮式减速起动机

1-贯穿螺栓;2-压板;3-行星齿轮;4-板垫圈;5-行星齿轮架轴;6-电磁起动开关;7-活动铁芯罩;8-驱动杆;9-起动机壳;10-止动套圈;11-板垫圈;12-减振器;13-内齿轮;14-弹簧卡环;15-起动机离合器;16-卡簧卡环;17-中间轴承;18-板垫圈;19-板垫圈;20-电枢;21-O形环;22-励磁线圈;23-电刷座;24-换向器端框架

1）电动机

该电动机的结构有两类,一类与常规起动机类似采用励磁线圈产生磁场,此处不再重复。另一类采用永久磁铁磁场代替励磁绕组,减小了起动机的体积,提高了起动性能。

2）传动机构及减速齿轮装置

该起动机的传动机构采用滚柱式单向离合器,用拨叉拨动驱动齿轮使之移动。其结构与工作过程和传统式起动机类似。图3-67所示为拨叉的位置。

行星齿轮减速装置中设有三个行星轮,一个太阳轮(电枢轴齿轮)及一个固定的内齿圈,其结构如图3-68所示。

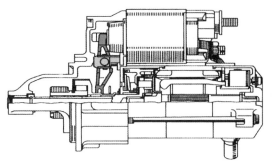

图3-67 行星齿轮减速起动机的拨叉位置

内齿圈固定不动,行星齿轮支架是一个具有一定厚度的圆盘,圆盘和驱动齿轮轴制成一体。三个行星齿轮连同齿轮轴一起压装在圆盘上,行星齿轮在轴上可以边自转边公转。驱动齿轮轴一端制有螺旋键齿,与离合器传动导管内的螺旋键槽配合。

如图3-69所示,为了防止起动机中过大的扭力对齿轮造成损坏,弹簧垫圈把离合器片压紧在内齿轮上,这样当内齿圈受到的扭力过大时离合器片和弹簧垫圈可以吸收过大的扭力。

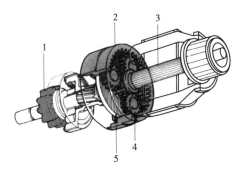

图3-68 行星齿轮减速装置结构
1-小齿轮；2-内齿轮；3-电枢轴；4-行星齿轮；5-行星齿轮支架

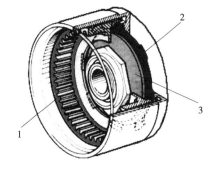

图3-69 减速装置中内齿圈的结构
1-内齿轮；2-离合器片；3-弹簧垫圈

任务实施

汽车中的起动系统通常多年无须维修,但是如果一旦工作不正常会带来严重的后果。为了避免对故障的误诊,需要进行系统性的故障排查和合理地进行起动系统电路的测试和诊断。在进行起动系统故障诊断以前,有三个重要的车辆检查工作要做。

一、蓄电池的技术状况

必须采用容量大于3/4的蓄电池进行起动系统测试。当使用部分充电的蓄电池时,起动机驱动曲轴转动的速度会比正常情况下慢,或驱动齿轮不能完全与飞轮齿圈啮合。

二、发动机的机械状况

根据汽车和发动机的不同,发动机内部良好的状态将允许起动机拖动发动机以200～400r/min的转速转动,下列情况会影响拖动条件：

(1)发动机轴承失效或太紧将引起卡死;
(2)发动机内部零件的损坏;
(3)一个或多个汽缸的静液锁死,比如不可压缩的防冻液通过坏的汽缸垫充满汽缸,将阻止活塞在汽缸内上行,产生静液也锁死。

三、其他的状态

如果上述检查良好,就应该对起动系统进行下面的测试:

1. 起动电路绝缘测试

如果起动机不能拖动发动机转动,而且前期检查发动机机械状况良好,那么可以在起动系统上进行快速的绝缘测试,以确定起动机、线圈、继电器或控制开关电路是否失效,如图3-70所示。

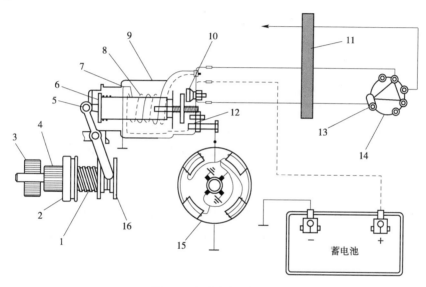

图3-70 起动电路绝缘测试

1-小齿轮压缩弹簧;2-超越离合器;3-飞轮;4-小齿轮;5-移动杆;6-柱塞;7-保持线圈;8-吸拉线圈;9-起动螺线;10-起动螺线开关触点;11-连接器;12-起动螺线开关触点;13-蓄电池触点;14-点火和起动开关;15-拖转电机;16-移动杠杆

为了在起动系统进行快速的绝缘测试,一定要确保车辆处于驻车制动状态,而且变速器应处于空挡位置。打开前照灯,转动点火开关至起动位置,观察前照灯的亮度。

1)前照灯变暗

这种情况可能是由于蓄电池放电、发动机机械状况或起动机内部损坏引起的。如果在先前的检查过程中,蓄电池和发动机的状况良好,那么故障很可能是由于起动机的内部故障,即电枢短路、轴承磨损或磁场线圈短路等引起的。

2)前照灯的亮度保持不变

如果起动机没有响声,这种现象可能是由于电路开路引起的,可以通过在起动线圈两端接远程起动开关来验证。如果使用远程起动开关时:曲轴转动,说明控制电路有故障;如果曲轴不转动,而且灯不变暗,说明起动线圈或继电器有故障。

2. 起动电路电流测试

如果起动机能够带动曲轴转动,那么就应该利用起动电路电流测试仪进行起动电路电流测试。

FLUKE319 钳型表测试起动电路电流的步骤,如图 3-71 所示。

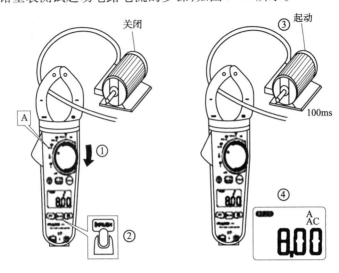

图 3-71　起动电路电流测试

(1)将电源线放入夹钳中,确保电源线对准夹钳上的对准标记;
(2)按下 AC/DC 转换开关,将测试类型转换到直流电测试;
(3)选择正确的量程,转动量程选择旋钮至 600A 位置,然后确认当前电流示值为零;
(4)关掉所有汽车用电设备,这样蓄电池可以提供全部的电流给起动机;
(5)将点火线圈次级接地或使点火系统失去功能,从而防止测试过程中发动机起动;
(6)按下 FLUKE319 上的 INRUSH 按钮;
(7)拖动曲轴转动 10~15s,观察 FLUKE319 上的电流测试值。根据发动机的不同,最小的拖动转速应保持在 200~400r/min 以上,最小的起动电压应保持在 10.5V 以上。典型起动电流取决于发动机的大小、汽缸数、发动机的特殊改造和苛刻的气候条件等。如果没有生产商的技术条件,表 3-2 的典型起动电流可以作为参考。

典型的起动电流　　　　　　　　　　表 3-2

发动机类型	起动电流范围(A)	典型值(A)
4 缸	75~150	125
6 缸	100~175	150
小型 V-8	125~200	150
大型 V-8	150~300	200

如果起动电流超过标准值,可能存在下面中的一个或多个故障:
(1)起动机绕组短路;
(2)由于电刷磨损或电枢摩擦是转动阻力增大;
(3)起动机部件损坏、弯曲或对中不好;
(4)发动机机械故障;
(5)点火正时过早。
如果起动电流小于标准值,可能存在下面的一原因:
(1)发动机部件过分磨损,如存在行驶里程过长的发动机零件;
(2)存在电缆、连接器、控制线圈或继电器损坏引起的电压降。应该在起动机电路的绝缘端和接地端之间进行电压降测试。

3. 起动电路电压降测试

在一般的起动机电路中,有若干个触点、端子、电缆、开关和导线。如果这些元件接触不良,会引起电路电阻增高,产生电压降。这可能导致施加于拖动发动机的电压降至发动机达到起动转速所需的最低电压以下,使起动机的工作电流下降,造成起动力矩不足。图 3-72 是一个起动机电路图,图中地每一个电压降测试点都需要检查,以确定不需要的电压降。

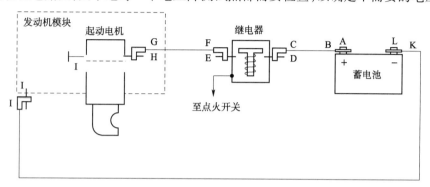

图 3-72 起动电路中电压降测试电路图

起动机电路是按照全部蓄电池电压进行设计的,这些连接点中任何一点的电压降超过允许值都可能影响起动机的正常工作。表 3-3 可以作为一般的电路电压降的参考标准。

一般电路电压降的参考标准　　　　　　　　　　　表 3-3

连 接 点	允许的电压降(V)	连 接 点	允许的电压降(V)
接地连接点	0.1	端子连接点	0.0
开关触点	0.2~0.4	计算机传感器连接点	0.0~0.05
系统导线	0.2		

4. 起动电路开路测试

当起动系统有不能拖转的问题出现时,最有可能是因为起动机或起动控制电路的开路引起的。进行起动系统的开路测试时,将测试灯的正极引线接到起动机的 M 端子(端子 C),将测试灯的负极引线接到发动机的良好接地点上。当点火开关转到起动位置时而且控制电路正常时,测试灯将点亮。如果测试灯不亮或者非常暗,那么说明蓄电池和 M 端子间有开路或存在大的电阻。为了查找开路位置,应当用测试灯从起动机到蓄电池间进行逆向逐点测试,如图 3-73 所示。

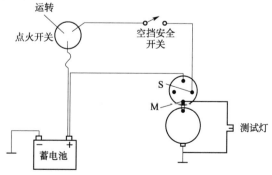

图 3-73 起动电路开路测试

学习情境三:起动机不转故障检修	班级		
工作任务二:起动系统的故障诊断与排除	姓名	学号	
	日期	评分	

一、工作单内容

熟悉起动机结构,学会起动机拆解检查。

二、准备工作

说明:每位学生应在工作任务实施前独立完成准备工作。

1. 实训用车辆及维修手册,数字万用表,蓄电池,工作台,LED 试灯,SST 工具。
2. 强调实训中的安全注意事项。
3. 记录实验车辆的信息。

制造年份	制造商	型号	发动机类型	VIN 码

三、任务实施

1. 总体认识

观察起动机上尾端的接线柱,共有几个接线柱,在画出的起动机尾端接线柱示意图上,标明各个接线柱的名称及2~3两个接线柱与何处相接。

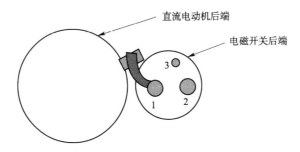

端子号	端子名称	与何处相连接
1		
2		
3		

2. 进行车辆起动机电路的目视检查。

3. 简述起动电路的类型。

4. 描述起动机维修安全注意事项。

5. 对于任何车辆,在对起动机进行电路检查前,应先做哪些检查?

6. 检查起动电源。蓄电池电压:_____V,蓄电池连接桩头_____(可靠/松动/有腐蚀),起动控制电路熔断器_____(正常/不正常),从蓄电池到熔断器的线路_____(通路/短路/断路)。

7. 测试起动机。直接给起动机电磁开关端子50供电,发现_____(无反应/起动机运转正常/电磁开关有吸合声音无运转/其他)现象,用导线短接端子30和端子C时发现直流电动机_____(无反应/空转/不正常运转)通过前面操作,可以判断:_____。

8. 对所测试的车辆进行起动电流测试。
起动电机电压:_____ 起动电机电压:_____。

9. 测试起动继电器或线圈是否正常?

10. 采用什么方法将有故障的线圈或继电器短路?

11. 线圈或继电器短路,起动机会出现什么现象?

12. 在所有起动电路零件上进行电压降测试,结果记录如下。

零 部 件	测试的电压降	标 准 极 限

(1)电路中的电压降如何影响起动机地性能?

(2)当测试和检查起动机电路时,应采取什么步骤?

13. 结论:＿＿＿＿＿＿＿＿＿＿。
14. 排除故障,组装起动机。注意:在组装起动机前应将起动机的轴承和滑动部位涂以润滑脂。

四、工作小结

通过此工作任务的实施,各小组集中完成下述工作。

1. 通过本任务的学习,比较常见类型起动机的优缺点。

2. 对本项工作任务有哪些好的建议和意见?

学习情境四 汽车不能点火故障检修

情境概述

本学习情境主要介绍点火系统的类型、结构及工作原理,点火系统的检测与维护方法及汽车不能点火故障的诊断及排除方法。根据岗位职业能力的要求,本情境共安排了三个真实的工作任务。

一、职业能力分析

通过本情境的学习,期望达到下列目标。

1. 专业能力

(1)熟悉点火系统各主要部件作用及工作原理。
(2)能正确进行点火系统的拆装。
(3)能对点火系统进行试验、检测及维修。
(4)能检测点火信号发生器、点火控制器。
(5)能对点火系统进行维护。
(6)能用点火正时枪、示波器检验点火正时和点火波形。
(7)点火系统常见故障的诊断排除。

2. 社会能力

(1)通过分组活动,培养团队协作能力。
(2)通过规范文明操作,培养良好的职业道德和安全环保意识。
(3)通过小组讨论、上台演讲评述,培养与客户的沟通能力。

3. 方法能力

(1)通过查阅资料、文献,培养个人自学能力和获取信息能力。
(2)通过情境化的工作任务活动,掌握解决实际问题的能力。
(3)填写任务工作单,制订工作计划,培养工作方法能力。
(4)能独立使用各种媒体完成学习任务。

二、学习情境描述

一车主把他的桑塔纳轿车拖到汽车4S店,说是发动机起动时,无着火迹象。经初步诊断为点火系统故障,为此维修人员必须熟悉汽车点火系统的组成和结构原理,掌握点火系统的常见故障的诊断方法。

三、教学环境要求

学习情境要求在理实一体化专业教室和专业实训室完成。要求配备点火系统存在故障的小型车辆4辆;检测诊断仪器和拆装工具4套。同时提供相关车辆的汽车维修手册、使用说明书;可以用于查询资料的电脑、任务工作单、多媒体教学设备、课件和视频教学资料等。

将学生分成4个小组,各组独立完成相关的工作任务,并在教学完成后提交任务工作单。

工作任务一　点火系统的组成与结构认识

 任务概述

1. 应知应会

通过本工作任务的学习与具体实施,学生应学会下列知识:

(1)熟悉汽车点火系统的组成和结构原理。

(2)熟悉点火提前机构的结构和工作原理。

应该掌握下列技能:

(1)会熟练拆装分电器总成。

(2)能正确绘制点火系统电路图。

2. 学习要求

(1)在每个工作任务的学习过程中,完成相关任务工作单的填写,并通过课程网站及时提交给相关教师。任务工作单提交方法详见课程网站。

(2)在每个学习情境实施阶段的中期或后期,按要求填写检修工作单。学习情境结束后按要求填写学生考核记录表,进行自我评价后交小组长,小组长评价后连同检修工作单统一交教师。

(3)每个学习情境学习到评价环节时,个人进行任务完成情况的评估。教师对小组抽查,被抽查的个人上台进行讲评。

 相关知识

一、点火系概述

1. 点火系统的类型

目前汽车上使用的点火系按其组成和产生高压电方式的不同可分为传统蓄电池点火系统、电子点火系统和微机控制点火系统。

2. 对点火系统的基本要求

(1)能产生足以击穿火花塞间隙的电压。火花塞电极击穿而产生火花时所需要的电压称为击穿电压。点火系产生的次级电压必须高于击穿电压,才能使火花塞跳火。

(2)电火花应具有足够的能量。为了保证可靠点火,电子点火系统一般应保证 50~80mJ 的火花能量,起动时应产生高于100mJ的火花能量。而且电火花还应有一定的火花持续时间,通常不少于500μs。

(3)点火时刻应与发动机的工作状况相适应。发动机在不同的转速和负荷下工作时,所需点火提前角的大小是不同,点火系统必须能自动调节点火提前角到最佳值。同时,点火系统应按发动机的工作顺序正确点火。一般直列六缸发动机的点火顺序为1-5-3-6-2-4,四缸发动机的点火顺序为1-3-4-2或1-2-4-3。

二、传统点火系统

1. 传统点火系统组成

传统点火系统主要由电源(蓄电池和交流发电机)、点火开关、点火线圈、分电器、火花塞、附加电阻和高、低压导线等组成,如图4-1所示。

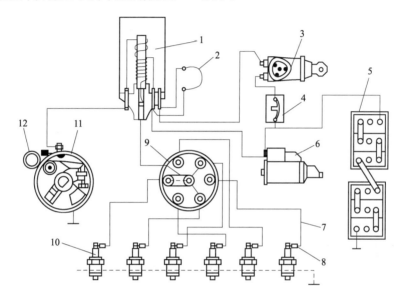

图4-1 传统点火系统组成

1-点火线圈;2-附加电阻;3-点火开关;4-电流表;5-蓄电池;6-起动机;7-高压导线;8-附加电阻;9-配电器;10-火花塞;11-断电器;12-电容器

(1)电源:提供点火系统工作时所需的电能,发动机起动时由蓄电池供电,正常工作时由交流发电机供电。

(2)点火开关:用来控制点火系统初级电路、控制发动机起动、工作和熄火。

(3)点火线圈:相当于自耦变压器,用来将电源供给的12V、24V或6V的低压直流电转变为15~30kV的高压直流电。

(4)分电器:由断电器、配电器、电容器和点火提前调节装置等组成。它用来在发动机工作时接通与切断点火系统的初级电路,使点火线圈的次级绕组中产生高压电,并按发动机要求的点火时刻与点火顺序,将点火线圈产生的高压电分配到相应汽缸的火花塞上。

(5)火花塞:由中心电极和侧电极组成,安装在发动机的燃烧室中,用来将点火线圈产生的高压电引入燃烧室,产生电火花点燃燃烧室内的可燃混合气。

(6)附加电阻:改善点火性能和起动性能。

2. 传统点火系统的工作原理

传统点火系是利用电磁感应原理,把来自蓄电池或交流发电机的12V低压电转变为15kV~30kV的高压电,并按点火顺序送入各缸火花塞,击穿其电极间隙产生电火花点燃混合气的。其工作原理如图4-2所示。发动机工作时,断电器凸轮在配气凸轮轴的驱动下而旋转交替将触点闭合或打开。接通点火开关后,在触点闭合时初级线圈内有电流流过,并在线圈铁芯中形成磁场。触点打开时,初级电流被切断,使磁场迅速消失。此时,在初级线圈和次级线圈中均产生感应电动势。由于次级线圈匝数多,因而可感应出高达15~30kV的高电压。该高电压击穿火花塞间隙,形成电火花放电点燃可燃混合气。

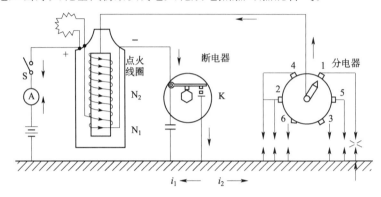

图4-2 传统点火系统的工作原理

1)断电器触点闭合、初级电流增长的过程

点火系的初级电路包括蓄电池、点火开关、点火线圈初级绕组、附加电阻、分电器的断电触点及电容器。当触点闭合时,点火线圈初级绕组中有电流通过,流过初级绕组的电流称为初级电流。如果触点不分开,经过一段时间(约20ms),初级电流将达到最大稳定值。其电路是低压电路,电流从蓄电池正极→电流表→点火开关→附加电阻→点火线圈初级绕组N_1→断电器触点K→搭铁→蓄电池负极。

初级电流增长时,不仅在初级绕组中产生自感电动势,而且同时在次级绕组中也会产生互感电动势,约为1.5~2kV,不能击穿火花塞间隙。

2)断电器触点断开、次级绕组产生高压电的过程

当断电器凸轮顶开触点时,初级电路被切断,初级电流迅速下降到零,铁芯中磁通随之迅速衰减以至消失,因而在匝数多、导线细的次级绕组中感应很高的电压,使火花塞电极之间的间隙被击穿,产生火花电。点火线圈次级绕组中的感应电压称为次级电压,其中通过的电流称为次级电流。次级电流所流过的电路称为次级电路或高压电路。

发动机工作时,在断电器触点分开瞬间,次级电路中分火头恰好与侧电极对准。高压电路在触点打开瞬间以点火线圈次级绕组为高压电源,以火花塞电极间隙为负载,其电流回路为:点火线圈次级绕组"+"接线柱→附加电阻→点火开关→电流表→蓄电池→搭线→火花塞旁电极、中心电极→配电器旁电极→分火头→点火线圈次级绕组"—"接线柱。

发动机工作期间,断电器凸轮每转一周(曲轴转两周),各缸按点火顺序轮流点火一次。

3. 传统点火系统主要元件的结构

1)点火线圈

点火线圈的作用是将电源提供的低压电转换成点火所需的高压电,使火花塞电极能被击穿跳火。按其磁路结构形式的不同,分为开磁路点火线圈和闭磁路点火线圈。

(1)开磁路点火线圈。

开磁路点火线圈主要由铁芯、一次绕组、二次绕组、胶木盖、绝缘座等组成。胶木盖中央突出部分为高压插孔,其余的接线柱为低压接线柱。为了减少涡流和磁滞损失,点火线圈的

铁芯用0.3～0.5mm厚的硅钢片叠成,外面套有绝缘套管。铁芯上绕有一次绕组和二次绕组。一次绕组通常用直径为0.5～1.0mm的漆包线绕240～370匝;二次绕组通常用直径为0.06～0.10mm的漆包线绕11000～30000匝。由于一次绕组中流过的电流较大,发热量大,所以绕在二次绕组绝缘层的外面,有利于散热。当低压电流过一次绕组时,铁芯被磁化,其磁路如图4-3所示。由于磁路上下都暴露在空气中并未构成闭合磁路,所以称为开磁路点火线圈。为了增强绝缘性能,绕组绕好后要在真空中浸以石蜡和松香的混合物,并填满沥青或变压器油,以减少漏磁和加强绝缘性,同时防止潮气侵入。

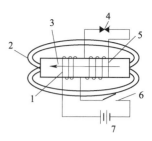

图4-3 开磁路点火线圈的磁路
1—一次绕组;2-磁力线;3-铁芯;4-接线柱;5-二次绕组;6-点火开关;7-蓄电池

根据低压接线柱的数目不同,点火线圈有二接线柱式和三接线柱式之分,开磁路点火线圈的基本结构,如图4-4所示。

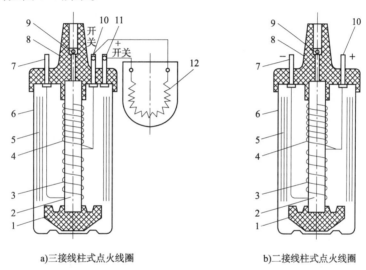

a)三接线柱式点火线圈　　　　　b)二接线柱式点火线圈

图4-4 开磁路点火线圈结构

1-绝缘座;2-铁芯;3-一次绕组;4-二次绕组;5-导磁钢套;6-外壳;7-"－"接线柱;8-胶木盖;9-高压线接头;10-接起动机接线柱;11-"＋"接线柱;12-附加电阻

图4-4a)所示的三接线柱的点火线圈的胶木盖上,有低压接线柱7、10和11,它们分别接断电器、起动机附加电阻短路接线柱和点火开关。如图4-5所示,点火线圈附加电阻是具有正温度系数的热敏电阻,它与点火线圈的一次绕组串联,当其温度升高时电阻值迅速增大、温度降低时电阻值迅速减小。发动机工作时,利用附加电阻这一特点自动调节初级电流的大小,可以改善高速时的点火性能。当发动机低速工作时,一次电流大,附加电阻受热量大,其阻值增大,避免了一次电流过大,防止了一次绕组过热;反之,当发动机高速工作时,一次电流小,附加电阻受热量小,阻值减小,使一次电流增大,保证能产生足够的二次电压。当发动机起动时,由于蓄电池的端电压会急剧下降,致使一次电流减小,点火线圈不能供给足够的高电压和点火能量。为了克服这一影响,在起动时将附加电阻短路,使一次电流最大,提高二次电压和点火能量,改善发动机的起动性能。

如图4-4b)所示,二接线柱式点火线圈无附加电阻,而用一根导线接至点火开关。这根导线是一根热敏电阻线被称作附加电阻线,阻值为1～7Ω,起到三接线柱点火线圈中的附加电阻的作用。

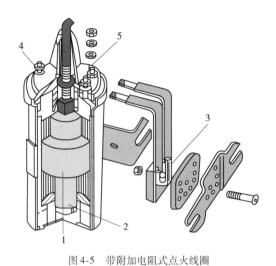

图 4-5　带附加电阻式点火线圈
1—一次绕组；2—一次绕组；3—附加电阻；4—"−"接线柱；5—"+"接线柱

（2）闭磁路点火线圈。

闭磁路点火线圈的结构如图 4-6 所示。传统的开磁路点火线圈中，次级绕组在铁芯中的磁通通过导磁钢套构成回路，磁力线的上、下部分从空气中通过，磁路的磁阻大，磁通损失大，转换效率低（约 60%）；闭磁路点火线圈的铁芯是"日"字形或"口"字形，铁芯内绕有初级绕组，在初级绕组外面绕有次级绕组，其铁芯构成闭合磁路，磁路中只设有一个微小的气隙。闭磁路点火线圈漏磁少，磁阻小，能量损失小，变换效率高，可使点火线圈小型化。

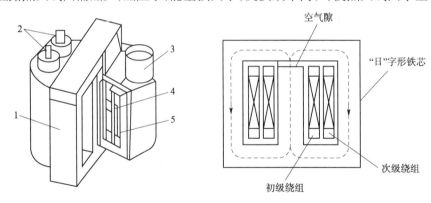

图 4-6　闭磁路点火线圈
1—"日"字形铁芯；2—一次绕组接线柱；3—高压接线柱；4—一次绕组；5—二次绕组

2）分电器

分电器由断电器、配电器、点火提前角调节装置和电容器等组成，如图 4-7 所示。它的壳体由铸铁制成，下部压有石墨青铜衬套，分电器轴在衬套内旋转。分电器由凸轮直接或间接控制。断电器控制点火线圈产生高压电，配电器将高压电分配到各缸缸线，点火提前调节装置随发动机转速、负荷等变化调节点火提前角。

（1）断电器。

断电器是一个串联在点火线圈初级绕组电路中控制低压电流的开关设备，由活动触点、固定触点及凸轮组成，如图 4-8 所示。其作用是周期性地接通和切断点火线圈低压电路。断电器触点由钨合金制成，固定触点经底板直接搭铁。活动触点与壳体之间是绝缘的，它通过触点臂、经触点弹簧片与分电器低压接线柱相通。活动触点臂有孔一端松套在活动底板的销轴上,通过触点臂弹簧片的弹力紧压在凸轮上。凸轮具有与发动机汽缸数相同的凸角,凸轮与拨板制成一体,装在分电器轴上,经离心重块由分电器轴驱动。旋动偏心螺钉即可改变固定触点的位置,从而可以调整断电器触点的间隙。触点之间的间隙一般为0.35~0.45mm。

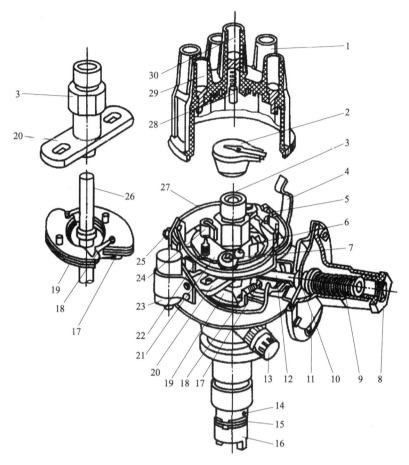

图4-7 分电器的结构

1-分电器盖;2-分火头;3-断电器凸轮;4-分电器盖弹簧夹;5-断电器弹簧及固定夹;6-活动触点及支架;7-固定触点;8-接头;9-弹簧;10-真空调节器膜片;11-真空调节器外壳;12-拉杆;13-油杯;14-固定销及联轴节;15-联轴节钢丝;16-轴;17-离心调节器底板;18-离心重块拉紧弹簧;19-离心重块;20-横板;21-断电器底板;22-真空调节器拉杆及弹簧;23-电容;24-油毡;25-接线柱;26-分电器轴;27-分电器壳;28-中心触点;29-侧接线孔;30-中央接线孔

(2)配电器。

配电器安装在断电器上方,由胶木制的分电器盖和分火头组成,如图4-9所示。配电器作用是按发动机点火顺序,将高压电分配到各缸火花塞上。分火头插装在凸轮的顶端,和凸轮一起旋转,其上有金属导电片。分电器盖的中央有高压线插孔,其内装有带弹簧的炭柱,压在分火头导电片上。分电器盖的外围有与发动机汽缸数相同的旁电极插孔,以安装分缸高压线。分火头上的导电片离旁电极有0.2~0.8mm的间隙,当分火头旋转时,断电器触点打开,而此时分火头正好对准某一旁电极,于是高压电自导电片跳至与其相对的旁电极,再按点火顺序将高压电经高压线送至各缸相应的火花塞。

高压线有中央高压线和分缸高压线两种。一般为耐压绝缘包层的铜芯线或全塑高压阻尼线。

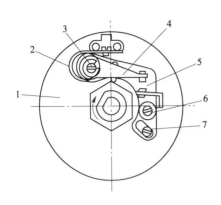
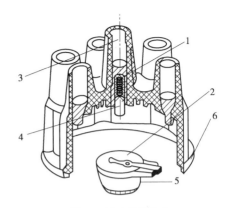

图4-8 断电器
1-固定盘;2-片簧;3-销钉;4-活动触点臂;5-托板;6-固定螺钉;7-调节螺钉

图4-9 配电器的组成
1-高压旁电极;2-导电片;3-高压中心插孔;4-中心高压炭精触头;5-分火头;6-分电器盖

(3)电容器。

电容器装在分电器壳体上,与断电器触点并联。电容器起到两方面作用:一是减小触点断开时产生的火花,减少触点烧蚀,延长其使用寿命;二是当触点断开时,加速初级电流的消失,提高次级电压。

(4)点火提前角调节机构的结构。

只有当发动机处于最佳的点火时刻,才能保证发动机拥有良好的动力性和经济性,同时改善燃烧性能,降低排放,准确的点火提前角对发动机的性能起着至关重要的作用。提前角主要受发动机转速、负荷、燃油品质等因素影响。为了保证发动机在任何工况下都能实现最佳点火时刻,在分电器中设置点火提前调整装置。

断电器触点打开,开始点火到活塞到达上至点的时间越长,其对应曲轴转角越大,点火提前角越大,因此,通过调节触点与断电器凸轮或断电器凸轮与分电器轴之间的相对位置,便可实现点火提前角的调节,由于此类装置也被淘汰,在此只作简要介绍。

①离心点火提前机构:离心点火提前机构的功能是在发动机转速发生变化时自动调节点火提前角,它通常装在断电器固定底板的下部,随着发动机转速升高,重块的离心力增大,克服弹簧拉力绕柱销转动一个角度,销钉推动拨板,使凸轮沿旋转方向相对于分电器轴转过一个角度,点火提前角增大。转速下降时,弹簧将重块拉回,使点火提前角自动减小。

②真空点火提前机构:真空点火提前机构的功能是在发动机负荷变化时,自动调节点火提前角。它安装在分电器壳体的外侧,真空提前机构壳内装有膜片,膜片中心固装着拉杆,通过销钉和断电器活动底板连接在一起,拉杆运动可带动断电器活动底板随之转动。当发动机处于小负荷时,节气门开度小,小孔处真空度较大,吸动膜片向右拱曲,拉杆推动活动板带着断电器触点副逆分电器轴旋转方向转动一定角度,使点火提前角增大。节气门开度大时(负荷增大),小孔处真空度降低,膜片在弹簧力作用下,使点火提前角自动减小。怠速时,节气门接近全闭,小孔处于节气门上方,真空度几乎为零,使点火提前角很小或基本不提前,以保证怠速稳定运转。

③辛烷值选择器:点火提前角的手动调节装置也称辛烷值校正器。在换用不同品质的汽油时,为适应不同汽油的抗爆性能,常需调整点火时间。不同形式的分电器,其辛烷值校正器的结构也不同,但基本原理相同。通过转动分电器的壳体来带动触点,使触点与分电器轴做相对移动,从而改变点火提前角。逆凸轮旋转方向转动分电器外壳时,点火提前角增

大;反之,则点火提前角减小。

3)火花塞

火花塞的作用是将高压电引入燃烧室,并形成电火花点燃混合气。火花塞装于汽缸盖的火花塞孔内,下端电极伸入燃烧室。上端连接分缸高压线。火花塞是点火系中工作条件最恶劣、易损坏部件。

(1)火花塞的工作条件及其要求。

①混合气燃烧时,火花塞下部将承受高压气体的冲击,要求火花塞必须有足够的机械强度。

②火花塞因其要承受交变的高电压,所以要求它应有足够的绝缘强度,能承受30kV的高压电。

③混合气燃烧时,燃烧室内温度很高,可达1500～2200℃,进气时又突然冷却至50～60℃,因此要求火花塞不但耐高温,而且能承受温度剧变,不出现局部过冷或过热。

④混合气的燃烧产物很复杂,含有多种活性物质,如臭氧、一氧化碳和氧化硫等,易使电极腐蚀。因此要求火花塞要耐腐蚀。

⑤火花塞的电极间隙影响击穿电压,所以要有合适的电极间隙。火花塞安装位置要合适,以保证有合理的着火点。火花塞气密性要好,以保证燃烧室不漏气。

(2)火花塞的构造和类型。

火花塞主要由接线帽、陶瓷绝缘体、中心电极、侧电极和壳体等部分组成。其结构如图4-10所示。在钢质壳体5的内部固定有高氧化铝陶瓷绝缘体2,金属杆3位于绝缘体中心孔的上部,金属杆3的上端有接线螺母1,用来接高压导线,下端装有中心电极9。中心电极9与金属杆3之间用导电玻璃密封,铜质内垫圈4、8起密封和导热作用。钢质壳体5的上部有便于拆装的六角平面,下部有螺纹以便旋装在发动机汽缸盖内,壳体5下端固定有弯曲的侧电极10 电极一般采用耐高温、耐腐蚀的镍锰合金钢或铬锰氮、钨、镍锰硅等合金制成,以提高散热性能。火花塞电极间隙约为0.6～0.7mm,电子式点火电极间隙可增大为1.0～1.2mm。

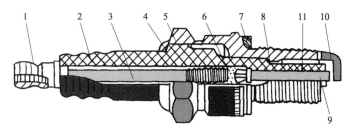

图4-10 火花塞结构图

1-接线螺母;2-陶瓷绝缘体;3-金属杆;4-内垫圈;5-壳体;6-导体玻璃;7-密封垫圈;8-内垫圈;9-中心电极;10-侧电极;11-绝缘体裙部

火花塞中心电极和侧电极之间是绝缘的。当在火花塞两电极间加上直流电压并且电压升高到一定值时,火花塞两电极之间的间隙(火花塞电极间的距离)就会被击穿而产生电火花,能够在火花塞两电极间产生电火花所需要的最低电压称为击穿电压。为了使发动机在各种工况下均能可靠地点火,作用在火花塞间隙的电压应达到15～30kV。击穿电压的数值与电极间的间隙、汽缸内的压力和温度有关。电极间隙越大、汽缸内压力越高、温度越低,则击穿电压越高。

发动机工作时,火花塞发火部位吸收热量并向冷却系散发的性能,称为火花塞的热特性。火花塞要能正常工作,其下部绝缘体裙部的温度应保持在500~700℃,这样才能使落在绝缘体上的油滴完全燃烧,不至于形成积炭,通常把这个温度称为火花塞的"自净温度"。

影响火花塞热特性的主要因素是火花塞裙部的长度。裙部较长时,受热面积大,吸收热量多,而散热路径长,散热速度慢,裙部温度容易上升,把这种火花塞称为"热型"火花塞。反之,当裙部较短时,吸热少,散热路径短,散热速度快,裙部温度较低,把这种火花塞称为"冷型"火花塞。常用火花塞的结构形式如图4-11所示。

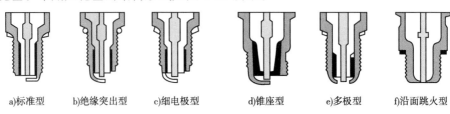

a)标准型　b)绝缘突出型　c)细电极型　d)锥座型　e)多极型　f)沿面跳火型

图4-11　常用火花塞的结构形式

注:热型火花塞适用于低速、低压缩比的小功率发动机;冷型火花塞适用于高速、高压缩比的大功率发动机。

火花塞的热特性常用热值或炙热数来标定。我国是以火花塞绝缘体的裙部长度来标定,并以1~11以内的阿拉伯数值作为热值代号,见表4-1。

热　值　代　号　　　　　　　　　　　　　　　　　　表4-1

热值代号	1	2	3	4	5	6	7	8	9	10	11
热特性	热型……………………………………………………………………冷型										

现在还有多极型火花塞,侧电极一般为两个或两个以上,优点是点火可靠,间隙不需经常调整。

火花塞型号由三部分组成:

第一部分为汉语拼音,表示火花塞结构类型及主要形式尺寸。

第二部分为阿拉伯数字,表示火花塞热值。

第三部分为汉语拼音,表示火花塞派生产品结构、结构特征、材料特性及特殊技术要求。相关数据可查相应的技术手册。

例如:F5RTC型火花塞,表示螺纹规格为M14X1.25,旋合长度为19mm、壳体六角对边为20.8mm、热值为5的带电阻、镍铜复合电极、绝缘体突出型平座火花塞。

三、电子点火系统

1. 电子点火系统概述

1)汽车电子点火系统的发展

由于传统点火系统存在触点易氧化烧蚀、次级电压低、可靠性不高等缺点,已不适应现代汽油机向高转速、高压缩比及多缸方向发展的需要。因此,近几十年来世界各国都在探索改进的途径,并生产了各种新型的电子点火系统。

2)汽车电子点火系统的种类与结构形式

目前汽油机电子点火系统种类繁多:从控制点火线圈初级电流的主要电子元件来看,可分为晶体管点火系统、可控硅点火系统及集成电路点火系统三种;按点火系统有无触点,可分为有触点电子点火系统和无触点电子点火系统;按点火能量的储存方式来分,又可分为电感放电式点火系统和电容放电式点火系统,前者的储能元件是点火线圈本身,而后者的储能元件则是附加的电容器;按汽油机点火信号发生器的不同类型来分,无触点电子点火系统又可分为:磁感应式电子点火系统、霍尔式电子点火系统、光电式电子点火系统、振荡式电子点火系统。

无触点式电子点火系统利用大功率的晶体管代替断电器触点,作为开关来接通或断开点火系统的初级电路,通过点火线圈来产生高压电,自 20 世纪 80 年代以来,汽车上广泛应用无触点电子点火系统。

2. 无触点电子点火系统

无触点电子点火系统的基本组成如图 4-12 所示,主要由点火信号发生器(传感器)、点火控制器、点火线圈、分电器、火花塞等组成。

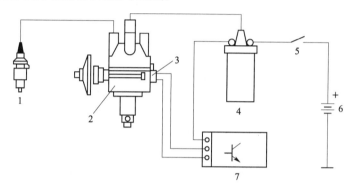

图 4-12　电子点火系统的基本组成图

1-火花塞;2-分电器;3-点火信号发生器;4-点火线圈;5-点火开关;6-蓄电池;7-点火控制器

点火信号发生器取代了传统点火系统断电器中的凸轮,用来判断活塞在汽缸中所处的位置,并将非电量的活塞位置信号转变成为脉冲电信号输送到点火控制器,从而保证火花塞在恰当的时刻点火,所以点火信号发生器实际就是一种感知发动机工作状况,发出点火信号的传感器。因分电器轴随配气机构凸轮轴同步旋转,且与曲轴之间有确定的相对位置,分电器轴转角位置可以准确地反映出活塞在汽缸中的位置,所以大多数点火信号发生器一般仍装在分电器内(分火头下方),成为分电器的一部分,也有个别发动机直接装于配气机构凸轮轴前端或后端。

电子点火控制器取代了原来断电器的触点,用来根据点火信号发生器的输送来的脉冲信号,控制大功率晶体管的导通与截止,来控制点火线圈初级电路的通断,以诱发次级线圈产生高压电。

分电器主要包括配电器和离心提前装置、真空提前装置,它们的作用、结构和工作原理与传统点火系统对应部分完全相同。点火线圈、火花塞、点火开关和电源等部分的结构和作用与传统点火系统相同。

无触点电子点火系统从根本上消除了由触点所引起的缺点,使发动机在具有准确而稳定的点火正时。闭合角和恒流控制功能,也使发动机在所有转速下都有可靠的点火。但由于它仍采用真空和离心提前装置来调节点火提前角,因而还存在以下缺点:

(1)点火提前角的控制不够精确,考虑影响点火提前角的因素不全面。

(2)为避免大负荷时的爆燃,必须采用妥协方式减小点火提前角。

3. 磁感应式电子点火系统

磁感应式电子点火系也叫磁脉冲式电子点火系,是用磁脉冲点火信号发生器代替传统的断电器,当分电器旋转时,磁脉冲点火信号发生器产生信号电压,经脉冲信号放大器放大后,推动大功率管工作,控制点火线圈初级绕组电路的通断,使次级绕组产生高压电,通过火花塞跳火点燃混合气。

该点火系统由磁感应式点火信号发生器、点火控制器、高能点火线圈、电源、点火开关、火花塞、高压线等组成,如图4-13所示。

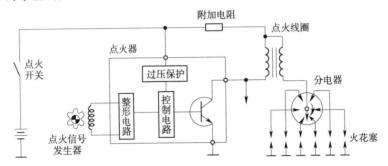

图4-13 磁感应式电子点火系统原理图

1)磁感应式点火信号发生器

磁感应式点火信号发生器的作用是产生与发动机曲轴位置相应的磁感应电压脉冲信号,并输入点火控制器作为点火控制信号。

磁脉冲式点火信号发生器的理论依据是电磁感应原理:当通过电磁线圈的磁通量增加时,在线圈内将产生感生电动势,以阻碍磁通量的增加;反之,通过电磁线圈的磁通量减少时,在线圈内将产生一个阻碍磁通量减少的感生电动势,感生电动势大小与磁通变化率成正比。

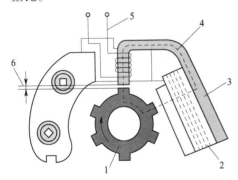

图4-14 磁脉冲式点火信号发生器的结构示意图
1-信号转子;2-永久磁铁;3-铁芯;4-磁通;5-传感线圈;6-空气隙

磁脉冲式点火信号发生器的基本结构如图4-14所示,包括信号转子1、永久磁铁2、铁芯3、传感线圈5等部件。信号转子安装在分电器轴上,并随分电器轴一起转动。信号转子的凸齿数和发动机的汽缸数目相同。信号转子转动时,其凸齿与铁芯之间的空气隙发生变化,使通过传感线圈的磁通量发生变化,因而在传感线圈内会产生感生电动势。

发动机不转动时,信号转子不动,无信号输出;发动机转动,信号转子由分电器轴带动旋转。具体工作过程如下:

当凸齿与铁芯中心线对正时,凸齿与铁芯间的空气隙最小,通过传感线圈的磁通量最大,但磁通变化量为零。

当凸齿逐渐离开铁芯时,凸齿与铁芯间空气隙越来越大,通过传感线圈的磁通量减少,因而在传感线圈内产生一感生电动势以阻碍磁通量的减少。

当铁芯与导磁转子相邻两凸齿的中间位置相对时,感生电动势最大。

当凸齿逐渐靠近铁芯时,凸齿与铁芯间空气隙越来越小,通过传感线圈的磁通量增加,在线圈内产生一感生电动势以阻碍磁通量的增加。

信号转子运转过程中,凸齿与铁芯的相对位置不断发生变化,感应线圈感应不同方向电动势,输出交变电压信号。分电器轴带动信号转子转动一圈,信号发生器就输出和信号转子凸齿数一样数目的交变脉冲信号。该交变脉冲信号最终传输给电子点火器去控制点火线圈初级电路的接通与切断。

日本丰田 MS75 系列汽车用的磁脉冲式点火信号发生器如图4-15所示。它主要由感应线圈、永磁磁铁、信号转子等构成。信号转子上有与发动机汽缸数相同的凸齿数,信号转子随分电器轴一同旋转。

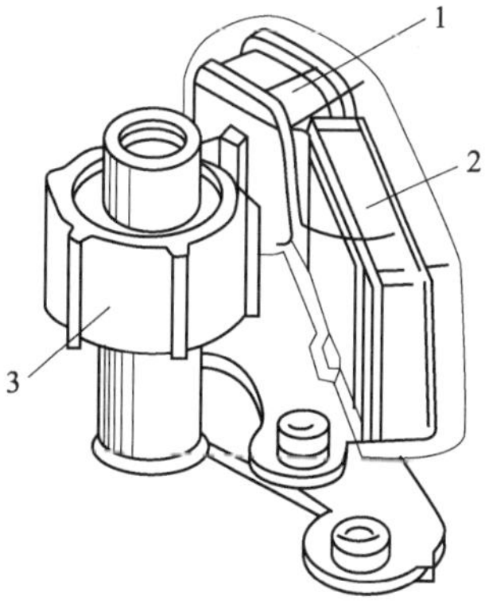

磁脉冲式点火信号发生器输出的点火信号电压幅值与电压波形与发动机转速关系很大。在现代汽车发动机的工作范围内,点火信号电压可在 0.5~1.0V 之间变化,使低速时信号较弱,不利于发动机的起动。在转速变化时,由于点火信号发生器输出的信号波形的变化,点火提前机构和闭合角也会发生一定程度变化,不易精确控制。

图4-15 磁脉冲式点火信号发生器结构示意图
1-感应线圈;2-永久磁铁;3-信号转子

2) 点火控制器

点火控制器的作用是根据点火信号发生器的电压信号控制点火线圈初级绕组的接通和关断。日本丰田 MS75 系列汽车上采用的磁感应式无触点电子点火控制器的原理电路如图4-16所示。

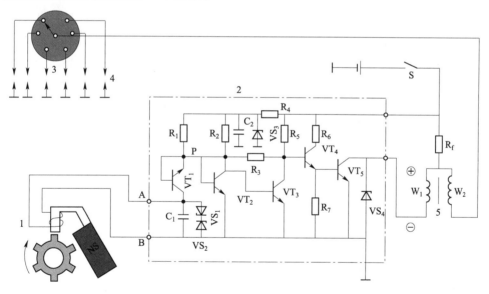

图4-16 磁感应式无触点电子点火系统原理电路图
1-点火信号发生器;2-电子点火器;3-分电器;4-火花塞;5-点火线圈

电子点火器将从点火信号发生器得到的信号进行整形、放大以控制点火线圈初级电路的通断。它由点火信号检出电路(三极管 VT_2)、信号放大电路(三极管 VT_3、VT_4)和功率放大电路(大功率三极管 VT_5)等组成。其工作原理如下:VT_2 为触发管,当它导通时,其集电极的电位降低,使 VT_3 截止。VT_3 截止时,蓄电池通过 R_5 向 VT_4 提供偏流,使 VT_4 导通。VT_4 导通时 R_7 上的电压降又加在 VT_4 的发射极上,使 VT_4 导通。这样初级绕组便有电流通过,其电路是:蓄电池正极→点火开关 S→附加电阻 R_f→点火线圈初级绕组→大功率三极管 VT_4→搭铁→蓄电池负极。

当 VT_2 截止时,蓄电池通过 R_2 向 VT_3 提供偏流,使 VT_3 导通。VT_3 导通则 VT_4 截止,VT_5 也截止。于是,点火线圈的初级电流被切断,次级绕组产生高压电,击穿火花塞间隙,点燃混合气。

电路中三极管 VT_1 的基极和发射极相连,相当于发射极为正、集电极为负的二极管,起温度补偿作用。其原理如下:当温度升高时,VT_2 的导通电压会降低,使 VT_2 导通提前而截止滞后,从而导致点火推迟。VT_1 与 VT_2 的型号相同,具有同样的温度特性系数,故在温度升高时,VT_1 的正向导通电压也会降低,使 P 点电位 U_P 下降,正好补偿了温度升高对 VT_2 工作电位的影响,而使 VT_2 的导通和截止时间与常温时相同。

4. 霍尔效应式电子点火系统

1)霍尔效应

霍尔效应式电子点火系其信号发生器是利用霍尔效应(Hall effect)原理制成的。

1879 年美国约翰霍普金斯大学物理学家爱德华·霍尔博士发现在矩形金属薄板两端通以电流,并在垂直金属平面方向上加以磁场,则在金属的另外两侧之间会产生一个电位差,即霍尔效应,如图 4-17 所示。

为了增强这一效应,霍尔元件由半导体材料薄片制成,常用的材料有硅、锗、锑砷化钢等。当电流通过放在磁场中的半导体基片(即霍尔元件),且电流方向与磁场方向垂直时,在垂直于电流与磁场的半导体基片的横向侧面上,即产生一个与电流和磁场强度成正比的霍尔电压,这一现象叫作霍尔效应。霍尔电压与磁感应强度成正比,与磁通的变化速率无关。利用这一效应即可制成霍尔式点火信号发生器,能准确地控制发动机的点火时间。

2)霍尔式点火信号发生器的结构

霍尔式点火信号发生器的结构如图 4-18 所示。它是由触发叶轮和信号触发开关构成,触发叶轮与分火头制成一体,由分电器带动,又能相对分电器轴作少量转动,以保证离心调节装置正常工作。

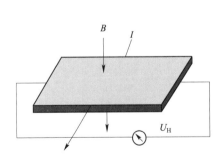

图 4-17 霍尔效应原理图

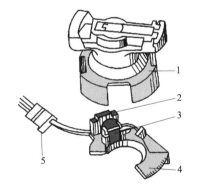

图 4-18 霍尔式点火信号发生器结构示意图
1-触发叶轮;2-霍尔集成电路;3-永久磁铁;
4-触发开关;5-插接器

触发叶轮的叶片数与汽缸数相同。信号触发开关由霍尔集成电路和带导板的永久磁铁组成。霍尔集成电路的外层为霍尔元件,同一基板的其他部分制成放大回路。触发叶轮的叶片则在霍尔集成电路和永久磁铁之间转动。

触发叶轮转动时,每当叶轮进入永久磁铁与霍尔集成块之间的空气隙时,霍尔集成块中的磁场即被触发叶轮的叶片所旁路(或称隔磁),如图4-19a)所示,这时,霍尔元件不产出霍尔电压,集成电路输出极的晶体管处于截止状态,信号发生器输出高电位。

当触发叶轮的叶片离开空气隙时,永久磁铁的磁通便通过霍尔集成块和导板构成回路,如图4-19b)所示。这时,霍尔元件产生霍尔电压,集成电路输出级的晶体管处于导通状态,信号发生器输出低电位。

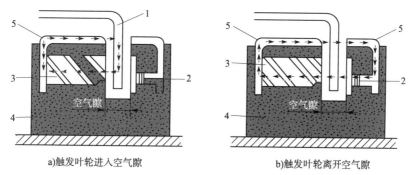

a)触发叶轮进入空气隙　　　　　　　b)触发叶轮离开空气隙

图4-19　霍尔式点火信号发生器的工作原理图
1-触发叶轮的叶片;2-霍尔集成块;3-永久磁铁;4-霍尔传感器底板;5-导板

发动机工作时,转子不断旋转,转子的缺口交替地在永久磁铁与霍尔触发器之间穿过,使霍尔触发器中产生变化的电压信号(方波),并经内部的集成电路整形为规则的方波信号输入点火控制电路,控制点火系统工作。

由上可知,叶片进入空气隙时信号发生器输出高电位,叶片离开空气隙时,信号发生器输出低电位。分电器不停地转动,方波便不断产生。

霍尔点火信号发生器输出的点火信号幅值、波形不受发动机转速的影响,即使在低速时也能输出稳定的点火信号,因此低速性能好,有利于发动机的起动。在任何工况下,霍尔式点火信号发生器均能输出高低电平时间比一定的方波信号,使点火正时精度高,易于控制。

3)霍尔电子系统中点火电子组件的功能

桑塔纳轿车装用的集成电路电子点火器点火系统电路图如图4-20所示。点火器的基本电路见图4-21。该点火器除具有一般点火器的开关作用外,还增加了点火限流控制、闭合角控制、停车断电控制、过压保护控制等功能。

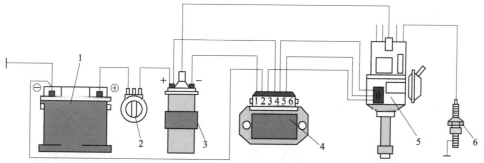

图4-20　桑塔纳轿车电子点火系统部件组成和线路连接图
1-蓄电池;2-点火开关;3-点火线圈;4-电子点火器;5-霍尔式分电器(包括点火信号发生器);6-火花塞

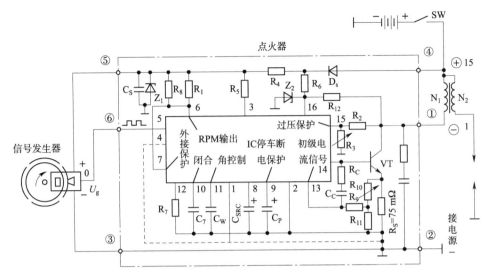

图 4-21 桑塔纳轿车霍尔式电子点火系统线路

4）点火控制

桑塔纳轿车霍尔式电子点火系统线路如图 4-22 所示。根据霍尔信号发生器的方波信号，控制点火线圈的初级电路接通或切断实现点火。

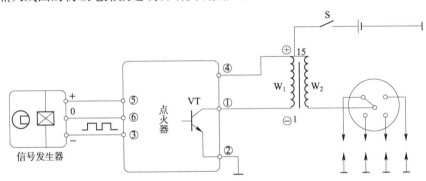

图 4-22 霍尔式电子点火系统电路图

当点火开关接通，发动机转动，霍尔式传感器触发叶轮的叶片进入传感器的气隙时，传感器输出高电平（$U_g = 9.8V$），通过连接器加到点火控制器集成电路，点火控制器内部电路根据发动机转速、电源电压和点火线圈的特性参数工作，输出高电平使达林顿三极管 VT 导通，接通点火线圈初级绕组电流。

当传感器触发叶轮的叶片离开气隙时，传感器输出的信号电压由高电平（9.8V）转变为低电平（0.1V）并输入点火控制器，控制器接收到该信号电压后，输出低电平使达林顿三极管 VT 截止，切断点火线圈初级电流，次级绕组中便感应产生高压电，供给各缸火花塞跳火点燃可燃混合气。

5）霍尔效应式电子点火系统特点

工作可靠性高，霍尔信号发生器无磨损部件，不受灰尘、油污的影响，无调整部件，小型坚固，寿命长，发动机起动性能好。霍尔信号发生器的输出电压信号与叶轮叶片的位置有关，但与叶轮叶片的运动速度无关，也就是说它与磁通变化的速率无关，它与磁感应信号发生器不同，它不受发动机转速的影响，明显地增强了发动机的起动性能，有利于低温或其他恶劣条件下起动。

5. 光电效应式电子点火信号发生器

1) 光电效应点火信号发生器的结构

光电效应式点火信号发生器是利用光电效应原理,以红外线或可见光光束进行触发点火信号。它主要由遮光盘(信号转子)、遮光盘轴、光源、光接收器(光敏元件)等组成。光源绝大多数采用发光二极管。发光二极管发出的红外线光束一般还要用一只近似半球形的透镜聚焦,以便缩小光束宽度,增大光束强度,有利于光接收器接收、提高点火信号发生器的工作可靠性。光接收器为光敏二极管或光敏三极管。光接收器与光源相对,并相隔一定的距离,以便使光源发出的红外线光束聚焦后照射到光接收器上。

其工作原理如图4-23所示,遮光盘安装在分电器轴上,位于分火头下面。遮光盘的外缘介于光源与光接收器之间,遮光盘的外缘上开有缺口,缺口数等于发动机汽缸数。当遮光盘随分电器轴转动时,光源发出的射向光接收器的光束被遮光盘交替挡住,因而光接收器交替导通与截止,形成电脉冲信号。该电信号引入点火控制器即可控制初级电流的通断,从而控制点火系统的工作。遮光盘每转一圈,光接收器输出的电信号的个数等于发动机汽缸数,正好供每缸各点火一次。

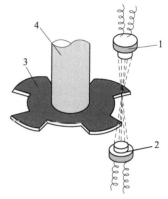

图4-23 光电式点火信号发生器的工作原理图

1-光源;2-光接收器;3-遮光盘;4-分电器轴

光电式点火信号发生器结构简单,成本低,其触发信号仅取决于遮光盘的位置,与转速无关。但缺点是对灰尘敏感,脏污后灵敏度会降低。

2) 光电式电子点火系统用电子点火器

光电式电子点火器的作用是把光接收器的信号电流放大,通过功率晶体管的导通与截止来控制点火线圈初级电流的通断,其控制电路如图4-24所示。

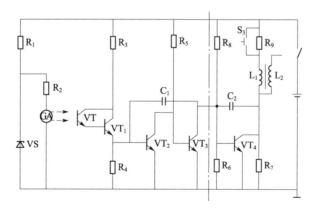

图4-24 光电式电子点火装置电路图

镓砷红外线二极管GA为红外线光源,硅光敏晶体管VT为接收器。发动机工作时,遮光盘随分电器轴转动,当遮光盘上的缺口通过光源时,则红外线通过缺口照到硅光敏晶体管VT上,使其导通,VT_1随之导通。VT_1导通后,给VT_2提供基极电流,使VT_2导通。VT_2导通时,VT_3由于发射结被短路而截止。VT_3截止时,VT_4由于R_8、R_6的分压获得基极电流而导通,于是接通了点火线圈的初级电路。当遮光盘的实体部分遮住红外线时,VT_1、VT_2截止,VT_3导通,VT_4截止,切断了点火线圈初级电路。

稳压管VS二极管工作电压维持在3V左右。R_7的作用是当VT_4截止时,给初级绕组中的自感电动势提供回路以保护VT_4。起动时,通过S_2可将附加电阻R_9短路,使起动容易。C_1对VT_2构成正反馈,使VT_2、VT_3加速翻转。

 任务实施

(1)教师给学生讲解。
(2)教师引导学生学习。
①结合工作台给学生讲解点火系统的工作原理。
②学生分析点火系统各部件的作用和工作原理。
③在工作台上对比传统点火系和电子点火系的特点,启发学生总结两者异同。
(3)学生分组学习。
①让学生在工作台,实车上体验点火系统的工作原理。
②让学生观察解剖的点火线圈,验证和猜想的是否一致。
③分解分电器,具体观察断电器的各部分的结构,通过提问,让学生明白低压电路的工作原理。
④分解分电器,观察配电器,分火头的结构。
⑤分解分电器,观察点火提前机构的结构和工作原理。
⑥观察火花塞和高压线的结构。
(4)解决学生遇到的问题。
(5)让学生将相关结果记录于任务工作单。
(6)监控学生是否按要求完成任务,并指导学生进行正确的操作。

 任务工作单

学习情境四:汽车不能点火故障检修 工作任务一:点火系统的组成与结构认识	班级			
	姓名		学号	
	日期		评分	

一、工作单内容
熟悉点火系统的主要元件结构,掌握其工作原理。
二、准备工作
说明:每位学生应在工作任务实施前独立完成准备工作。
1.主要设备(车辆型号、专用工具或专用仪器等)。
2.任务实施资料(维修手册、设备说明书或理论课内容记录等)。
三、任务实施
1.分组观察传统点火系统与电子点火系统的原件,并填写下表。

点火线圈		分电器			火花塞		
型号	接柱方式	型号	缸数	旋转方向	型号	类型	热特性

110

2.观察点火系统的连线,熟悉点火系统的工作原理。
(1)填写下图中点火系统的零件名称。

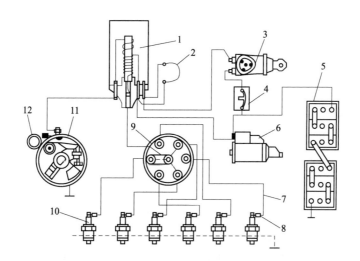

1-_____;2-_____;3-_____;4-电流表;5-蓄电池;6-_____;7-_____;8-附加电阻;
9-_____;10-_____;11-_____;12-电容器

(2)传统点火系统的工作原理:
①发动机工作时,接通点火开关后,在触点闭合时_____内有电流流过。
②触点打开时,_____被切断,使磁场迅速消失。此时,在初级线圈和次级线圈中均产生_____。由于次级线圈匝数多,因而可感应出高达_____的高电压。
③高电压击穿_____间隙,形成_____点燃可燃混合气。
④发动机工作期间,断电器_____每转____周(曲轴转_____周),各缸按点火顺序轮流点火_____次。

四、工作小结
通过此工作任务的实施,各小组集中完成下述工作。
1.对比各种电子点火系统的结构,描述其优缺点。

2.对本项工作任务有哪些好的建议和意见?

工作任务二　点火系统的使用维护与检测

任务概述

1. 应知应会

通过本工作任务的学习与具体实施,学生应学会下列知识:

(1)熟悉点火系统使用注意事项。

(2)掌握点火系统各元件的检测方法。

应该掌握下列技能:

(1)会正确检测点火系统各元件。

(2)能正确判断点火系统各元件的好坏。

2. 学习要求

(1)在每个工作任务的学习过程中,完成相关任务工作单的填写,并通过课程网站及时提交给相关教师。任务工作单提交方法详见课程网站。

(2)在每个学习情境实施阶段的中期或后期,按要求填写检修工作单。学习情境结束后按要求填写学生考核记录表,进行自我评价后交小组长,小组长评价后连同检修工作单统一交教师。

(3)每个学习情境学习到评价环节时,个人进行任务完成情况的评估。教师对小组抽查,被抽查的个人上台进行讲评。

相关知识

一、点火系统的正确使用

点火系统在使用过程中,应该注意以下问题:

(1)安装或更换部件时,接线必须正确、牢固,尽量减少搭铁点的接触电阻。

(2)在拆装系统中的导线或拆接检测仪器时,必须先关闭点火开关。

(3)洗车时,应关闭点火系统,应尽量避免水溅到电子点火器和分电器内部。

(4)发动机运转时,不可拆去蓄电池连接线,或用刮火的方法检查交流发电机的发电情况,以免损坏电子元件。但在车上电焊作业时,应先拆去蓄电池搭铁线。

(5)电子点火器应安装在干燥、通风良好的部位,并保持其表面的清洁,以利散热。

(6)电子点火系中所用点火线圈为高能点火线圈,应尽量避免用普通点火线圈代用。

(7)为防止无线电干扰,应使用规定阻值的高压导线、火花塞插头和分火头。

(8)高压导线必须连接可靠,否则高压电极易击穿分电器盖及点火线圈绝缘层。

(9)如果怀疑点火系统有故障,而又必须拖动汽车时,应先拆下点火器插接件。

(10)使用带快速充电设备的起动辅助装置起动时,电压不得超过 16.5V,使用时间不得超过 1min。

(11)注意定期检查、维护点火系统部件,保证其处在良好的技术状态。

二、点火系统元件的检修

1. 点火线圈的检修

点火线圈在工作时,温度升高属于正常现象。要判断点火线圈性能是否正常时,可以对

其进行以下检查:

1)外部检查

目测点火线圈,若有绝缘盖破裂或外壳碰裂,就会受潮而失去点火能力,应予以更换。

2)初级、次级绕组断路、短路和搭铁检查

(1)测量电阻法

用万用表测量点火线圈的初级绕组、次级绕组以及附加电阻的电阻值,应符合技术标准,否则说明有故障,应予以更换。初级绕组阻值一般为0.5~1.0Ω(高能点火线圈)和1.5~3.0Ω(普通点火线圈)。

(2)试灯检验法

用220V交流电试灯,接在初级绕组的两接线柱上,若灯不亮则是断路;当检查绕组是否有搭铁故障时,可将试灯的一端与初级绕组相连,一端接外壳,如灯亮,便表示有搭铁故障;短路故障用试灯不易查出。

(3)次级绕组的检查

同样可以利用测量电阻法和试灯检验法来进行检查,具体方法与初级绕组的检查方法相同。次级绕组阻值一般为2.5~4.0kΩ(高能点火线圈)和6.0~8.0kΩ(普通点火线圈)。

(4)附加电阻的检查

点火线圈如果有附加电阻,则附加电阻阻值也应符合标准。附加电阻的阻值一般为1.4~1.7Ω。

(5)绝缘性能检查

点火线圈初级、次级绕组与外壳应绝缘。检查时用兆欧表检查接线柱与外壳的绝缘电阻。采用500V兆欧表测量时,阻值不得小于200MΩ,如图4-25所示。

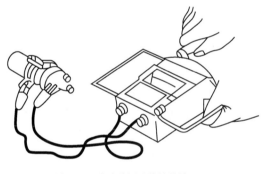

图4-25 点火线圈绝缘性能检查

(6)发火强度检查

发火强度的检查一般在试验台上进行,也可以在车上用对比跳火法进行,将被检验的点火线圈与好的点火线圈分别接在车上进行对比试验,看其火花强度是否一样。

点火线圈经过检验,如内部有短路、断路、搭铁等故障,或发火强度不符合要求时,一般均应更换为新品。

2.配电器的检修

1)分电器盖的检修

在检查分电器盖性能是否正常时,主要检查两个方面,即外观检查和绝缘检查。

外观检查时,用一块干燥洁净的棉布将分电器盖擦拭干净后仔细观察,分电器盖应无裂纹及烧蚀痕迹,内部各电极应无明显的磨损、腐蚀及烧蚀,否则应更换分电器盖;中心电极应无卡滞,若烧蚀磨损致使其长度较标准长度减小2mm以上时,也应更换新件。

绝缘检查时,将高压触针分别插在分电器盖上的两个相邻的旁插孔内或中央插孔与旁插孔内进行试火,若有火,说明绝缘损坏,应更换。也可用兆欧表检测,如图4-26a)所示:万用表置电阻挡,分电器中央插孔与各旁电极插孔之间的电阻应大于50kΩ;否则分电器有裂纹或积污,应清洁或更换。

2)分火头的检修

分火头的检查包括外观检查、绝缘检查和分火头导电片电阻的检查。

外观检查时,分火头应无任何裂纹、烧蚀及击穿。

绝缘检查时,将高压电源(10~20kV)的一根触针接分火头导电片,另一触针对准分火头座孔内,若有火花产生,则说明分火头漏电;也可将分火头倒放在缸体上,将分电器中央高压线距分火头3~4mm。触点分开时若有火花为分火头漏电;还可采用兆欧表检测,如图4-26b)所示:用上述方法检查时电阻应大于50kΩ,否则应更换。

分火头导电片电阻检查时,可用万用表检查分火头顶部导电片电阻,应符合规定。分火头检查不符合要求应更换。

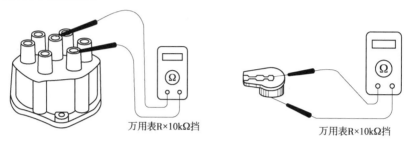

a)检查分电器盖绝缘情况　　　　b)检查分火头绝缘情况

图4-26　配电器的故障检查

3. 点火信号发生器的检修

1)磁脉冲式点火信号发生器

磁脉冲式点火信号发生器性能是否良好,可以通过下面的检查进行判断:

(1)检查信号转子凸齿与线圈铁芯之间的间隙值

如图4-27a)所示,可用厚薄规进行测量,该间隙的标准值为0.2~0.4mm;如不符合,可用与触点式分电器调整触点间隙类似的方法来进行调整。

(2)测量传感线圈的电阻值

如图4-27b)所示,用万用表电阻挡测量与分电器相连的两根导线之间的电阻值,阻值一般应为800Ω±400Ω。在测量时,可用旋具轻敲分电器壳,以检查其内部有否松旷和接触不良的故障。如电阻值为无穷大,说明感应线圈有断路,一般断路点多在导线接头处,过大过小都需更换信号发生器总成。

2)霍尔式点火信号发生器

霍尔式点火信号发生器属于有源式传感器,要检测其性能是否良好,可以在线路连接正常的情况下,就车检查。具体步骤如下:

(1)测量输入电压是否正常

接通电源开关,用电压表测与分电器相连接的插接器"+"与"-"接线柱(红黑线端与棕白线端)之间的电压,如图4-28所示。无论触发叶轮的叶片是否进入空气隙,电压表读数都应接近电源电压,否则说明电子点火器没有给点火信号发生器提供正常的工作电压。

(2)检查输出信号电压

将分电器外壳搭铁,信号发生器接上电源后转动分电器轴,测其信号输出线"0"与"-"(绿白线与棕白线)间电压,如图4-28所示。车型不同,所采用霍尔式信号发生器的输出电压波动范围不一样,幅值会有所变化。一般在触发叶轮的叶片进入空气隙时,电压应为9.8V;当触发叶轮的叶片离开空气隙时,电压应为0.1~0.5 V。

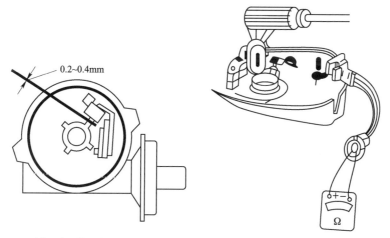

a)用厚薄规检查信号转子凸齿与线圈铁芯间隙　　b)用万用表检查传感线圈电阻值

图4-27　磁脉冲式点火信号发生器性能检查

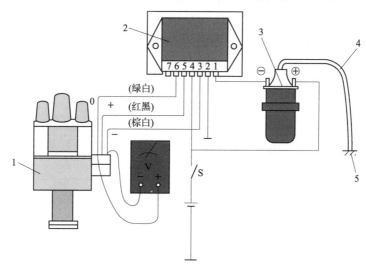

图4-28　霍尔式点火信号发生器的检查
1-分电器;2-电子点火器;3-点火线圈;4-中央高压线;5-搭铁

4. 电子点火器检修方法

1) 磁感应式点火控制器的检查

磁脉冲式无触点点火系统中传感器输入信号为交变的电压信号,可以用1~5V干电池作为输入信号,用试灯或电压表检查控制器的状态。

用干电池和试灯进行检查:如图4-29a)所示,将1~5V干电池交替地接在点火控制器两个输入端子时,试灯也随着交替地亮、灭;否则点火控制器故障,应更换。

用干电池和电压表进行检查:将电压表接点火线圈"-"接线柱,当干电池交替地接在控制器输入端时,电压表的读数应在1V~2V和12V之间交替变化;否则点火控制器故障。

用电阻和试灯进行检查:如图4-29b)所示,将1kΩ电阻接在点火控制器的输入端子2,以"a"端触碰一下蓄电池负极时,试灯亮0.5s后熄灭;否则为点火控制器故障。

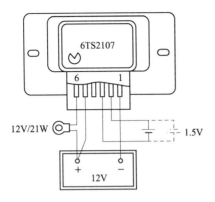
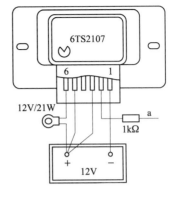

a) 用干电池和试灯进行检查　　　　　　b) 用干电池和电压表进行检查

图 4-29　磁感应式点火控制系统检查

2) 霍尔效应式点火控制器的检查

(1) 模拟信号法

如图 4-30 所示,用一节 1~5V 的干电池,分别正接和反接于电子点火器的两根信号输入线,同时用万用表电压挡检查点火线圈"-"接线柱与搭铁之间的电压。在正接和反接两次测试中,测试值应一次为 1~2V,一次为 12V,否则说明电子点火器有故障。也可以用试灯代替万用表,通过观察试灯亮灭来进行判断。在两次测接过程中,试灯应一次亮、一次灭,否则说明电子点火器有故障。

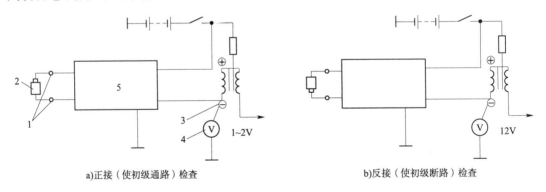

a) 正接（使初级通路）检查　　　　　　b) 反接（使初级断路）检查

图 4-30　模拟点火信号法检查电子点火器

1-电子点火器信号输入端;2-干电池;3-点火线圈检测点(-);4-检测电压表;5-电子点火器

(2) 高压试火法

在确认点火信号发生器和点火线圈等均良好的情况下,可采用跳火法判断电子点火器是否有故障。方法是:将分电器中央高压线拔出,高压线端部距离缸体 5~10mm,接通点火开关,使分电器轴转动,使信号发生器产生点火脉冲,此时看高压线端是否跳火。霍尔式电子点火系统可以参照图 4-31 所示的方法操作。如果火花强,则说明电子点火器良好。

(3) 加热法

电子点火器内细小的电子元件对高温极为敏感,检查时,可模拟发动机运转时其舱内的温度情况,用灯泡或电烙铁为电子点火器加热,这样可使电子点火器内部元件或线路的故障现象暴露出来,便于发现故障。

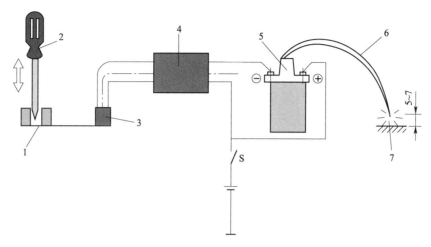

图 4-31　高压试火法示意图

1-霍尔式点火信号发生器(分电器内)；2-螺丝刀；3-信号发生器插接件；4-电子点火器；5-点火线圈；6-中央高压线；7-发动机体

(4) 替换法

即采用相同规格的新电子点火器替换怀疑有故障的点火器，如故障排除，则证明原电子点火器损坏。该方法是判断故障最简单、最有效的方法。但必须是在故障分析的基础上，有针对性地进行原件替换，不可盲目替换。

5. 火花塞的检验与维护

1) 清除火花塞积炭

火花塞积炭较多时，相当于在电极间隙处并联一个电阻，称为泄漏电阻，使二次电压不易建立，甚至造成发动机断火。

清除火花塞积炭，不应使用钢丝等工具，以免损伤绝缘体。应当使用火花塞清洗试验器，如图 4-32 所示。将有积炭的火花塞装于试验器带有橡胶圈的清洗孔中，起动空气压缩机，待气压升至 68～70kPa 时，打开压缩空气阀门，让压缩空气鼓吹集砂袋中的砂粒喷射火花塞的裙部，同时缓缓转动火花塞，使内腔各表面上的积炭和积垢被清除干净。最后用压缩空气吹净火花塞内残存的砂粒、粉尘即可。

2) 修整火花塞

用钢丝刷刷去火花塞螺纹沟槽中的积垢，所用刷丝的直径应为 0.015mm 以下。再用什锦锉刀修磨电极表面，使其显露出金属光泽，恢复中心电极和侧电极原有形状。这样有利于火花塞的使用和降低跳火的二次电压。

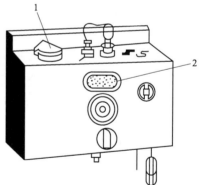

图 4-32　火花塞清洗试验器
1-清洗孔；2-跳火试验观察窗

3) 火花塞间隙的调整

新型发动机的火花塞间隙一般为 1.0～1.2mm，测量时应用钢丝式专用量规，不得使用普通量规，如图 4-33a) 所示。火花塞间隙过小，穿透电压下降，电火花强度变弱，当汽缸新鲜混合气受废气冲淡的影响较大时，可能产生缺火现象；若火花塞间隙过大，造成火花塞穿透电压升高，点火线圈绝缘击穿失效。

火花塞间隙不符合规定数值时,可以使用专用工具弯曲旁电极进行调整,如图4-33b)所示。

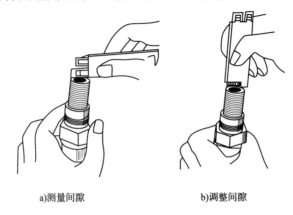

a)测量间隙　　　　　　　　b)调整间隙

图4-33　火花塞间隙的调整

4)火花塞性能试验

火花塞工作时处于800kPa以上的气体压力下,所以试验火花塞的跳火需要模拟其工作环境,才能准确判断其性能。在火花塞清洗试验仪上进行跳火试验,其方法是:将火花塞拧入右方的火花塞孔中,起动空气压缩机,慢慢调高箱内的充气压力,当到达900kPa时,打开开关,从观察窗中看跳火情况。若火花塞间隙连续产生强烈的蓝色火花,说明性能良好;否则,说明火花定性能欠佳,不宜使用。

6. 高压线的检修

1)电阻测量

取下高压线,用万用表电阻挡进行高压线电阻的检测。将万用表两触针分别接每条高压线的两端,测其电阻值。此电阻值小于25kΩ,说明高压线性能良好。否则,将影响高压火花的强度,说明高压线性能不良,应予以更换。

2)高压线的维护

现代发动机点火系统产生极高的电压和温度。长时间承受高压和高温的火花塞接头套(甚至高压线)会软化,并熔接在火花塞的瓷管上。为此,可以在高压线绝缘套、靠近热源的绝缘层表面涂上硅润滑剂,并注意高压线的排列,避免打折。

 任务实施

(1)教师给学生讲解。

(2)通过学生猜想和模拟操作,教师引导学生对点火系统各元件进行检测。

(3)学生分组学习。

①让学生通过检测判断点火线圈是否完好。

②让学生通过检测判断配电器是否完好。

③练习点火信号发生器和点火器的检测。

④让学生观察和检测火花塞是否正常。

⑤让学生检测高压线是否完好。

(4)解决学生遇到的问题。

(5)让学生将相关结果记录于任务工作单。

(6)监控学生是否按要求完成任务,并指导学生进行正确的操作。

任务工作单

学习情境四:汽车不能点火故障检修	班级			
工作任务二:点火系统的使用维护与检测	姓名		学号	
	日期		评分	

一、工作单内容

检测点火系统主要部件,根据测量值分析其技术状况。

二、准备工作

说明:每位学生应在工作任务实施前独立完成准备工作。

1. 主要设备(车辆型号、专用工具或专用仪器等)。

2. 任务实施资料(维修手册、设备说明书或理论课内容记录等)。

3. 其他常用工量具。

三、任务实施

1. 点火线圈外观检测:

检查点火线圈的外壳有无损、裂纹,点火线圈内的填充物是否冒出。

2. 检查点火线圈的初级线圈电阻、次级线圈电阻并记录数据。

(1)初级线圈电阻测量

项目	标准值	测量值	结论
导通电阻			
绝缘电阻			

(2)次级线圈电阻测量

项目	标准值	测量值	结论
导通电阻			
绝缘电阻			

3. 观察点火线圈的初级和次级电压的关系:将点火线圈接入点火电路,转动分电器轴,在教师指导下,利用示波器观察初级电流和次级电压的关系。如果点火线圈正常,则次级电流和次级电压如下图所示:

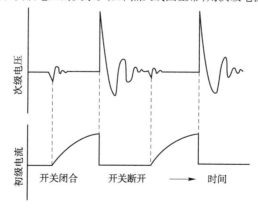

怎样通过点火波形分析点火系统的故障?

四、工作小结

通过此工作任务的实施,各小组集中完成下述工作。

1.描述如何正确使用点火系统的方法。

2.对本项工作任务有哪些好的建议和意见?

工作任务三　点火系统常见故障诊断

 任务概述

1.应知应会

通过本工作任务的学习与具体实施,学生应学会下列知识:

(1)熟悉点火系统的常见故障。

(2)掌握点火系统的常见故障的诊断方法。

应该掌握下列技能:

(1)会正确判断点火系统的常见故障。

(2)能准确排除点火系统的常见故障。

2.学习要求

(1)在每个工作任务的学习过程中,完成相关任务工作单的填写,并通过课程网站及时提交给相关教师。任务工作单提交方法详见课程网站。

(2)在每个学习情境实施阶段的中期或后期,按要求填写检修工作单。学习情境结束后按要求填写学生考核记录表,进行自我评价后交小组长,小组长评价后连同检修工作单统一交教师。

(3)每个学习情境学习到评价环节时,个人进行任务完成情况的评估。教师对小组抽查,被抽查的个人上台进行讲评。

 相关知识

一、点火系统故障常用诊断方法

1.试灯法或电压表测量法

用一只如图4-34所示的试灯或电压表来代替一根导线,同样逐段试验,若灯亮或电压表指针不动,则说明该段之前有断路。

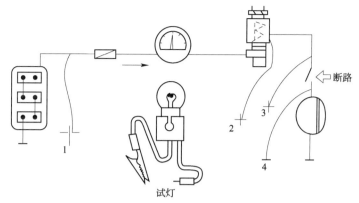

图 4-34 逐段搭铁试火法示意图
1、2、3-有火花;4-无火花

2. 高压试火法

将分电器中心高压线或火花塞上的高压线拔下,将线头对准缸体离开 6~8mm。然后打开点火开关,用起动机使发动机转动,观察线端间隙是否跳火及火花强弱程度。

二、电子点火系统故障诊断

汽车电子点火系统的故障检查,与传统触点式点火系统有许多相同之处。除了对点火线圈、火花塞、高压线、点火正时等进行检查外,还应检查点火器、点火传感器(信号发生器)以及连接导线等。

1. 电子点火系统在故障检查时应注意的问题

(1)在发动机起动和工作时,不要用手触摸点火线圈高压线和分电器等,以免受电击。

(2)在检查点火系统电路故障时,不要用刮火的方式来检查电路的通断,这种做法容易损坏电子元器件,电路通断与否应该用万用表电阻来进行检查判断。

(3)进行高压试火时,最好用绝缘的橡胶夹子夹住高压线来进行试验,直接用手接触高压线容易造成电击。另一避免电击的方法是:将高压导线插入一只备用火花塞,然后将火花塞外壳搭铁。从火花塞电极间隙观察是否跳火。

(4)在点火开关接通的情况下,不要做连接或切断线路的操作,以免烧坏控制器中的电子器件。

(5)在拆卸蓄电池时,必须确认点火开关和其他所有的用电设备及其开关都已关闭,才能进行拆卸。

(6)安装蓄电池时,一定要辨清正、负极。千万不能接错,蓄电池极性与线夹的连接一定要牢固,否则容易损坏电子设备。

(7)在检查点火信号发生器(曲轴位置传感器)时应注意:

①对于磁感应式的,在打开分电器盖时注意不要让垫圈、螺钉之类的金属物掉入其内。在检查导磁转子与定子之间的间隙时,要使用无磁性厚薄规,并注意不要硬塞强拉。

②对于光电式的,不要轻易打开分电器盖子,若确需打开检查时,要注意避免尘土对发光二极管、光敏元件和遮光转子的污损。

③在用干电池模拟点火信号检查电子点火控制时,测量动作要快,干电池连接的持续时间,一般不要超过5s。

④霍尔效应式电子点火系统,在检查维修时可能会产生高压放电现象,造成对人身和点

火系统本身的意外损害,所以必须注意以下几点:

⑤进行全体检查和维修前,应切断电源后,再按要求进行。

⑥当使用外接电源供维修使用时,应严格限制其电压不大于16V。当电压达到16~16.5V时,接通时间不允许达到或超过1min。

⑦电子点火系统的汽车被拖动时,应首先切断点火系统电源。

⑧点火线圈负接线柱不允许与电容相连。

⑨任何条件下,只允许使用阻值为1kΩ的分火头,防止电磁干扰的1kΩ阻尼电阻电缆不得用其他代替,火花塞插头电阻值应在1~5kΩ之间。

注:必要的话可重复设定一次。

2. 电子点火系统常见故障

电子点火系统常见故障有:点火系统无高压火、高压火花弱、点火正时失准、点火性能随工况变化等。

1)点火系统无高压火

①故障现象。

接通点火开关,起动机能带动发动机曲轴运转,点火系统无高压火。

②故障原因。

曲轴位置传感器连接电路短路或短路;曲轴位置传感器工作性能不良;点火控制模块性能失效或连接线束松脱、短路或断路;线圈的初级绕组断路;点火线圈的次级绕组断路;高压线断路;火花塞工作不良。

③故障诊断。

起动发动机,检查警告灯是否常亮,应该读取故障码,并根据故障码的内容诊断低压电路的故障;警告灯正常,则应检查点火系统的高压电路;关闭点火开关,拔下发动机转速传感器的插头,用万用表测量相应的插座端子之间的阻值,如果所测数值不符合规定,应更换发动机转速传感器。

2)高压火花弱

①故障现象。

跳火实验时高压火花弱,发动机起动困难,怠速不稳,排气冒黑烟,加速性及高中速性较差。

②故障原因。

点火器点火线圈不良,高压线电阻过大;火花塞漏电或积炭,点火系统供电电压不足火或搭铁不良等。

③故障诊断。

检查点火器和点火线圈工作状况是否良好,供电电压是否正常,各插接件及导线连接是否牢固,点火器搭铁是否可靠;清除火花塞积炭,更换漏电的火花塞。

3)点火正时失准

①故障现象。

发动机不易起动,怠速不稳;发动机动力不足,水温偏高;发动机易爆易燃等。

②故障原因。

初始点火提前角调整不当;曲轴转角与转速传感器不良或安装位置不正确。

③故障诊断。

检查初始点火提前角并按规定予以调整。影响发动机点火正时失准的主要零部件是发动机点火基准传感器和曲轴转角与转速传感器,因此要检查信号转子是否有变形、歪斜,信号采集与输出部分安装有无不当,装置的间隙是否合适。

4)点火性能随工况变化

①故障现象。

低速工作正常,高速时失速;温度低时正常,温度高时不正常;刚起步时正常,工作一段时间后出现故障等。

②故障原因。

凸轮轴传感器和曲轴转角与转速传感器等安装松动;电路连接器件接触不良;点火器热稳定性差;点火线局部损坏或击穿,高压线电阻过大等。

③故障诊断。

检查各有关部件安装有无松动,电路连接是否牢固、可靠,点火器、点火线圈是否异常;检查或更换高压线、火花塞等。

不同车型的电子点火系线路结构不尽相同,但都可以按图 4-35 所示的检查方法和故障诊断程序准确、迅速地排除故障。

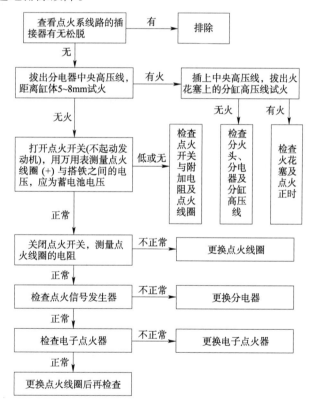

图 4-35 电子点火系故障分析图

三、微机控制点火系统

发动机的最佳点火提前角与转速、负荷、水温、进气温度、空燃比、燃油的辛烷值等运行参数和使用因素有关。传统点火系统和无触点点火系统只考虑转速和负荷两种因素,用真空和机械离心的方法对点火提前角进行调节。由于机械调节的滞后、磨损等自身局限性,而与发动机所要求的理想点火特性相差甚远。20 世纪 70 年代后期得到广泛应用的微机控制点火系统,实现了点火提前角的自动控制,即可根据发动机的工况对点火提前角进行适时控制。

微机控制点火系统具有响应速度快、运算和控制精度高、抗干扰能力强等优点,使发动机在各种工况和使用条件下的点火提前角都与相应的最佳点火提前角比较接近,并且不存在机械磨损等问题,使发动机的性能得到进一步改善和更加充分的发挥。因此,微机控制点火系统是继无触点的普通电子点火系统之后,点火系统发展的又一次飞跃。

微机控制点火系统,按是否配有分电器分为有分电器微机控制点火系统和无分电器微机控制点火系统两种。

1. 微机控制的点火系统的组成与工作原理

1) 微机控制点火系的组成

微机控制点火系统是点火系统发展的重大突破,其最大成功在于取消了机械点火提前调节装置,实现了点火提前角的电脑自动控制。目前,微机控制点火系统在设计和结构上,随着汽车生产厂家、生产年代不同都有所不同,但基本结构是大同小异,一般由各类传感器、电子控制单元ECU、和点火执行器三部分组成。系统的组成如图4-36所示。有分电器的微机控制点火系中点火执行器是由电子点火器、点火线圈、分电器及火花塞组成。

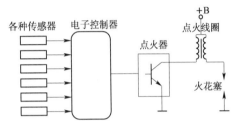

图4-36 微机控制点火系统组成示意图

(1) 传感器。

传感器主要用于检测反馈发动机工况信息,为ECU提供点火提前角的控制依据。其中,最主要的传感器是转速传感器、曲轴位置传感器和空气进气量传感器。

(2) 电子控制单元。

电子控制单元(ECU)是点火系统的控制中枢,其作用是根据发动机各传感器的输入信息及内存数据,进行运算、处理、判断,然后输出指令(信号),控制执行器(点火器)的动作,达到快速、准确控制发动机工作的目的。

(3) 点火器。

点火器为电子控制单元的执行器,它根据电子控制单元输出的指令(信号),通过内部大功率管的导通与截止,控制初级电流的通断,完成点火工作。有些点火器还具有恒流控制、闭合角控制、汽缸判别、点火监视等功能。

2) 微机控制点火系的工作原理

发动机运行时,ECU不断采集发动机的转速、负荷、冷却液温度、进气温度等信号,并和微机内存储器中预先存储的最佳控制参数进行比较,确定出该工况下最佳点火提前角和初级电路的最佳导通时间,并以此向点火控制模块发出指令。

点火控制模块根据ECU的点火指令,控制点火线圈初级回路的导通和截止。当电路导通时,有电流从点火线中的初级线圈流过,点火线圈此时将点火能量以磁场的形式储存起来。当初级线圈中的电流被切断时,次级线圈中将产生很高的感应电动势(15~30kV),送到工作汽缸的火花塞,点火能量被瞬间释放,并迅速点燃汽缸内的混合气,发动机完成做功过程。

3) 微机控制点火系的控制功能

(1) 点火提前角控制。

在ECU的ROM中,存储有点火提前脉谱图,如图4-37所示。该图包含每一个发动机工况点的点火提前角,这个点火提前角是在设计发动机时,按照预定的准则要求,对燃油消耗、转矩、排放污染、距爆燃极限的安全余量、发动机温度以及车辆的行驶性能等优化处理后得到的。根据实际需要,完整的点火脉谱图,包含大约1000~4000个独立的可重复使用的点火提前角数值。

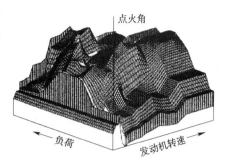

图4-37 点火提前脉谱图

发动机工作时,ECU综合各传感器的输入信息,从ROM中选出最适当的点火提前角,再根据曲轴转速与位置传感器和凸轮轴位置传感器(同步信号传感器、判缸传感器)的信号,控制大功率三极管的导通与截止,即控制点火线圈初级电路的通与断。

下面以NISSAN公司的ECCS点火系统为例加以介绍。

例如在某种运转工况下,ECU选出的最佳点火提前角是30°。因曲轴转速与位置传感器的120°信号,是在上止点前70°时发出的。因此,ECU在接收到120°信号时,即可知道某缸活塞处于压缩上止点前70°的位置。又因为ECU在120°信号输入以后,再经过4°的曲轴转角才开始计数1°信号。因此,当ECU计数到36个1°信号后,在第37个1°信号输入的同时,截止大功率管切断初级电路。

又如,在电源电压为14V时,导通时间为5ms。若此时曲轴转速为2000r/min,那么导通时间相当于60°的曲轴转角。因为六缸发动机的发火间隔角为120°,所以在大功率管截止期间,曲轴转过角度为(120° - 60° = 60°)。因此,ECU从大功率管截止时开始计数1°信号,当数到第61个1°信号时,大功率管开始导通,如图4-38所示。

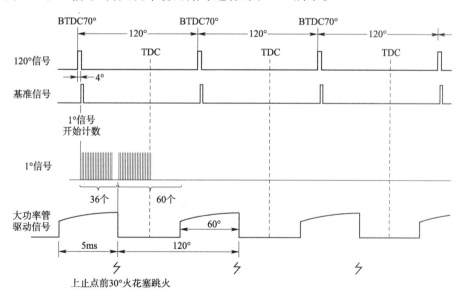

图4-38 点火提前角为30°、曲轴转速为2000r/min、导通时间为5ms时的点火控制原理

在微机控制点火系中,点火提前角的控制按照发动机起动期间和正常运行工况期间两种基本工况实现控制。发动机正常运行期间,ECU要根据实测的有关发动机各种工况信息,确定最佳点火提前角。最佳点火提前角包括基本点火提前角和修正点火提前角。修正点火提前角又包括暖机修正、过热修正和怠速稳定修正。

(2)通电时间控制。

根据点火原理,微机控制的点火系点火线圈的一次电路被接通后,其一次电流是按指数规律增长的,一次断开电流直接影响点火能量和二次电压最大值 U_{2max}。一次电路被断开瞬间,一次电流所能达到的值即断开电流与一次电路接通的时间长短有关。只有通电时间达到一定值时,一次电流才可能达到饱和,进而获得较高的二次电压。因此,必须保证有足够的通电时间。但如果通电时间过长,点火线圈又会发热并使电能消耗增大。考虑到上述两方面的要求,必须要控制一个最佳通电时间。

对通电时间进行控制,就是对点火闭合角进行控制。系统对闭合角进行控制时,ECU 的内存中存储了根据电源电压和发动机转速确定的点火闭合角三维数据表格。ECU 通过查找表格内的数据,即可计算确定最佳的点火闭合角。

另外,蓄电池电压变化也会影响一次电流,如蓄电池电压下降时,在相同的通电时间里一次电流所达到的值将会减小,因此必须对通电时间进行修正。

(3)爆燃控制。

汽油发动机获得最大功率和最佳燃油经济性的有效方法之一是增大点火提前角,但是点火提前角过大又会引起发动机爆震。爆震的主要危害一是噪声大,二是导致发动机使用寿命缩短甚至损坏,发动机在大负荷状态工作时,这种可能性更大。消除爆震最有效的方法就是推迟点火提前角。理论与实践证明:剧烈地爆震会使发动机的动力性和经济性严重恶化,而当发动机工作在爆震的临界点或有轻微的爆震时,发动机热效率最高,动力性和经济性最好。因此,利用点火提前角的爆震控制能够有效地控制点火提前角,从而使发动机工作在爆震的临界状态。

2. 微机控制点火系的类型

微机控制点火系主要有两种形式:带分电器的微机点火系和不带分电器的微机点火系。

1)有分电器的微机控制点火系统

有分电器微机控制点火系统一般由传感器、微机控制器、点火执行器等组成,如图 4-39 所示。

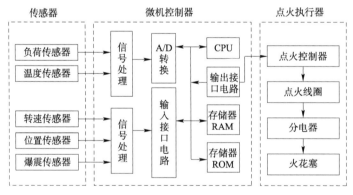

图 4-39 有分电器微机控制点火系统

在微机控制的有分电器点火系统中,分电器唯一的用途是产生初级电路的开关信号和把次级电压分配到各个火花塞。这种机械配电方法具有点火能量损失大、高速时火花能量不易保证、电磁干扰严重、易产生漏电和磨损后影响点火正时的缺陷。

桑塔纳 GLi、红旗 CA7220E 型轿车和切诺基吉普车点火系统都采用了这种配电方式。

2)无分电器微机控制点火系统

无分电器点火系统(丰田称其为 DLI:Distributor-less Ignition System;通常称为 DIS:Direct Ignition System)取消了传统的分电器,没有分火头和分电器盖,它将点火线圈产生的高压电直接输送给火花塞,因此又称微机控制直接点火系统。我国一汽大众生产的部分奥迪轿车和捷达轿车、上海大众汽车公司生产的部分桑塔纳2000型轿车等也相继采用了无分电器点火系统。无分电器点火系统正逐步成为点火系统的主流。

无分电器微机控制点火系统由低压电源、点火开关、电子控制单元(ECU)、点火控制器、点火线圈、火花塞、高压线和各种传感器等组成。有的无分电器点火系统还将点火线圈直接安装在火花塞上方,取消了高压线。

无分电器微机控制点火系统分为二极管分配式和点火线圈分配式两大类。

(1)二极管分配式。

二极管配电方式是利用二极管的单向导通特性,对点火线圈产生的高压电进行分配的同时点火方式。与二极管配电方式相配的点火线圈有两个初级绕组、一个次级绕组,相当于共用一个次级绕组的两个点火线圈的组件。次级绕组的两端通过4个高压二极管与火花塞组成回路,其中配对点火的两个活塞必须同时到达上止点,即一个处于压缩行程上止点时,另一个处于排气行程上止点。微机控制单元根据曲轴位置等传感器输入的信息,经计算、处理,输出点火控制信号,通过点火控制器中的两个大功率三极管,按点火顺序控制两个初级绕组的电路交替接通和断开。利用四个高压二极管的单向导电性,交替地对1-4缸和2-3缸进行点火,如图4-40所示。由于点火线圈有两组初级绕组,且电流方向相反,所以点火时在次级绕组产生的电压极性相反。当功率三极管VT_1截止时,点火线圈次级绕组产生上正下负的高压电,这时,高电压二极管VD_1、VD_4导通,1-4缸火花塞跳火;当功率三极管V_2截止时,点火线圈次级绕组产生下正上负的高压电,这时,高电压二极管VD_2、VD_3导通,2-3缸火花塞跳火。

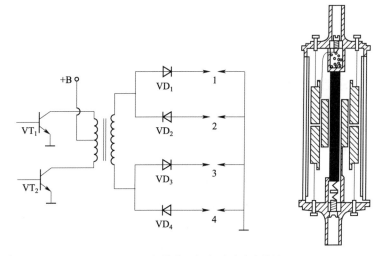

图4-40 二极管分配方式(右为点火线圈)

二极管分配方式与同时点火方式具有相同的特点,但对点火线圈的要求更高。二极管配电方式配用的点火线圈有两个初级绕组(或一个初级绕组被中心抽头分成两个部分,组成两个初级绕组)和一个次级绕组。次级绕组有两个输出端,每个输出端又分别接两个方向相反的高压二极管,这样次级线圈通过四个高压二极管与火花塞组成回路;两个初级绕组的电路由点火控制器中的两个大功率三极管控制轮流接通和断开。点火线圈有两种形式:一种是点火线圈只包含初级绕组和次级绕组,不包含高压二极管,高压二极管装在火花塞上方,便于高压二极管检修,点火线圈有两个高压插座;另一种是点火线圈既包含初级绕组和次级绕组,包含4个高压二极管,点火线圈有4个高压插座,这种结构有利于简化线路结构,高压线连接简便,但是一旦有一个高压二极管损坏,点火线圈就需要更换。

(2)点火线圈分配式。

点火线圈分配式无分电器点火系是将来自点火线圈的高压电直接分配给火花塞,有同时点火和单独点火两种方式。

①单独点火方式。

BOSCH公司于1983年开发并采用了如图4-41所示的单独点火方式,即一个火花塞配用一只点火线圈。这种点火方式的优点:由于可以取消高压导线,将点火线圈直接安装在火花塞顶上。因而能量损失小,电磁干扰也大大减少;特制的点火线圈的充放电时间极短,能在高达9000r/min的宽转速范围内,提供足够点火电压和点火能量。

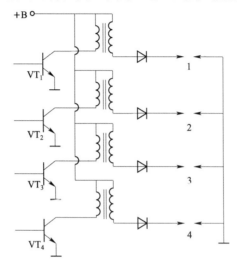

图4-41 单独点火方式

单独点火方式特别适合在双凸轮轴发动机上配用,点火线圈安装在两根凸轮轴中间,每一点火线圈压装在各缸火花塞上,在布置上很容易实现。奥迪轿车四气门五缸发动机的点火线圈安装情况,每个点火线圈通过导向座用四个螺钉固定在汽缸盖的盖板上,然后再扣压到各缸火花塞上,如图4-42所示。

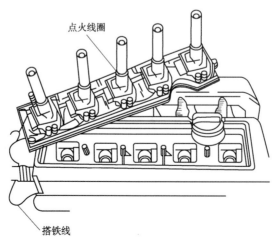

图4-42 奥迪五缸发动机点火线圈的安装

②同时点火方式。

所谓同时点火方式是指，一个点火线圈有两个高压输出端，它们分别与一个火花塞相连，同时为两个汽缸点火，如图4-43所示。这种方式要求共用一只点火线圈的两个汽缸的工作相位差360°曲轴转角，这样在一缸火花塞在压缩上止点跳火的同时，另一缸则在排气上止点跳火。由于压缩缸内的压力高，所需的击穿电压也较高；而排汽缸内的压力很小，并且在燃烧末期气体中有导电离子存在，使得火花塞很容易跳火，能量损失小。因此，跳火时的大部分电压降都加在压缩缸的火花塞上，从而保证了压缩缸的正常点火。

在大功率三极管导通的瞬间，点火线圈的次级绕组会产生大约1000V的电压。由于无分电器点火系统没有附加的配电器间隙，1000V电压全部作用在火花塞上。如果此时活塞正处于进气行程末期与压缩行程初期之间，缸内的压力较小，则很可能使火花塞跳火，产生回火现象，造成发动机不正常运转。

为了防止这种现象的产生，在电路中串联一个二极管，如图4-43b)所示。当大功率管导通时，由于二极管的反向截止功能，1000V的高压电无法使火花塞跳火。而当大功率管截止时，高压电可顺利地通过二极管使火花塞跳火。

双缸同时点火方式只用于汽缸数为双数的发动机上。图4-43c)是四缸发动机双缸同时点火方式。发动机采用同时点火方式时，点火线圈实际是由若干个相互屏蔽的、独立的点火线圈组装起来形成的一个点火线圈组件。每个独立的点火线圈初级绕组的一端通过点火开关与电源正极相连，另一端由点火控制器的大功率三极管控制搭铁；次级绕组两端分别接到两个汽缸的火花塞上，使两个汽缸的火花塞同时跳火。

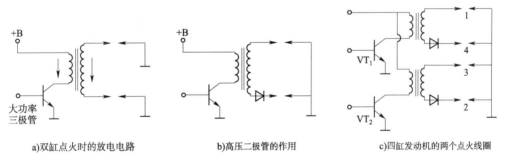

a)双缸点火时的放电电路　　b)高压二极管的作用　　c)四缸发动机的两个点火线圈

图4-43　双缸同时点火方式示意图

 任务实施

为解决情景导入中桑塔纳Gli轿车发动机不转、无高压火迹象的问题，可按下述方式组织实施任务。

（1）教师给学生讲解。

（2）教师在实训台和实车上设置点火系统常见故障，引导学生判断和处理。

（3）学生分组练习。

①教师设置故障，让学生排除。

②让学生自己相互设置和排除故障，熟悉原理和方法。

（4）解决学生遇到的问题。

（5）让学生将相关结果记录于任务工作单。

（6）监控学生是否按要求完成任务，并指导学生进行正确的操作。

任务工作单

学习情境四:汽车不能点火故障检修	班级			
工作任务三:点火系统常见故障诊断	姓名		学号	
	日期		评分	

一、工作单内容

熟悉点火系统的主要元件结构,掌握其工作原理。

二、准备工作

说明:每位学生应在工作任务实施前独立完成准备工作。

(1)主要设备(车辆型号、专用工具或专用仪器等)。

(2)任务实施资料(维修手册、设备说明书或理论课内容记录等)。

(3)其他工量具(常用的)。

三、任务实施

1.根据修理车辆维修手册,制定点火系统检修的步骤。

2.拆卸检修点火系统使用的工具和设备有哪些?

3.根据维修手册进行点火系统元件的检测:

点火系统元件	检测方法	测试结果
点火系统熔断丝		
点火继电器		
点火线圈		
火花塞		
点火波形		
曲轴位置传感器		

4.在完成上述任务后,点火系统是否工作正常?

四、工作小结

通过此工作任务的实施,各小组集中完成下述工作。

1.描述电子点火系统常见故障的现象与原因。

2.对本项工作任务有哪些好的建议和意见?

学习情境五　汽车前照灯不亮故障检修

情境概述

本学习情境主要介绍照明与信号系统的类型、结构及工作原理,照明与信号系统的检测与维护方法及汽车前照灯不亮故障的诊断及排除方法。根据岗位职业能力的要求,本情境共安排了两个真实的工作任务。

一、职业能力分析

通过本情境的学习,期望达到下列目标。

1. 专业能力

(1) 熟悉照明与信号系统在车上的安装位置。
(2) 熟悉照明与信号系统的组成及各主要部件的作用及工作原理。
(3) 掌握各主要部件在车上的拆装方法及前照灯的调整方法。
(4) 能正确分析照明与信号系统的系统电路图。
(5) 掌握照明与信号系统常见故障的诊断排除方法。

2. 社会能力

(1) 通过分组活动,培养团队协作能力。
(2) 通过规范文明操作,培养良好的职业道德和安全环保意识。
(3) 通过小组讨论、上台演讲评述,培养与客户的沟通能力。

3. 方法能力

(1) 通过查阅资料、文献,培养个人自学能力和获取信息能力。
(2) 通过情境化的工作任务活动,掌握解决实际问题的能力。
(3) 填写任务工作单,制订工作计划,培养工作方法能力。
(4) 能独立使用各种媒体完成学习任务。

二、学习情境描述

一车主到汽车4S店反映,他的汽车前照灯不亮,售后服务经理将检测、维修前照灯系统的任务交给一学员,要求检查各零部件的是否正常,确定是否可再用。如果可用,则进行拆检、调整,并排除前照灯出现的故障。制定检修计划,得到经理确认后,完成此任务,提交一份分析报告并归档。

三、教学环境要求

学习情境要求在理实一体化专业教室和专业实训室完成。要求配备前照灯不亮的小型车辆4辆;检测诊断仪器和拆装工具4套。同时提供相关车辆的汽车维修手册、使用说明书;可以用于查询资料的电脑、任务工作单、多媒体教学设备、课件和视频教学资料等。

将学生分成4个小组,各组独立完成相关的工作任务,并在教学完成后提交任务工作单。

工作任务一　汽车照明系统检修

任务概述

1. 应知应会

(1)熟悉汽车照明系统在车上的安装位置。

(2)掌握汽车照明系统的作用、组成及控制。

(3)熟悉汽车照明系统常见故障形式。

2. 学习要求

(1)能够对汽车照明系统进行拆卸和安装。

(2)能够分析汽车照明系统的系统电路图。

(3)能够排除汽车照明系统的常见故障。

相关知识

一、汽车灯系的组成

为了保证汽车行驶的安全性,减少交通事故和机械事故的发生,汽车上都装有多种照明设备和灯光信号装置,俗称灯系,它已成为汽车上不可缺少的一部分,各安装位置如图5-1所示。汽车灯系可分为车内照明和车外照明两部分。主要包括:

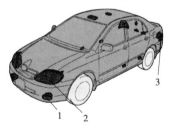

图5-1　汽车灯系
1-雾灯;2-前照灯;3-后组合灯

(1)前照灯:俗称大灯,装在汽车头部的两侧,用于夜间或光线昏暗路面上汽车行驶时的照明,有两灯制和四灯制之分。

(2)雾灯:安装在车头和车尾,位置比前照灯稍低。装于车头的雾灯称为前雾灯,车尾的雾灯称为后雾灯。光色为黄色或橙色(黄色光波较长,透雾性能好),用于在有雾、下雪、暴雨或尘埃等恶劣条件下改善道路照明情况。

(3)示宽、示廓灯与尾灯:这两种都是低强度灯,用于夜间给其他车辆指示车辆位置与宽度。位于前方的称为示宽灯,位于后方的称为尾灯。

(4)制动灯:安装在车辆尾部,通知后面车辆该车正在制动,以避免后面车辆与其后部碰撞。

(5)转向信号灯:安装在车辆两端以及前翼子板上,向前后左右车辆表明驾驶员正在转弯或改换车道。转向信号灯每分钟闪烁60~120次。

(6)危险警告灯:车辆紧急停车或驻车时,危险警告灯给前后左右车辆显示车辆位置。转向信号灯一起同时闪烁时,即作危险警告灯用。

(7)牌照灯:用于照亮尾部车牌,当尾灯点亮时,牌照灯也点亮。

(8)倒车灯:安装于车辆尾部,以给驾驶员提供额外照明,使其能在夜间倒车时看清车的后面,也警告后面车辆,该车驾驶员想要倒车或正在倒车。当点火开关接通、变速器换至倒车挡时,倒车灯点亮。

目前,多将前照灯、雾灯、示宽灯等组合起来,称为组合前灯;将尾灯、后转向信号灯、制动灯、倒车灯等组合起来称为组合后灯。

(9)仪表灯:用于夜间照亮仪表盘,使驾驶员能迅速容易地看清仪表。尾灯点亮时,仪表灯也同时点亮。有些车还加装了灯光控制变阻器,使驾驶员能调整仪表灯的亮度。

(10)顶灯:用于车内乘客照明,但必须不致使驾驶员眩目。通常客车车内灯都位于驾驶室中部,使车内灯光分布均匀。

以上装置中前照灯、示宽灯及尾灯、倒车灯、转向信号灯、牌照灯、制动灯等都是强制安装使用,其他灯光设备是在一定条件下强制安装或选装。

二、前照灯

1. 前照灯的基本要求

由于汽车前照灯的照明效果对夜间行车安全影响很大,故世界各国多以法律的形式规定了前照灯的照明标准,其基本要求主要有为:

(1)前照灯应能保证车前有明亮而又均匀的照明,使驾驶员能够看清车前100m内路面上的物体。随着现代汽车行驶速度的不断提高,对前照灯的要求也越来越高,现代高速汽车前照灯的照明距离应达到200~250m。

(2)前照灯应防止眩目,以避免夜间两车相会时,使对方驾驶员眩目,而造成交通事故。

2. 前照灯的组成

前照灯由反射镜、配光镜和灯泡三部分组成,如图5-2所示。

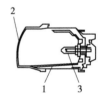

图5-2 前照灯的组成
1-反射镜;2-配光镜;3-灯泡

1)反射镜

反射镜的作用是最大限度地将灯泡发出的光线聚合成强光束,以增加照射距离。它一般呈抛物面状,内表面镀铬、铝或银,然后抛光,目前多采用真空镀铝。灯丝位于反射镜的焦点处,其大部分光线经反射后,成为平行光束射向远方,其距离可达150m或更远,如图5-3所示。

2)配光镜

配光镜又称为散光玻璃,装于反射镜之前,可将反射光束扩散分配,使路段的照明更加均匀。配光镜是由透明玻璃压制而成的棱镜和透镜的组合体。

3)灯泡

目前,汽车前照灯主要使用两种灯泡,即白炽灯泡和卤钨灯泡,两种灯泡的灯丝都是用钨丝制成的。由于钨丝在使用时蒸发损耗,使灯泡的使用寿命缩短,为延长其寿命,将玻璃泡中的空气抽出,然后充入其他气体。若充入玻璃泡中的气体为惰性气体,即为白炽灯泡;若充入的是卤族元素(一般为碘或溴)即为卤钨灯泡,如图5-4所示。我国生产的大部分是溴钨灯。

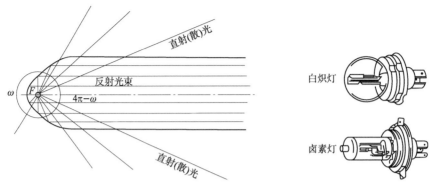

图5-3 反射镜的聚光示意图　　图5-4 前照灯的灯泡

卤钨灯泡是利用卤钨再生循环反应原理制成的。卤钨再生循环反应原理指从灯丝上蒸发出来的气态钨，与卤素反应生成一种挥发性的卤化钨，它扩散到灯丝附近的高温区又受热分解，使钨重新回到钨丝上，被释放的卤素继续扩散参与下一次的循环反应，如此周而复始地循环下去，防止了钨的蒸发和钨灯泡的黑化现象。因此，卤钨灯泡与白炽灯泡相比较具有寿命长、亮度大的特点。

目前，现代汽车的前照灯可设计成各种式样，以符合汽车外观整体美观的要求，不同汽车前照灯的配光镜和反射镜也有很大的差异。但不论前照灯的样式如何，都应满足汽车行驶照明的要求。

3. 前照灯的防眩目措施

夜间会车时，前照灯强烈的灯光可造成迎面驾驶员眩目，容易引发交通事故，所以为了避免前照灯的眩目作用，一般在汽车上都采用双丝灯泡的前照灯，可以通过变光开关切换远光和近光。我国交通法规规定，夜间会车时，须在距对面来车150m以外互闭远光灯，改用防眩目近光灯。

国内外生产的双丝灯泡的前照灯，按近光的配光不同，分为对称形和非对称形两种不同的配光形式。

1）对称形配光（SAE方式）

远光灯丝功率较大（45~60W），位于反射镜的焦点位置，射出的光线远而亮；近光灯丝功率较小（22~55W），位于反射镜焦点的上方并稍向右偏斜，由于其光线弱，且经反射镜反射后光线大部分向下倾斜，从而减少了对迎面来车驾驶员的眩目作用，如图5-5所示。美国、日本均采用这一配光方式。

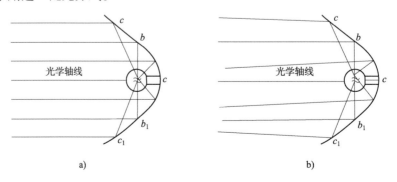

图5-5 对称形配光前照灯的工作情况

2)非对称形配光(ECE方式)

远光灯丝位于反射镜的焦点处,近光灯丝则位于焦点前方且稍高出光学轴线,其下方装有金属配光屏,如图5-6所示。

由近光灯丝射向反射镜上部的光线,反射后倾向路面,而配光屏挡住了灯丝射向反射镜下半部的光线,故没有向上反射能引起眩目的光线。配光屏在安装时偏转一定的角度,使其近光的光形分布不对称,形成一条明显的明暗截止线。

近来,国外又发明了一种更优良的光形,明暗截止线呈Z形,故称为Z形配光,不仅可以避免迎面来车的驾驶员的眩目,还可以防止迎面而来的行人和非机动车使用者的眩目,更加保证了汽车夜间行驶的安全。各种配光光形如图5-7所示。

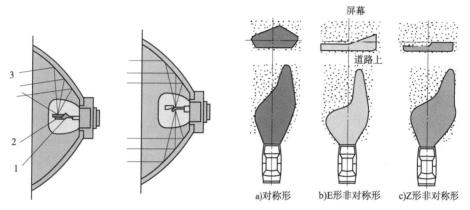

图5-6 具有配光屏的双丝灯泡的工作情况
1-远光灯丝;2-遮光罩;3-近光灯丝

图5-7 前照灯的配光光形
a)对称形 b)E形非对称形 c)Z形非对称形

4. 前照灯的分类、检测与调整

1)前照灯的分类

(1)可拆式前照灯。

这是最早使用的一种,其反射镜边缘的齿簧与配光镜组合,再用箍圈和螺钉安装于灯壳上,灯泡的拆装必须将全部光学组件取出后才能进行,因而密封性很差,反射镜易受外界环境气候的影响而污染变黑,严重降低照明效果,目前已趋淘汰。

(2)半封闭式前照灯。

半封闭式前照灯的配光镜是靠卷曲反射镜周沿的牙齿而紧固在反射镜上,两者之间垫有橡胶密封圈,其灯泡拆卸只可从反射镜的后方进行。

半封闭式前照灯内部灯泡可以单独更换,最常见的故障处理方法就是更换灯泡。若半封闭式前照灯的配光镜等损坏,需要更换整个前照灯。更换时,先拔下灯泡上的插座,取下密封罩、卡簧,即可取下灯泡。

(3)封闭式前照灯。

封闭式前照灯没有分开的灯泡,其整个总成本身就是一个灯泡。灯丝安装在反射镜前面,配光镜则与反射镜焊接在一起,如图5-8所示。更换时,先拔下灯脚与线束连接的插座,然后拆下灯圈,即可取下灯芯(如图5-9所示);安装灯芯时,应注意配光镜上的标记(箭头或字符),不应出现倒置或偏斜现象。

封闭式前照灯完全避免了反射镜的污染,但价格较高。

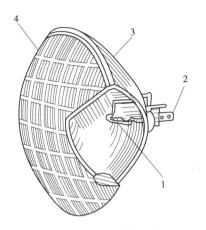
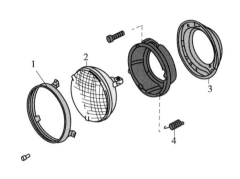

图5-8 封闭式前照灯灯泡
1-灯丝；2-接头；3-反射镜；4-配光镜

图5-9 封闭式前照灯的更换
1-灯圈；2-真空灯芯；3-安装底座；4-调整底座弹簧

为使前照灯更亮、更远、更美观，现代轿车上出现了投射式前照灯和高亮度弧光灯。

(4) 投射式前照灯。

投射式前照灯采用了凸形配光镜，反射镜为椭圆形，所以其外径很小，结构如图5-10所示。

由于投射式前照灯的反射镜呈椭圆形状，有两个焦点。在第一个焦点处放置灯泡，光束经反射会聚至第二个焦点。凸形配光镜的焦点与第二焦点相重合，灯泡发出的光被反射镜聚成第二焦点，在通过配光镜将聚集的光投射到远方。投射式前照灯使用的光源为卤素灯泡。

在第二焦点附近设有遮光板，可用于遮住投向上半部分的光，形成明暗分明的配光。它的这种配光特性可适用于前照灯近、远光灯，也可用作雾灯。

采用投射式前照灯，可利用的光束增多，若将反射镜做成扁长断面，很多光束便可横向扩散，不仅结构紧凑，而且经济实用。

(5) 氙灯。

氙灯结构如图5-11所示，是一种含有氙气的新型前照灯，又称高强度放电灯或气体放电灯，英文简称HID(High Intensity Discharge Lamp)。目前奔驰E级车、宝马7系列、丰田雷克萨斯、本田阿库拉等高档车都使用了这种新型前照灯。氙灯亮度大，发出的亮色调与太阳光比较接近，消耗功率低，可靠性高，不受车上电压波动影响。

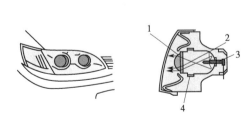
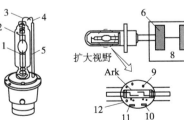

图5-10 投射式前照灯的结构
1-凸透镜；2-椭圆形反光镜；3-灯泡；4-灯罩

图5-11 高亮度弧光灯
1-电极；2-外部灯泡；3-外引线；4-引线；5-陶瓷管；6-点火器；7-控制器；8-控制器；9-点火器气体；10-金属卤化物；11-汞；12-电极(钨)

氙灯由小型石英灯泡、变压器和电子单元组成。接通电源后，通过变压器，在几微秒内升压到2万V以上的高压脉冲电加在石英灯泡内的金属电极之间,激励灯泡内的物质(氙气、少量的水银蒸气、金属卤化物)在电弧中电离产生光亮。由于高温导致碰撞激发,并随压力升高使线光谱变宽形成带光谱。灯开关接通的一瞬间,氙灯即产生与55W卤素灯一样的亮度,约3s达到全部光通量。

氙灯灯泡的玻璃用坚硬的耐温耐压石英玻璃做成,灯内充入高压氙气缩短灯被点亮的时间,灯的发光颜色则由充入灯泡内的氙气、水银蒸气和少量金属卤化物所决定。

电子控制器系统是一个独立的系统,包括变压器和电子控制单元,具有产生点火电压和工作电压两种功能。变压器将低电压变为高电压输出,电子控制单元的主要功能是限制氙灯灯泡的工作电流,向灯泡提供2万V以上的点火电压和维持工作的低电压。

氙灯与卤素灯的主要区别在于,前者通过气体电离发光,后者通过加热钨丝发光。虽然氙灯的发光电弧与卤素灯的钨丝长度直径一样,但发光效率和亮度提高了2倍。由于不用灯丝,没有了传统灯丝易脆断的缺陷,寿命也提高了4倍。据测试,一个35W的氙灯光源可产生55W卤素灯2倍的光通量,使用寿命与汽车差不多。因此,安装氙灯不但可以减少电能消耗,还相应提高了车辆的性能,这对于轿车而言具有很重要的意义。

2)前照灯的检测与调整

前照灯在使用过程中,会因灯泡老化、反射镜变暗、照射位置不正而使前照灯的发光强度不足或照射位置不正确,影响汽车行驶速度和行车安全,因此必须对前照灯进行检测和调整。

前照灯的发光强度是指光源在给定方向上所能发出的光线强度(单位:坎,符号为cd)。国家标准对汽车前照灯远光光束的发光强度有明确的要求,具体标准如表5-1所示。

前照灯远光光束发光强度要求 表5-1

车 辆 类 型	新注册机动车		在用机动车	
	两灯制	四灯制	两灯制	四灯制
汽车无轨电车	15000	12000	12000	10000
四轮农用运输车	10000	10000	8000	6000

注:采用四灯制的机动车其中两只对称的灯达到两灯制的要求时视为合格

前照灯的发光强度一般用前照灯检测仪进行检测。它利用光电池受光线照射后产生电动势,再由光度计来指示前照灯的发光强度。前照灯的发光强度高,光电池产生的电流大,光度计指示的值就高。

前照灯的光束照射位置是光轴中心相对于前照灯配光镜几何中心在垂直方向偏上或偏下、水平方向偏左或偏右的距离。对于对称配光特性的前照灯,一般把光束最亮区域的中心作为光轴中心,用此检测光束的照射位置。对于非对称配光特性的前照灯,一般以光束明暗截止线交点或中心作为光轴中心,用此检测光束照射位置。前照灯的远光一般都采用对称式配光,光形分布具有水平方向宽、垂直方向窄等特点。前照灯的近光,我国规定采用非对称式配光,光形分布是近光光束最亮部分向右下偏移,在配光屏幕上具有明显的明暗截止线。用屏幕可以检测前照灯的光束照射位置,国家标准对汽车前照灯光束照射位置的规定是:机动车在检验前照灯的近光光束照射位置时,被测车辆空载(允许乘坐一名驾驶员),轮胎气压正常,汽车正对屏幕10m处,光束明暗截止线转角或中心的高度应为$0.6H \sim 0.8H$(H为前照灯中心高度),其水平方向位置向左偏或向右偏均不得超过100mm。四灯制前照灯远光单束灯的调整,要求在屏幕上光束中心离地面高度为 $0.85H \sim 0.90H$,水平位置要求左灯向左或向右偏均不得大于 170mm。前照灯光束照射位置不符合规定要求时应利用上下、左右调整螺钉进行调整,装用远、近双丝灯的前照灯以调整近光光束为主。

用屏幕只能检测前照灯的光束照射位置,不能检测发光强度。目前,汽车维修企业和汽车检测站广泛采用前照灯检测仪来检测前照灯的发光强度和光束照射位置,据此来检验和调整汽车前照灯的发光强度和光轴偏斜量。前照灯检测仪检测前照灯的光束位置一般是将 4 块光电池组合在一起,位于上、下的光电池接有上下偏斜指示计,位于左、右的光电池接有作用偏斜指示计,当前照灯照射在光电池上后,上下偏斜指示计和左右指示计将发生摆动,据此可测出前照灯的光束照射位置。前照灯检测仪按测量方法不同分为聚光式、屏幕式、投影式、自动追踪光轴式、全自动式等多种,使用方法虽各不相同,但检测原理大同小异,具体的使用方法可以参考其说明书操作。目前应用较多的是全自动式检测仪。

5. 前照灯的电路

图 5-12 所示为 CA1091 型汽车的前照灯电路原理图。其电路主要由灯光开关、变光开关、前照灯继电器及前照灯组成。

1)灯光开关

灯光开关有拉钮式、旋转式和组合式等多种类型,现代汽车上用得较多的是将前照灯、尾灯、转向灯及变光等开关等制成一体的组合式开关,如图 5-13 所示。

该组合式开关是丰田汽车使用的组合开关,转动开关端部,便可依次接通尾灯(包括位灯)和前照灯,将开关向下压,便由近光变为远光,将开关向上扳,亦可变为远光,不同的是,松手后开关自动弹回近光位置,此位置用来作为夜间行车时的超车信号。前后扳动开关,可使左右转向灯工作。

2)变光开关

变光开关可以根据需要切换远光和近光。它有脚踏变光开关和组合式开光两种。普通脚踏变光开关结构如图 5-14 所示,当用脚踏动踏钮时,推杆推动转轮向一个方向转动 60°,从而交替接通远、近光。

目前车辆上多采用组合开关式变光开关,安装在转向盘下方,便于驾驶员操作。脚踏式变光开关已不多用。

3)前照灯继电器

前照灯的工作电流较大,特别是四灯制的汽车,如用车灯开关直接控制前照灯,车灯开关易烧坏,因此在灯光电路中设有灯光继电器。

图 5-15 所示为触点为常开式前照灯继电器的结构和引线端子,端子 SW 与前照灯开关相连,端子 E 接地,端子 B 与电源相连,端子 L 与变光开关相连。当接通前照灯开关后,继电器铁芯通电,触点闭合,通过变光开关向前照灯供电。

4)前照灯的电路原理

CA1091 型汽车前照灯采用四灯制,接通远光时,4 只前照灯远光灯丝全部点亮,同时仪表板上的远光指示灯点亮;接通近光时,只有外侧两只近光灯丝点亮。

该车的车灯开关有 4 个挡位,即示廓、关闭、示宽灯和前照灯等,7 个接线端,1 接电源,2 接灯光继电器线圈 SW,3 接前示宽灯,4 接仪表照明灯,5 接示廓灯,6 接电源,7 接停车示廓灯;变光开关有近光和远光两个挡位,3 个接线端,1 接灯光继电器触点 L 端,2 接近光灯,3 接远光灯。

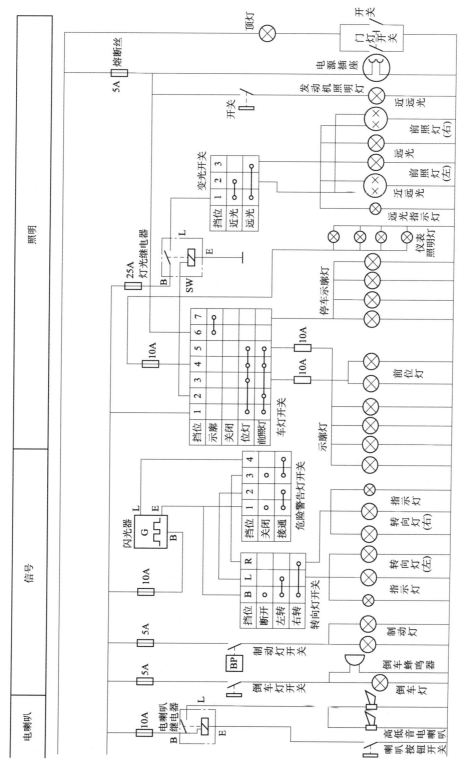

图 5-12 CA1091 汽车前照灯电路

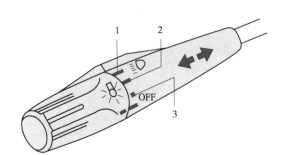
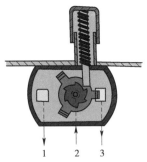

图 5-13　组合开关
1-前照灯位置；2-尾灯位置；3-保持位置

图 5-14　脚踏变光开关
1-近光；2-电源；3-远光

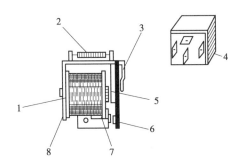
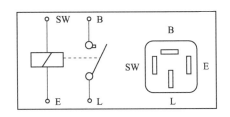

图 5-15　前照灯继电器
1-线圈；2-弹簧；3-限位卡；4-外形；5-衔铁；6-动触点；7-静触点；8-支架

当接通点火开关后，车灯开关 1 号接线柱通电，当灯光开关置于前照灯挡位时，1 号线与 2、4、5 号线接通，此时灯光继电器线圈通电，使灯光继电器触点闭合，前照灯点亮，此时可通过变光开关变换远、近光照明。

6. 可缩回式前照灯装置

可缩回式前照灯装置如图 5-16 所示，主要由灯光控制开关、变光开关、前照灯缩回装置控制继电器和前照灯缩回装置电动机四部分组成。

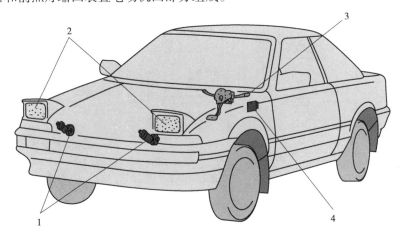

图 5-16　可缩回式前照灯装置的组成
1-前照灯缩回装置电动机；2-前照灯；3-灯光控制开关及变光开关；4-前照灯缩回装置控制继电器

前照灯缩回装置控制继电器由一块 IC 集成电路和两个继电器构成。两个内置继电器分别控制两个缩回装置电动机的电流，三极管分别控制这两个继电器（图 5-17）。

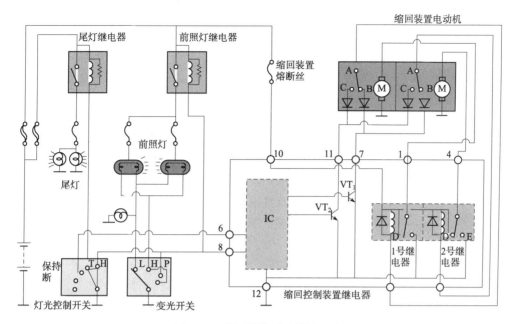

图 5-17 可缩回式前照灯的控制电路

前照灯缩回装置电动机通过曲柄连杆机构完成前照灯的上升和下降。连杆和曲柄装于前照灯和电动机之间,(如图 5-18 所示)当前照灯升到上限时,前照灯支撑片与前照灯支架上的止动器的接触,确保前照灯光轴处于正确位置。

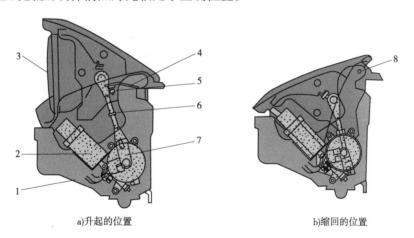

a) 升起的位置　　　　　　　　b) 缩回的位置

图 5-18 可缩回式前照灯的曲柄连杆机构

1-前照灯支架;2-前照灯缩回装置电动机;3-前照灯;4-支撑片;5-止动器;6-连杆;7-曲柄;8-枢轴

前照灯灯缩回装置电动机的结构如图 5-19 所示,电动机有电流经过时,带动蜗轮转动,蜗轮通过齿轮带动曲柄轴转动,使前照灯升起或缩回,每个缩回装置电动机中都装有由一个凸轮板和两对触点构成的限位开关,该限位开关可使缩回装置的电动机停止运转,同时还与 IC 一起控制两个三极管的通断,即前照灯缩回装置继电器内的内置继电器。限位开关有两对触点(A、B 和 A、C),前照灯升起时,A 和 C 连接,降下时,A 和 B 连接。

可缩回式前照灯装置的工作过程:如图 5-17 所示,缩回控制装置继电器的 IC 可根据端子 6 和端子 8 的变化,即灯光控制开关和变光开关的位置变化,控制 VT_1、VT_2 的通断并与限位开关相配合,控制缩回装置电动机的工作。具体端子 6 和端子 8 的状态与三极管的导通

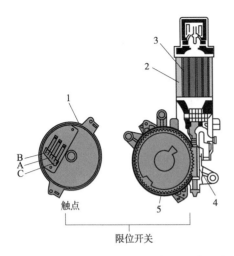

图 5-19 可缩回式前照灯的电动机及限位开关
1-蜗轮壳盖；2-磁铁；3-电枢；4-蜗轮蜗杆；5-凸轮板

的关系如表 5-2 所示。

以前照灯的升起为例：此时前照灯处于降下状态，限位开关的 A 和 B 连接，灯光控制开关由 OFF（断开）至 HOLD（保持）位置，此时端子 6 由断开变为接地，端子 8 仍断开，缩回装置电动机不工作，前照灯仍处于降下位置。当灯光控制开关由 HOLD（保持）至 TAIL（尾灯）位置，此时端子 6 和 8 的状态未变，即端子 6 仍接地，端子 8 仍断开，缩回装置电动机仍不工作，前照灯仍处于降下位置。此时尾灯继电器电路接通，于是尾灯点亮。当灯光控制开关由 TAIL（尾灯）至 HEAD（前照灯）位置，此时端子 6 由接地变为断开，端子 8 由断开变为接地，VT_1 接通，VT_2 仍截止，此时尾灯继电器、前照灯继电器电路均接通，于是尾灯、前照灯均点亮。

端子 6 和端子 8 的状态与三极管的导通的关系　　　　表 5-2

端子 6 状态	端子 8 状态	三极管 Tr_1	三极管 Tr_2
搭铁	断开	截止	截止
断开	搭铁	导通	截止
断开	断开	截止	导通
搭铁	搭铁	导通	截止

Tr_1 导通时，电流自蓄电池正极→端子 10→1 号、2 号继电器线圈→端子 2、5→限位器触点 A、B→端子 7→VT_1→端子 12→接地→蓄电池负极，形成回路。使 1 号、2 号继电器线圈产生电磁吸力，迫使各自继电器触点由 E 侧转向 D 侧，就有电流自蓄电池正极分别流过两个内置继电器的触点 D、端子 1、端子 4，经两个缩回装置电动机接地，使两个缩回装置电动机工作，于是前照灯升起。当前照灯升至极限位置时，限位开关内的触点连接由 A、B 转变成 A、C，由于 VT_2 处于截止状态，内置继电器线圈无电流通过。在弹力作用下，两个内置继电器触点由 D 侧转向 E 侧，使缩回装置电动机停止工作，在此过程中，Tr_1 接通 10s。

如果将变光开关拉起至 FLASH（闪烁）位置时，则端子 8 由断开到搭铁，具体的工作过程分析同上。

7. 前照灯的电子控制装置

为了提高汽车行驶的安全性和方便性，很多新型车辆采用了电子控制装置对前照灯自动控制。

1）前照灯会车自动变光器

前照灯自动变光器的光敏器件一般安装于通风栅之后散热器之前，当 150~200m 以外对方车辆发出灯光信号时，本车能够自动地将远光变为近光，避免了给对方驾驶员带来的眩目，两车交会后，又可自动恢复为远光，同时仍保留脚踏式机械变光开关。

2）前照灯昏暗自动发光器

这种昏暗自动发光器的作用是在汽车行驶过程中（并非夜间行驶），当汽车前方自然光的强度减低到一定程度,如:汽车通过高架桥、林荫小道、树林、竹林,或天空突然乌云密布等,发光器便自动将前照灯电路接通,开灯行驶以确保行车安全。

该装置早已作为美国通用和克莱斯勒汽车公司的轿车选装件,一般安装在汽车仪表板上,这种轿车的灯光控制开关设有自动挡位。

3)灯光提示警报系统及或自动关闭系统

这种系统的作用是:当点火开关关闭,但是驾驶员忘记关闭灯光控制开关时,能够自动发出警报,警告驾驶员关闭前照灯和尾灯,或者自动关闭灯光。

4)前照灯自动关闭延时器

前照灯自动关闭延时器是一种自动关闭前照灯的控制装置,当汽车停驶时,为驾驶员下车离开提供一段照明时间。

在有些汽车上还装有 DRL 系统,可以自动减弱前照灯在白天使用时的发光强度,以延长灯泡的使用寿命,降低电能的消耗。另外有些汽车的行李舱里装有灯光损坏传感器,可以在前照灯、尾灯或制动灯等灯泡损坏时,发出警报,提醒驾驶员。

  任务实施

一、前照灯的更换

1. 更换前照灯卤素灯泡

现代大多数车型普遍采用卤素灯泡的前照灯,当卤素灯泡烧坏时,拆下前照灯的电线和插头,取下防尘盖、橡胶灯座和烧坏的卤素灯泡,如图 5-20 所示。然后按拆卸时相反的顺序将灯泡装复。

2. 更换氙气灯灯泡

拆卸方法:逆时针转动后拆下氙气式前照灯的插头和固定圈,如图 5-21 所示。

安装方法:将固定圈装到带两个槽(箭头)的氙气式灯上的定位凸起上,顺时针转动以固定,接好插头并装上壳体盖,如图 5-22 所示。

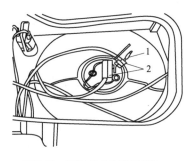

图 5-20 拆卸卤素前照灯灯泡
1-弹簧夹;2-卤素前照灯灯泡插头

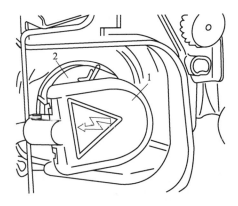

图 5-21 拆卸氙气式前照灯
1-氙气式前照灯插头;2-固定圈

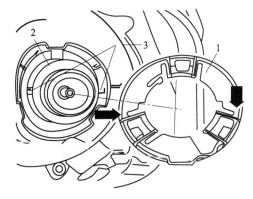

图 5-22 安装氙气式灯泡
1-固定圈;2-氙气式灯泡;3-定位凸起

二、照明系统的常见故障诊断与排除

汽车前照灯的故障,不外乎灯泡不亮,灯光发暗红。究其原因,大多数是因为灯丝烧断、电路断路或搭铁、灯座接触不良、开关损坏或失控所致。

1. 前照灯远、近光均不亮

(1)故障现象:接通车灯开关至2或3挡时,示宽灯和仪表正常,前照灯远近光灯均不亮。

(2)故障原因:灯泡损坏、熔断器熔断、灯光开关或继电器损坏及线路断路或短路等。

(3)故障诊断:将车灯开关接至前照灯挡位,用试灯检查变光开关的"火线"接柱。若试灯不亮,用试灯检查车灯开关相应接柱;若试灯亮,表明两开关之间的导线断路;若试灯不亮,表明车灯开关损坏。检查变光开关接线柱时,若试灯亮,为变光开关损坏。用导线分别连接变光开关的"火线"接柱与远、近光灯线接柱,此时,远近灯均应点亮。

2. 远光灯不亮

(1)故障现象:打开前照灯变光时,只有远光。

(2)故障原因:变光器损坏、线路断路或短路、灯丝烧断、灯座接触不良。

(3)故障诊断:先将车灯开关接至前照灯挡,接通变光开关,查看远光指示灯。若指示灯亮,表明远光灯线接点至线束导线断路,或者两远光灯丝烧坏。可在左或右接线板远光灯接线柱上用试灯检查:试灯亮,为两远光灯丝烧坏;试灯不亮,为远光指示灯线至线束导线断路。若指示灯不亮,先检查远光指示灯技术状况。若良好,连接变光灯的"火线"接柱和远光线接柱,观察前照灯及远光指示灯:亮,表明变光开关损坏;仍不亮,表明远光指示灯线结点至变光开关之间导线断路。

3. 近光灯不亮

(1)故障现象:打开车灯开关,近光灯不亮。

(2)故障原因:变光器损坏、线路断路或短路、灯丝烧断、灯座接触不良。

(3)故障诊断:将车灯开关打开,连接变光灯开关的"火线"接柱和近光灯线接柱,观察前照灯:亮,为变光开关损坏;仍不亮,为变光开关至线束导线断路或两近光灯丝烧坏。可在左或右接线板近光灯接线柱上用试灯检查:试灯亮,为近光灯丝烧坏;试灯不亮,为变光开关至线束导线断路。

4. 前照灯发光强度低

(1)故障现象:打开车灯开关,前照灯亮度不够。

(2)故障原因:交流发电机输出电压低、插接件接触不良、搭铁不良。

(3)故障诊断:在发动机中速以上运转时,测量发电机的输出电压。如果正常,检查有关插接件,若松动就及时拧紧。若正常,应检查前照灯灯座搭铁处是否良好,若接触不好,应除锈,并拧紧前照灯与车架之间的搭铁线。

5. 示宽灯、尾灯和仪表灯均不亮

(1)故障现象:灯光开关接至1挡时,示宽灯、尾灯和仪表灯均不亮。

(2)故障原因:灯光开关损坏、线路断路、熔断器熔断、插接器松脱、灯泡灯丝断。

(3)故障诊断:首先检查熔电器是否损坏。若损坏,更换熔断器后开灯检查熔断器是否再次熔断。若再次熔断,可能是线路或开关有短路故障,可采用断路检查法进行检查。若正常,可检查灯光开关相应的接柱上的电压是否正常。若电压不正常,则可能是灯光开关相应的档位损坏。若电压正常,则应检查相应的灯泡是否损坏。

班级			
学习情境五:汽车前照灯不亮故障检修	姓名		学号
工作任务一:汽车照明系统检修	日期		评分

一、工作单内容

熟悉汽车前照灯结构及工作电路,诊断照明系统的常见故障。

二、准备工作

说明:每位学生应在工作任务实施前独立完成准备工作。

1. 记录实验车辆的信息

制造年份	制造商	型号	发动机类型	VIN 码

2. 设备、工具准备:实训车/台架、维修手册、全车电器电路图、数字万用表、跨接线。

3. 在下图方框中,写出汽车照明系统前、后组合灯各灯的名称。

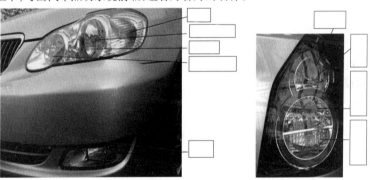

4. 以桑塔纳2000轿车为例,阅读教材,请介绍汽车照明系统控制电路的特点。

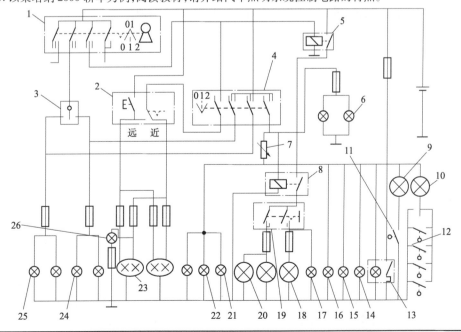

(1)前照灯 23 的控制电路:

(2)前雾灯 20 的控制电路:

(3)后雾灯 18 的控制电路:

三、任务实施
1. 前照灯的检测
(1)前照灯的检测是对前照灯光束的_____和_____(发光强度)进行检验。目前的检验方法有两种,即_____和_____。
(2)请简述屏幕检测法的操作步骤。

2. 前照灯故障检修
(1)记录故障现象_____。
(2)查阅维修手册,识读全车电器电路图,画出前照灯控制电路原理图。

(3)结合实物及前照灯控制电路原理图,分析故障原因。

(4)识读电路图,制订故障诊断方案。

(5)记录检测结果_____。
(6)写出故障排除方法,并排除故障。

3.雾灯故障检修
(1)记录故障现象_____。
(2)查阅维修手册,识读全车电器电路图,画出雾灯控制电路原理图。

(3)结合实物及雾灯控制电路原理图,分析故障原因。

(4)识读电路图,制订故障诊断方案。

(5)记录检测结果_____。
(6)写出故障排除方法,并排除故障:

四、工作小结
通过此工作任务的实施,各小组集中完成下述工作。
1.通过本任务的学习,描述汽车前照灯的常见故障原因。

2.对本项工作任务有哪些好的建议和意见?

工作任务二 汽车信号系统检修

任务概述

1. 应知应会

(1)熟悉汽车信号系统在车上的安装位置。
(2)掌握汽车信号系统的作用、组成及控制。
(3)熟悉汽车信号系统常见故障形式。

2. 学习要求

(1)能够对汽车信号系统进行拆卸和安装。
(2)能够分析汽车信号系统的系统电路图。
(3)能够排除汽车信号系统的常见故障。

相关知识

一、转向信号灯及闪光器

1. 转向信号灯

当汽车要驶离原方向,需接通左侧或右侧转向信号灯,以提醒其他车的驾驶员,转向信号灯的组成如图5-23所示,主要包括开关、信号灯和闪光器,其中闪光器是主要器件。当遇有特别情况时,所有转向信号灯应同时闪烁,作为危险警告信号。

图5-23 转向信号灯示意图及开关

2. 闪光器

转向信号闪光器是使转向信号灯按一定时间间隔闪烁的器件,转向信号闪光器可根据不同的原理运作。目前使用的闪光器主要有电热式、电容式、电子式。由于电子式闪光器具有性能稳定、可靠性高、寿命长的特点,已获得广泛应用。

1)电热式闪光器

图5-24所示为电热式闪光器的结构原理图。该闪光器串联在电源与转向灯开关之间,有两接头,分别接电源和转向灯开关。当汽车转向时,接通转向开关,电流从蓄电池"+"极→附加电阻→电热丝→触点臂→转向开关→转向灯及仪表指示灯(左或右)→搭铁→蓄电池"-"极,构成回路。由于附加电阻和电热丝串联在电路中,使电流较小,故转向灯不亮。经短时间电热丝(镍铬丝)发热膨胀,使触点闭合,此时电流由蓄电池"+"极→线圈→触点→转向开关→转向灯及转向指示灯(左或右)→搭铁→蓄电池"-"极,构成回路。由于此时附加电阻和电热丝被短路,且线圈中产生的电磁吸力使触点闭合更紧,电路中电阻小电流大,转向灯发出较亮的光。由于此时无电流流经电热丝而使其冷却收缩,又打开触点,附加电阻和电热丝又重新串入电路,灯光变暗,如此反复,使转向灯明暗交替,示意行驶方向,闪光频率(60~90次/min)可通过调整电热线的电热丝拉力和触点间隙来进行。

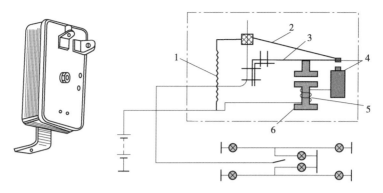

图 5-24 电热式闪光器的外形和电路图
1-附加电阻;2-电热线;3-触点臂;4-触点;5-线圈;6-电磁铁

2) 电容式闪光器

图 5-25 所示为电容式闪光器的结构原理图。它也是串联在电源开关和转向灯开关之间,有两接柱(B 和 L),分别接电源开关和转向灯开关。汽车转向时接通转向开关 8,电流经蓄电池"+"极→电源开关 11→接线柱 B→线圈 3→常闭合触点 1→接线柱 L→转向灯开关→转向灯及转向指示灯→搭铁→蓄电池"-"极,构成回路,此时线圈 4、电容 7、电阻 5 被触点 1 短路,而流经线圈 3 所引起的吸力大于弹簧片 2 的作用力,将触点 1 迅速打开,转向灯处于暗的状态(尚未来得及亮)。触点 1 打开后,蓄电池开始向电容器 7 充电,其回路为:→蓄电池"+"极→电源开关 11→接线柱 B→线圈 3→线圈 4→电容 7→转向灯开关 8 转向灯及转向指示灯(左或右)→搭铁→蓄电池"-"极。由于线圈丝电阻较大,使充电电流较小,仍不足以使转向灯亮。与此同时,线圈 3、4 产生的电磁吸力方向相同,使触点 1 继续打开,随着电容器 C 两端电压升高,充电电流逐渐减小,电磁吸力也减小,在弹簧片作用下,触点 1 闭合。触点 1 闭合后,电源通过线圈 3、触点 1、经转向开关 8 向转向灯供电,电容器经线圈 4、触点 1 放电。由于此时线圈 3 和线圈 4 方向相反,产生的电磁吸力减小,不足以使触点 1 打开,此时转向灯亮。随着电容器两端电压下降,流经 4 的电流减少,产生的退磁作用减弱,线圈 3 产生的电磁吸力又将触点 1 断开,转向灯变暗。蓄电池再次向电容器充电,如此反复,使转向灯以一定的频率闪烁。

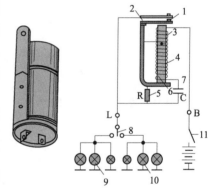

图 5-25 电容式闪光器外形和结构原理图
1-触点;2-弹簧片;3-串联线圈;4-并联线圈;5-灭弧电阻;6-铁芯;7-电容器;8-转向灯开关;9-左转向信号灯;10-右转向指示灯;11-点火开关

3) 电子式闪光器

电子闪光器可分为触点式(带继电器)和无触点式(不带继电器),不带继电器的电子闪光器又称为全电子式闪光器。

(1) 带继电器触点式晶体管闪光器。

如图 5-26 所示,当接通电源开关和转向灯开关后,主线路为蓄电池"+"极→电源开关 SW→接线柱 B→R_1→继电器 J 的触点→接线柱 S→转向开关→转向灯及转向指示灯(左或右)→搭铁→蓄电池"-"极,转向灯亮。当继电器 J 的触点闭合时,转向灯亮,触点断开时,转向灯灭,而触点的闭合与否取决于三极管的导通状况,电容 C 的充放电使三极管反复导通截止,这样触点也就时通时断,使转向信号灯闪烁发光。

(2)不带继电器无触点式晶体管闪光器。

无触点晶体管闪光器又称全电子式闪光器,即把触点式晶体管闪光器中的继电器去掉,采用大功率晶体管来取代原来的继电器,如图5-27所示。本闪光器电路的振荡部分实际上是一个典型的非稳态多谐振荡器,其电路结构对称,也就是说,$R_1 = R_4$、$R_2 = R_3$、$C_1 = C_2$,VT_1与VT_2为同型号的晶体三极管,且其参数相同。闪光器的输出级采用一只大功率三极管VT_3。当VT_3导通时,可将转向灯电路接通,使灯点亮;当VT_3截止时,转向灯电路被切断而使灯变暗,从而发出频率为70~90次/min的闪光信号。

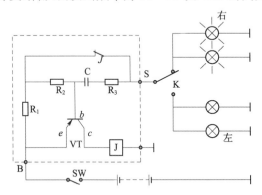

图5-26 带继电器触点式晶体管闪光器电路

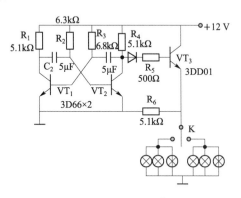

图5-27 不带继电器无触点式晶体管闪光器电路

二、制动信号灯

制动信号灯安装在车辆尾部,通知后面车辆该车正在制动,以避免后面车辆与其后部相撞,其简化电路如图5-28所示。

由电路图可知,制动信号灯由制动开关信号灯控制,从控制的方式不同制动信号灯开关可分为:气压式、液压式和机械式三种。其中气压式和液压式制动开关一般装于制动管路中,工作情况都是利

图5-28 制动信号灯电路示意图

用气压或液压使开关中两接柱相连,从而导通制动信号灯电路,这两种开关经常在载货车上使用。小型轿车经常使用机械式开关,一般安装于制动踏板下方,当踩下制动踏板时,制动开关内的活动触点便将两接住接通,使制动灯点亮;当松开踏板后,断开制动灯电路。

1. 液压式制动信号灯开关

如图5-29所示为液压式制动信号灯开关,用于采用液压制动系统的汽车上,装在液压制动主缸的前端,或制动管路中。当踩下制动踏板时,由于制动系统的压力增大,膜片2向上弯曲,接触桥3同时接通接线柱6和接线柱7,使制动信号灯通电点亮。松开制动踏板时,制动系统压力降低,接触桥3在复位弹簧4的作用下复位,制动信号灯电路被切断。

2. 气压式制动信号灯开关

图5-30所示为气压式制动开关,用于采用气压制动系统的汽车,通常被安装在制动系统的气压管路上。制动时,制动压缩

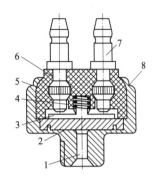

图5-29 液压式制动信号灯开关
1-通制动液;2-膜片;3-接触桥;
4-弹簧;5-胶木底座;6、7-接线柱;
8-壳体

空气推动橡胶膜片向上弯曲,使触点闭合,接通制动信号灯电路。

3. 机械式制动信号灯开关

机械式制动信号灯开关是一种较为常用的制动开关,装在制动踏板的后面,如图 5-31 所示。当踏下制动踏板时,开关闭合,制动信号灯点亮。

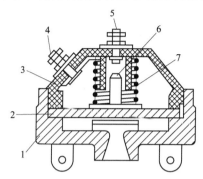
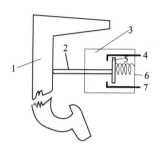

图 5-30　气压式制动信号灯开关
1-壳体;2-膜片;3-胶木盖;4、5-接线柱;
6-触点;7-弹簧

图 5-31　机械式制动信号灯开关
1-制动踏板;2-推杆;3-制动信号灯开关;
4、7-接线柱;5-接触桥;6-复位弹簧

4. 制动信号灯电路

制动信号灯电路一般不受点火开关控制,直接由电源、熔断丝到制动信号灯开关。制动信号灯电路根据尾灯的组合形式有三灯的组合式尾灯和双灯的尾灯。

在三灯的组合式尾灯中采用单丝灯泡,每个灯泡只有一个功能,随着功能的增加,尾灯灯泡的数量还要增加,如图 5-32 所示。在双丝灯泡中,大功率的灯丝既用于制动信号灯,也用于转向信号灯。

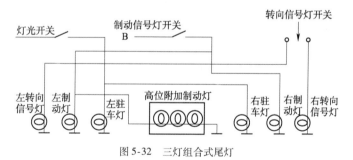

图 5-32　三灯组合式尾灯

三、倒车灯与倒车蜂鸣器

倒车灯安装于车辆尾部,给驾驶员提供额外照明,使其能够在夜间倒车时看清车的后部,也警告后面车辆,该车驾驶员想要倒车或正在倒车。当点火开关接通变速器换至倒车挡时,倒车灯点亮,其简化电路如图 5-33 所示。

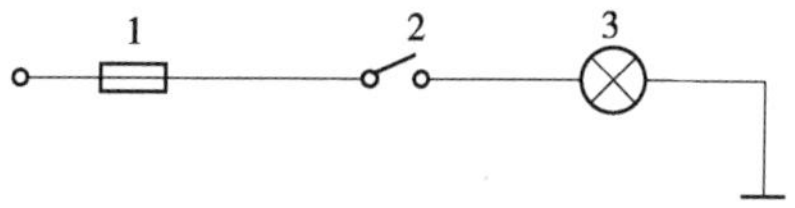

倒车开关装在变速器盖上,为了提醒后面行人或车辆注意,有些车上装有倒车蜂鸣器。

图 5-33　倒车灯电路示意图
1-熔断丝;2-倒车灯开关;3-倒车灯

1. 倒车灯开关

倒车灯开关的结构如图 5-34 所示。倒车灯开关一般安装在变速器上,钢球 8 平时被倒车挡叉轴顶起,而当变速杆拨至倒车挡时,倒车挡叉轴上的凹槽对准钢球 8,钢球 8 被松开,在弹簧4的作用下,触点5闭合,将倒车信号电路接通。

2. 倒车灯与倒车蜂鸣器电路

倒车信号灯电路如图5-35所示。其工作原理如下:倒车时,安装在变速器上的倒车灯开关2闭合,倒车灯3亮;同时,电流经继电器7中的触点4到蜂鸣器5,使蜂鸣器5发出响声。此时,线圈L_1和L_2中均有电流通过,流经L_2的电流同时向电容器6充电,由于流入L_1和L_2的电流大小相等,方向相反,产生的磁通量互相抵消,故触点4继续闭合。随着电容器6两端电压逐渐升高,L_2中的电流逐渐减小,当L_1中磁通量大于L_2的磁通量一定值时,磁吸力大于弹簧弹力,触点4打开,蜂鸣器5停止鸣响。

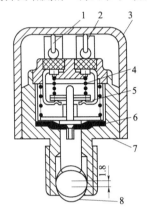 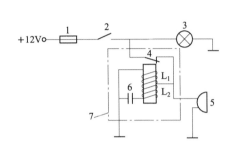

图5-34 倒车灯开关的结构　　　　　图5-35 倒车信号灯电路
1、2-接线柱;3-外壳;4-弹簧;5-触点;　　1-熔断器;2-倒车灯开关;3-倒车灯;4-触点;5-蜂鸣器;
6-膜片;7-底座;8-钢球　　　　　　　　6-电容器;7-继电器

触点4打开后,电容器6经L_1和L_2放电,使L_1和L_2中的电流方向相同,电磁力方向相同,触点4继续打开;当电容器两端的电压下降到一定值时,磁吸力小于弹簧弹力,触点4又重新闭合,蜂鸣器5又鸣响。电容器6又开始充电,重复上述过程。如此可知,蜂鸣器5是利用电容器6的充电和放电,使L_1和L_2的磁场时而相加、时而相减,使触点4时开时闭,从而控制电磁振动式蜂鸣器间歇发声,以警告行人和其他车辆的驾驶员注意。

在倒车时,倒车灯不受继电器控制,一直发亮,在夜间时,倒车灯还兼有照明作用。

四、电喇叭

汽车上一般采用电喇叭,它具有结构简单、使用维修方便、体积小、声音悦耳等优点。汽车电喇叭按外形分有螺旋形、筒形和盆形等三种;按声音分为高音和低音两种;接线方式分有单线和双线两种。

1. 电喇叭的结构与原理

电喇叭的原理基本相同,如图5-36所示为盆形电喇叭结构图。其原理如下:

按下电喇叭按钮10,电喇叭内部电路接通,电路为:蓄电池正极→线圈2→触点7→电喇叭按钮10→搭铁→蓄电池负极。线圈2通电后产生电磁力,吸动上铁芯3及衔铁6下移,使膜片向下弯曲。衔铁6下移将触点7顶开,线圈2电路被切断,其电磁力消失,上铁芯3、衔铁6及膜片4在触点臂和膜片4自身弹力的作用下复位,触点7闭合。触点7闭合后,线圈2通电产生电磁力吸引上铁芯3和衔铁6下移,再次将触点7顶开。如此循环,使上铁芯3与下铁芯1不断碰撞,产生一个较低的基本频率,并激励膜片4与共鸣板5产生共鸣,从而发出比基本频率强且分布比较集中的谐音。

为了得到较为和谐悦耳的声音,在汽车上一般装有高、低音两个电喇叭。由于电喇叭工作电流较大,为保护电喇叭按钮,一般在电喇叭电路中设有电喇叭继电器,电喇叭的应用电路如图5-37所示。

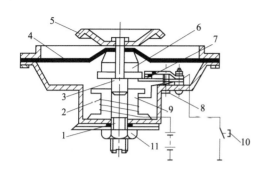

图5-36 盆形电喇叭的结构图
1-下铁芯;2-线圈;3-上铁芯;4-膜片;5-共鸣板;
6-衔铁;7-触点;8-调整螺钉;9-电磁铁芯;10-按钮;11-锁紧螺母

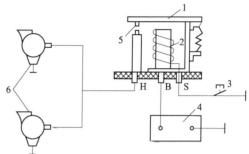

图5-37 电喇叭的应用电路
1-触点臂;2-线圈;3-电喇叭按钮;4-蓄电池;5-触点;
6-电喇叭

当按下电喇叭按钮3时,线圈2通电,产生的电磁力使触点5闭合,接通电喇叭电路而使电喇叭发声。电喇叭电路为:蓄电池正极→熔丝→接线柱B→触点臂1→触点5→接线柱H→电喇叭→搭铁→蓄电池负极。电喇叭工作电流不经电喇叭按钮,从而保护了电喇叭按钮。

2. 电喇叭的调整

电喇叭的调整包括音调调整和音量调整两部分,以盆形电喇叭为例,如图5-38所示。

1)音调调整

音调的高低取决于膜片的振动频率。盆形电喇叭通过改变上、下铁芯之间的间隙就可改变膜片的振动频率。将上、下铁芯之间间隙调小,可提高电喇叭的音调。调整方法是:松开锁紧螺母,旋转铁芯,调至合适的音调时,旋紧锁紧螺母即可。

2)音量调整

电喇叭的音量与通过电喇叭线圈的电流的大小有关,电喇叭的工作电流大,电喇叭发出的音量也就大。电喇叭线圈电流可以通过改变电喇叭触点的接触压力来调整。压力增大,流过电喇叭线圈的电流增大,电喇叭音量增大,反之音量减小。调整时不要过急,每次调整1/10圈。

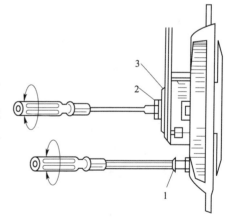

图5-38 盆形电喇叭的调整
1-音量调整螺钉;2-音调调整螺钉;3-锁紧螺母

任务实施

1. 准备工作

(1)一辆汽车及所配汽车的维修手册、数字万用表、常用工具。

(2)强调实训中的安全注意事项。

2. 信号灯光常见故障及排除

汽车上的灯光信号大体上有两种：一是闪烁信号；二是持续信号。常见故障是信号灯不亮和信号灯不能正常工作。信号灯不亮可按前面所述故障排除办法检修。闪光信号其他故障与排除方法见表5-3。

闪光灯信号故障与排除方法　　　　　　　表5-3

故障现象	原　　因	排　除　方　法
两侧转向灯同时点亮	转向开关失效	检查转向开关
两侧转向灯闪烁频率不同	1. 两侧灯泡的功率不等； 2. 有灯泡坏	检查灯泡型号
转向灯常亮不闪烁	1. 闪光器损坏； 2. 接线错误	检查闪光器及电路接线
闪频过高或过低	1. 灯泡功率不当； 2. 闪光器工作不良，触点间隙过大或过小； 3. 电源电压过高或过低	1. 检查灯泡； 2. 更换闪光器，调整触点； 3. 调整电压调节器

1）转向灯开关置到左侧或右侧时，转向指示灯闪烁比正常情况下快

这种故障现象说明这一侧的转向灯灯泡有烧坏的，或转向灯的接线、搭铁不良。排除方法：若灯泡烧坏，则更换灯泡；若接线、搭铁不良，则酌情处理。

2）左、右转向灯均不点亮

这种故障的原因可能是熔丝烧断、闪光器损坏、转向灯开关出现故障，或线路有断路的地方。检查方法如下：

（1）检查熔丝，断了更换。

（2）检查闪光器，将闪光器的两个接线柱B、L短接，转动转向灯开关，转向信号灯若亮，说明闪光器损坏，需要更换。

（3）若以上正常，检查转向灯开关及其接线，酌情修理或更换。

左、右转向灯均不点亮，除以上检查方法外，还可以先打开危险报警开关。若左、右转向灯仍不点亮，说明闪光器有故障。

3. 电喇叭的故障与排除

1）电喇叭音量小

故障原因是电喇叭触点烧蚀，电喇叭搭铁不良。排除方法：电喇叭触点烧蚀，更换电喇叭；搭铁不良，视情处理。对于螺旋（蜗牛）形电喇叭，使用中不要进水，安装时注意方向，开口朝下。

2）电喇叭不响

故障原因是熔丝断、继电器或电喇叭按钮有故障。先检查熔丝、电喇叭搭铁情况及线路连接，以上情况都正常时进行下列检查。

（1）将继电器"S"接线柱直接搭铁，若电喇叭响，说明电喇叭按钮有故障，可能是电喇叭按钮搭铁不良，需处理；若电喇叭仍不响，进行下一步。

（2）将继电器上的"B"与"H"接线柱短接，若电喇叭响，说明继电器有故障，更换继电器；若仍不响，可能是继电器到电喇叭之间的线路有故障。

任务工作单

	班级			
学习情境五:汽车前照灯不亮故障检修	姓名		学号	
工作任务二:汽车信号系统检修	日期		评分	

一、工作单内容

熟悉汽车转向信号灯与电喇叭的结构及工作电路,诊断信号系统的常见故障。

二、准备工作

说明:每位学生应在工作任务实施前独立完成准备工作。

1. 记录实验车辆的信息

制造年份	制造商	型号	发动机类型	VIN码

2. 设备、工具准备:实训车/台架、维修手册、全车电器电路图、数字万用表、跨接线。

三、任务实施

1. 转向灯故障检修

(1)记录故障现象。

(2)查阅维修手册,画出转向灯控制电路原理图。

(3)结合实物及转向灯控制电路原理图,分析故障原因。

(4)识读电路图,制定故障诊断方案。

(5)记录检测结果_____。

2. 检测法的操作步骤

(1)绘制电喇叭电路图。

(2)根据修理手册,制定检测、拆解及更换电喇叭的步骤。

(3)试述电喇叭的调整过程。

四、工作小结

通过此工作任务的实施,各小组集中完成下述工作。

1. 通过本任务的学习,对比常见闪光器的特点。

2. 对本项工作任务有哪些好的建议和意见?

学习情境六　车速表指示异常故障检修

> **情境概述**
>
> 本学习情境主要介绍汽车仪表和报警系统的类型、结构及工作原理,汽车仪表和报警系统的检测与维护方法及车速表指示异常故障的诊断及排除方法。根据岗位职业能力的要求,本情境共安排了两个真实的工作任务。
>
> ## 一、职业能力分析
>
> 通过本情境的学习,期望达到下列目标。
>
> **1. 专业能力**
>
> (1)熟悉各种汽车仪表和报警系统在车上的安装位置。
>
> (2)熟悉汽车仪表和报警系统的组成、电路及工作原理。
>
> (3)掌握各主要部件在车上的拆装方法;前照灯的调整方法。
>
> (4)掌握汽车仪表和报警系统的正确使用与维护方法。
>
> (5)掌握汽车仪表和报警系统常见故障的诊断排除方法。
>
> **2. 社会能力**
>
> (1)通过分组活动,培养团队协作能力。
>
> (2)通过规范文明操作,培养良好的职业道德和安全环保意识。
>
> (3)通过小组讨论、上台演讲评述,培养与客户的沟通能力。
>
> **3. 方法能力**
>
> (1)通过查阅资料、文献,培养个人自学能力和获取信息能力。
>
> (2)通过情境化的工作任务活动,掌握解决实际问题的能力。
>
> (3)填写任务工作单,制订工作计划,培养工作方法能力。
>
> (4)能独立使用各种媒体完成学习任务。
>
> ## 二、学习情境描述
>
> 一车主到汽车4S店反映,他的汽车车速表指示异常,并伴有其他报警灯闪烁。经初步诊断,发现为车速表线路故障。为了正确地使用、维护汽车仪表及报警系统,作为汽车维修人员必须全面认识汽车仪表级报警系统的结构与工作原理。
>
> ## 三、教学环境要求
>
> 学习情境要求在理实一体化专业教室和专业实训室完成。要求配备仪表和报警系统异常的小型车辆4辆;检测诊断仪器和拆装工具4套。同时提供相关车辆的汽车维修

手册、使用说明书;可以用于查询资料的电脑、任务工作单、多媒体教学设备、课件和视频教学资料等。

将学生分成4个小组,各组独立完成相关的工作任务,并在教学完成后提交任务工作单。

工作任务一　汽车仪表系统检修

 任务概述

1. 应知应会
(1)熟悉汽车各仪表系统的结构、作用、类型和工作原理。
(2)熟悉汽车各仪表系统的电路图。
(3)熟悉汽车各仪表系统常见故障形式。

2. 学习要求
(1)能够对汽车组合仪表进行拆装。
(2)能够分析汽车仪表系统的电路图。
(3)能正确检修汽车组合仪表。

 相关知识

汽车仪表是驾驶员掌握车辆各种状况,并能及时发现和排除潜在的故障,在驾驶员座位前方的仪表板上装有各种仪表、报警灯和警示灯等。这些仪表除应具有结构简单、工作可靠、耐震、抗冲击性好等优点外,仪表的显示数字还必须准确,在电源电压波动时引起的变化应尽可能小,而且不随周围温度的变化而改变。

现代汽车大多采用各种组合仪表。组合仪表将车速里程表、冷却液温度表、燃油表、机油压力表、发动机转速表等不同的仪表表芯、指示灯和报警灯等安装在同一外壳内组合而成。具有结构紧凑、体积小、便于安装和组合接线等特点,容易实现仪表的多功能要求。组合仪表中的仪表可单独更换,各种指示灯、报警灯和仪表灯的灯泡从组合仪表总成外部可单独更换。

汽车仪表按其工作原理分为机电模拟式仪表和电子式仪表。机电模拟式仪表在汽车上应用最为广泛,但随着汽车电子技术的不断发展,近年来电子仪表在汽车上,特别是高档轿车上的应用越来越多。

图6-1所示为桑塔纳2000轿车用组合仪表,仪表板上有燃油表、冷却液温度表、车速里程表、发动机转速表以及发动机冷却液温度过高、机油压力不足、制动系统等报警灯和转向、充电、远光等指示灯。

一、机油压力表

机油压力表是监控发动机机油道内机油压力的装置,因为机油压力是决定发动机能否运转的重要因素,发动机机油压力偏低会造成发动机大小轴瓦烧毁,严重缺油会使发动机出现过热和汽缸拉毛等故障,机油压力是监视发动机在运转时的重要信息。目前进口汽车基本上已取消了机油压力表而用机油报警灯代替,大多数国产汽车还同时装有机油压力表和机油报警灯。

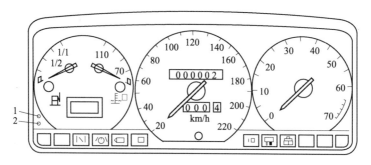

图 6-1　桑塔纳 2000 型轿车组合仪表
1-分调整钮;2-时调整钮

常见的机油压力表有电热式、电磁式、弹簧管式和压晶式 4 种形式。机油压力表最常用的为电热式油压表,它又称为双金属片式机油压力表。

图 6-2 所示为电热式机油压力表。其结构特点是膜片 2 的下端与主油道相通,一定压力的机油作用在膜片 2 上使膜片变形向上突起,膜片上方装有弹簧片 14。它的一端与搭铁相固定,另一端为触点,触点与双金属片 4 上绕的热电阻触点相接,热电阻与接触片 7 相通。压力表的双金属片 11 压动压力表指针 12,双金属片 11 的伸张和收缩的变形程度使表针摆动幅度有大有小。双金属片 11 的温度决定了指针 12 的摆动位置的大小,而双金属片 11 的通电时间又取决于触点的接触时间,触点的接触时间又取决于触点 3 所处的位置。当油道系统压力偏高,膜片被挤压凸起,触点 3 升高,双金属片 4 的热绕组必须加热时间较长才能使双金属片变形大,触点 3 才能分离,反之,机油压力小,膜片变形小,触点 3 易分离,双金属片的绕组加热时间短。触点 3 不断跳动,机油压力表的指针就随机油油路内的压力变化而变化小。大型汽车上(如国产解放等车型)仍用电热式机油、压力表系统。由于该系统是机械和双金属片控制仪表,受地球重力和温度影响很大,为了保证仪表的灵敏度;在安装压力传感器时,传感器外壳上的↑箭头符号中的"↑"必须朝上,误差不能大于 30°。

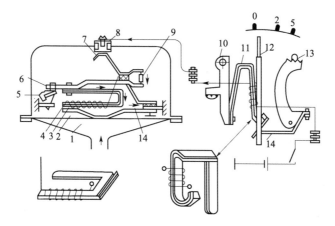

图 6-2　电热式机油压力表
1-油腔;2-膜片;3-触点;4、11-双金属片;5-调节齿轮;6-悬臂铜片支架;7-接触片;8-接线柱;9-电阻;10、13-调节扇齿;12-指针;14-弹簧片

二、水温表及温控开关

发动机冷却液温度是发动机能正常运转和减小机件磨损以及发动机混合气正常燃烧的重要保证。发动机冷却系统有一套控制机构,使发动机快速升温和温度保持在一定工作范围内,并用水温表指示冷却液温度的高低。轿车中控制散热风扇电动机的工作以及冷起动喷油器的工作由靠温控开关来控制。

1. 电热式水温表

图6-3 所示为电热式冷却液温度表及双金属片式传感器,右边的电热式温度表与电热式机油压力表完全一样,它们的工作原理也一样。左边是传感器,双金属片4上边绕有加热绕组。传感器安装在发动机水道上。当发动机温度高时,双金属片4上的热绕组加热时间长才能使固定触点和活动触点分离;当发动机温度低时,双金属片上的绕组加热时间短使两触点即可分离。这样发动机温度高,通过双金属片4上热绕组通电时间长,双金属片的变形大,双金属片9拉动指针10的位移大,指针表示的温度高,反之,指针表示的温度低。

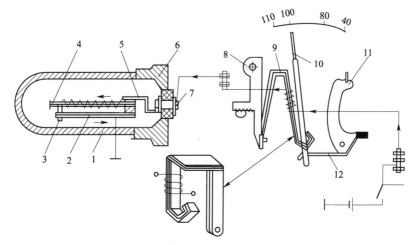

图6-3 电热式水温表及双金属片式传感器
1-壳体;2-低板;3-固定触点;4、9-双金属片;5-接触片;6-传感器壳座;7-接线座;8、11-调整扇齿;10-指针;12-弹簧

另外一种电热式水温表传感器的类型为热敏电阻式:

(1)正温度系数热敏电阻式水温表如图6-4所示。当发动机温度低时,传感器热敏电阻11接受的温度低,其电阻值小,所以整个线路中电流大,通过温度表双金属片上热绕组的电流也大。把指针设置在表盘右端(40℃)的位置,当发动机温度在100℃时,通过双金属片的热绕组的电流最小,表针应在左端(100℃)的位置。

(2)负温度系数热敏电阻式水温表如图6-5所示。热敏电阻6的特征是当电阻处于低温时其电阻值高,而电阻在高温时其电阻反而低。热敏电阻与温度表中双金属片的发热线圈3串联。当发动机温度低时,热敏电阻的电阻值大,使电流通过双金属片绕组的电流小,双金属片带动指针2位移量也小;当

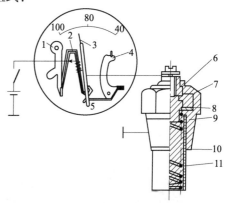

图6-4 正温度系数热敏电阻式水温表
1、4-调整扇齿;2-双金属片;3-指针;5-弹簧片;6-胶木端堵;7、8-垫片;9-外壳;10-密封壳;11-热敏电阻

发动机温度高时,电路中总电阻小,流过双金属片绕组的电流大,这样双金属片带动表针的位移量也大,这就是负温度系数热敏电阻温度表的工作原理。这类水温表常用于桑塔纳轿车,也用于东风 EQl090E 和丰田等货车。

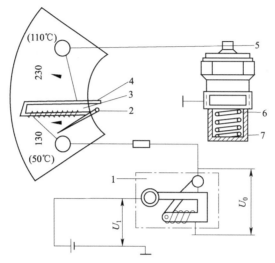

图 6-5 负温度系数热敏电阻式水温表

1-电源稳压器;2-指针;3-发热线圈;4-双金属片;5-传感器接线柱;6-热敏电阻;7-外壳

2. 电磁式水温表

电磁式水温表分有铁芯式和无铁芯式两种,其原理与电磁式机油压力表相似。

1)有铁芯式电磁式水温表

图 6-6 所示为铁芯式电磁水温表,两线圈 W_1 和 W_2 绕在铁芯上并成交叉形,电源的电流进入水温表系统时,分两路:一路经 W_1 线圈到搭铁,另一路经 W_2 线圈→传感器热敏电阻→搭铁。此热敏电阻是负温度系数热敏电阻,当冷却液温度低时热敏电阻阻值高,电流通过 W_2 绕组的电流小,水温表上的小磁片和指针偏转在 40℃ 左右;当热敏电阻处于温度较高的环境时,其电阻值变小,这样通过 W_2 线圈的电流变大,W_2 产生的磁场也大,W_1 和 W_2 的综合磁场使小磁片和指针向温度高的方向偏转,这就是铁芯式电磁水温表的工作原理。

2)无铁芯式电磁式水温表

图 6-7 所示为无铁芯式电磁式水温表,该表在塑料架上绕有固定线圈 W_2,另一活动线圈 W_1 套在塑料架上,小磁片与指针安装在小轴上,利用铁皮支架置于塑料架上。工作时,电流经 W_1 到左接线柱,一路通传感器,另一路通 W_2。如果没有传感器,等于接入一高阻值电阻,电流大部分流入 W_2,小磁片和指针指在 40℃ 的位置。当热敏电阻处于很高温度的环境时,其电阻值变小,流经传感器的电流就变大,而相应流经 W2 线圈的电流就小,W_2 产生的磁场强度也变小,在综合磁场的作用下小磁片和指针指向高温度标格。

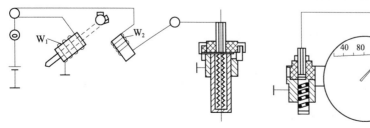
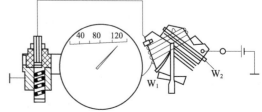

图 6-6 有铁芯式电磁式水温表　　　　图 6-7 无铁芯式电磁式水温表

3. 温控开关

1）温控开关的类型与构造

温控开关有两大类：接通型和断路型。

接通型主要应用在发动机散热器上，当发动机温度达到一定值时，温控开关被接通，开关控制的风扇电动机通电旋转为散热器排风散热；当散热器的温度下降到一定值时，温控开关关闭，风扇电动机停止工作。

断路型温控开关多用于电喷汽车冷起动喷油系统中，在汽车处于冷车起动时，可以控制起动冷喷油系统向发动机额外喷油以加大混合气浓度。

一般散热器温控开关有两个温控点，一个温控点是 85℃，另一个温控点为 105℃。根据车型不同，温控点的设计值也不同，有的汽车温控开关有两个控制值，低温控制风扇电动机低速旋转，而高温时风扇电动机会高速旋转加快散热速度。温控开关一般为双金属片构造，如图 6-8 所示，活动触点臂由温度膨胀系数不同的两金属片连接而成，金属片 2 膨胀系数大于金属片 3 的膨胀系数，当温控开关所在环境温度升高，活动触点臂就向右边弯曲，温度达到一定值时两触点接触，A、B 接线柱接通，反之温度下降，两触点分离。

断路型温控开关的构造与接通型温控开关的基本相同，区别是常温时两触点是接触的，活动触点臂两金属片的位置是相反的，即膨胀系数较大的金属片在内侧，膨胀小的金属片在外侧，当温控开关所处环境的温度升高到一定值时，两触点分离，使 A、B 点断路。

冷起动喷油器就是断路型温控开关控制。当冷车起动时，由于发动机温度低，温控开关处于接通状态，使冷起动喷油器工作；当发动机温度升高到一定值时，温控开关断路，使冷起动喷油器停止喷油，既降低了油耗又避免了热车时发动机因混合气的混合比过高而难起动。

2）温控开关及温敏电阻式传感器的检查

当汽车发动机温度高而风扇电动机不转动时，应首先检查温控开关是否正常工作。当装有冷起动喷油器的汽车冷车起动困难而冷喷油又不工作时，也应先检查温控开关。

检查热敏电阻式温度传感器的方法就是将温度传感器置于有一定温度要求的盛水器皿内，用万用表的电阻挡测量温控开关的导通情况。如图 6-9 所示，检测温控开关的方法与检查热敏电阻式温度传感器相同。

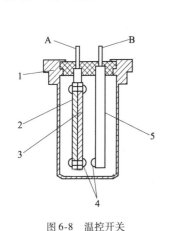

图 6-8 温控开关
1-外壳；2、3-金属片；4-触点；5-固定触点臂；
A、B-接线柱

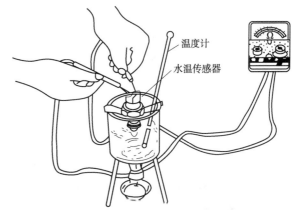

图 6-9 检测冷却液温度传感器电阻的方法

不同冷却液温度下水温传感器的电阻正常值见表 6-1。

不同冷却液温度下冷却液温度传感器的正常电阻值　　　　　　　　表 6-1

水温（℃）	正常电阻值（kΩ）	水温（℃）	正常电阻值（kΩ）
0	4～7	60	0.4～0.7
20	2～2.3	80	0.2～0.4
40	0.5～1.3		

三、燃油表及传感器

燃油表是指示油箱存油多少的仪表，有铁芯电磁式燃油表和电热式燃油表两种，它们的工作原理和水温表类似。

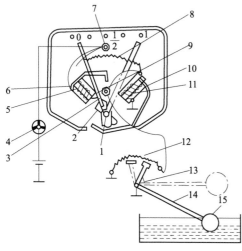

如图 6-10 所示，燃油表传感器为滑线变阻器，传感器上装有浮子 15，由于燃油量的变化，浮子会浮在油面上下移动。当油箱油满时滑动变阻器的电阻大，而油箱燃油快用光时，滑动变阻器的电阻变小，由于电滑线电阻值的变化，作用在仪表中线圈上的电流大小也会变化。

如图 6-11 所示，电热式燃油表的浮子 3 会随着油箱燃油的变化而上下移动，当油箱加满燃油时滑线电阻的阻值小，而油箱无油时滑线电阻值大。滑线电阻仪表中双金属片热绕线电阻串联，并由热稳压器供电。双金属片上绕组的通电电流决定双金属片的变形和表针的偏移量。当燃油满箱时，指针置为 1，当油箱处于空箱时，表针置为 0。这就是燃油表及传感器的工作原理。

图 6-10　铁芯电磁式燃油表
1-转轴；2-转子；3-表针；4-点火开关；5-左线圈；6、10-导磁片；7-接触柱；8-分流电阻；9-接线柱；11-右线圈；12-可调电阻；13-滑杆；14-浮子臂；15-浮子

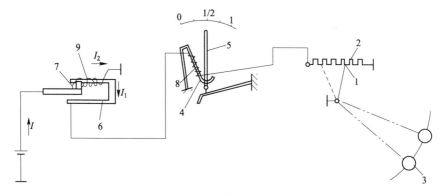

图 6-11　电热式燃油表
1-滑动接触片；2-可调电阻；3-浮子；4-双金属片；5-燃油表指针；6-稳压器双金属片；7-触点；8-燃油表电阻丝；9-稳压器电阻丝

四、仪表稳压器

在汽车使用的电源中，不论是发电机还是蓄电池，其输出的工作电压都不会是恒定的稳压电源，都会受到发动机的转速和汽车的振动及电源系的故障等诸多因素影响。对于某些仪表来说，它的准确性和灵敏性也会受到供给电源的影响。因此汽车电源受诸多因素影响，

不是一个恒定稳定电源。

汽车中很多电器需要恒定的稳定电源,如各种仪表、安全气囊、ECU 等电器。将不稳定电源变成恒定稳压电源的设备叫稳压器。

电热式仪表稳压器结构如图 6-12 所示,它由一对常闭合触点 7 和 8、双金属片 5、绕在双金属片上的电热线圈 4 以及调整触点 7 和 8 接触时间长短的调整螺钉 6 组成。

其工作原理是:当电源电压高时,通过双金属片上的电热线圈 4 的电流较大,双金属片 5 受热而使触点 8 和 7 分离,电流断路,双金属片迅速冷却,触点闭合,这样触点不断地跳动就避免了电压过高。如果稳压器输出电压高,可将调整螺钉 6 向下旋转;如果输出电压低,可将调整螺钉 6 向上旋转。

注意:此稳压器只能用于电热式仪表,非电热式仪表不能使用,原因是该稳压器输出的是脉冲式直流电。

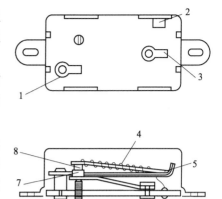

图 6-12 电热式仪表稳压器结构
1-输出端;2-搭铁;3-输入端;4-电热线圈;5-双金属片;6-调整螺钉;7-固定触点;8-活动触点

五、电子式仪表稳压器

采用电热式仪表稳压器最大的缺点就是稳压器用的局限性,而制作成集成电路电子稳压器就改善了电热式仪表稳压器的使用局限性。该稳压器体积小、成本低、使用寿命长,被广泛地使用在各档轿车中。

一般稳压器之类的电器不维修而是更换,如果发现某仪表经常被烧毁,常见的检修方法是将损坏仪表和稳压器同时换新件。

六、车速里程表

车速里程表包括汽车速度表和里程表两个计量表,主要测试汽车行驶速度和汽车行驶里程。

根据指针的摆动情况车速里程表可分为摆针式车速里程表和液晶显示式车速里程表。摆针式车里程速表又可分为磁感应式车速里程表和电传动动圈式车速里程表。

1. 摆针式车速里程表

1)磁感应式车速里程表

磁感应式车速里程表又称机械传动磁铁式车速里程表,如图 6-13 所示。它主要由 3 副蜗轮蜗杆机构构成,是用来为转轴减速的,经计数轮运转表示出汽车行驶的里程。在转轴 12 的顶端装有磁铁,磁铁的外围罩有感应罩 2,感应罩 2 与指针轴 4 紧固,指针轴 4 的上端装有游丝 6 和指针 7。随着转轴 12 转速变化,磁铁也随转轴的转动而转动。这样感应罩 2 也随之旋转。由于游丝 6 的阻力,转轴和指针就会停止在相应的刻度上,即转轴转速越快,指针转移的角度越大,这就是车速表的原理。车速表是由软轴与车速器车速表输出轴相连接的。

2)电传动动圈式车速里程表

磁感应式车速里程表是通过软轴将变速器的车速里程情况传递到仪表上,而电传动动圈式车速里程表是靠电功原理把变速器的车速里程情况传递到仪表上。

图 6-14 所示为电传动动圈式车速里程表。变速器上的车速传感器实际上就是台小型

发电机,变速器带动永久磁铁旋转,永久磁铁是转子,在转子的周围有线圈绕成的定子,转子转速的快慢决定着定子线圈生成的交流电压大小。传感器生成的交流电经二极管整流就变成了直流电,输出的直流电经电阻线圈,通过游丝到动圈产生磁场,动圈的磁场和永久磁铁的磁场产生转矩,推动动圈向顺时针方向转动。动圈上安装有指针,这样车速越快,传感器产生的电压越高,动圈旋转的角度越大。在游丝的作用下,指针会平衡在一定的位置上,车速越慢,指针偏移的角度越小,这就是电传动车速表原理。

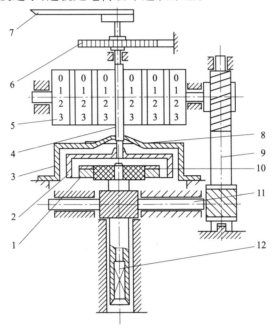

图 6-13 机械传动磁铁式车速里程表

1-磁钢;2-感应罩;3-铁护罩;4-指针轴;5-计速轮;6-游丝;7-指针;8-卡簧;9-竖直蜗轮轴;10-补偿环;11-水平蜗轮轴;12-转轴

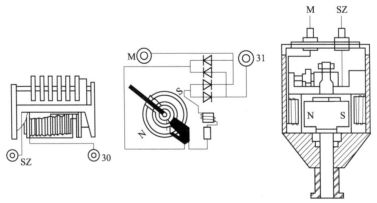

图 6-14 电传动圈式车速里程表

计数器由一电磁铁不断地吸引和断开推动起动叉,起动叉不断拨动 6 个计数轮组成的里程计,而电磁铁的电源接通和断开由断电器控制,断电器和微型发电机都装在传感器中。

2. 液晶显示式车速里程表

目前,在高档汽车上已很少采用机械式车速里程表,大都采用彩色液晶显示式车速里程表。

其工作原理为:在汽车变速器的输出部分装有一个传感器,传感器是磁脉冲式,传感器通过磁场的变化使传感器磁感应线圈产生脉冲电压信号,信号经中心处理器的放大、整理到执行器在显示屏上显示车速,里程表也是根据传感器的脉冲信号次数经中心处理器的运算、比较得出汽车行驶里程数显示在液晶屏上。这种设备控制精度高、科技含量大,目前还不能在所有汽车上推广。

七、发动机转速表

发动机转速表用来获得发动机转速信号,获得转速信号的方法有两个:一是利用汽缸点火时点火线圈的点火次数算出发动机转速;二是用在曲轴上(或飞轮)安装电磁脉冲信号传感器来测定发动机转。

1. 点火信号发动机转速表

图 6-15 所示为桑塔纳 2000 轿车转速表原理图。转速表的信号取自点火线圈初级绕组上电流通断的脉冲信号,经脉冲整形电路 2 整形后经频率/电压变换器 3,使频率信号转换成直流电压信号,该电压随点火频率的升高而加大,电流再经直流毫安表显示出来,这就是点火信号变换成发动机转速信号的原理。

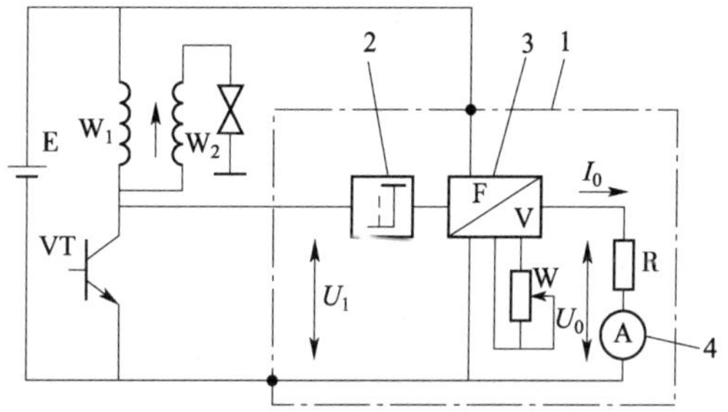

图 6-15 桑塔纳 2000 轿车转速表电路
1-转速表;2-脉冲整形电路;3-频率/电压转换器;4-直流电流表

2. 电磁脉冲信号发动机转速表

不论是汽油发动机还是柴油发动机,这种转速表都可以使用。其工作原理如下:在发动机曲轴上安装信号感应盘或利用发动机飞轮,在感应盘的相对应位置安装电磁脉冲传感器。利用传感器的交变电压信号进行整形处理、放大、整流、频率/电压转换,用毫安表制成摆针式转速表;也可将电磁脉冲信号经过电子控制单元(ECU)及执行器在液晶显示屏或真空荧光管上显示发动机转速。

八、电压表

电压表用于指示发电机和蓄电池的端电压。电压表在结构形式上有电热式和电磁式两种。它通常与负载并联,且受点火开关的控制。

当接通点火开关时,电压表即可指示蓄电池的端电压。对 12V 电系的汽车,端电压一般为 11.5~12.6V,接通起动机的瞬间,电压下降到 9~10V,如果起动时电压表指示值过低,则说明蓄电池亏电或故障。发电机以正常的转速运转时,电压表应指示在 13.5~14.5V 的规定范围内,如果起动前后电压表读数不变,则说明发电机不发电;如果起动后电压表指示值不在规定的范围内,则说明电压调节器调整不当或损坏。

电热式电压表又称双金属片式电压表,结构比较简单,如图 6-16 所示,在接通或切断电源时,指针摆动较迟缓,要待指针指示稳定才可读数。

电磁式电压表结构如图 6-17 所示,它由两只十字交叉布置的电磁线圈、永久磁铁、转子、指针和刻度盘等零件组成,电路中的两只线圈与稳压管及限流电阻串联。此处稳压管的作用是当电源电压达一定数字后才将电压表电路接通。在电压表未接入电路或电源电压低于稳压管击穿电压时,永久磁铁将转子磁化,保持电压表指针在初始的位置。接通电路,当电源电压达到稳压管击穿电压后,两十字交叉线圈产生的磁场与永久磁铁产生的磁场相互作用,从而使转子带动指针偏向高电压方向。电源电压越高,通过十字交叉线圈的电流越大,其磁场越强,指针偏转角度越大。

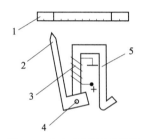 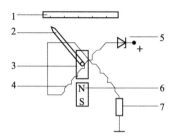

图 6-16 电热式电压表结构图
1-刻度板;2-指针;3-电热丝;4-支架;
5-双金属片

图 6-17 电磁式电压表结构图
1-刻度板;2-指针;3-转子;4-交叉线圈;5-稳压管;6-永久磁铁;7-限流电阻

九、电流表

电流表是用来指示蓄电池充电或放电的电流值,串接在充电电路中。通常把它做成双向,表盘的中间刻度为"0"、两旁各有读数 20(或 30),并标有"＋"、"－"两个标记。发电机向蓄电池充电时,指示值为"＋",蓄电池向用电设备放电时,指示值为"－"。电流表不但能指出蓄电池是处于充电还是放电状态,而且能测量出充放电电流的大小。

电流表根据结构形式可以分为电磁式和动磁式。国产汽车大多使用电磁式电流表,东风牌汽车使用动磁式电流表。

1. 电磁式电流表

电磁式电流表的结构及原理如图 6-18 所示。

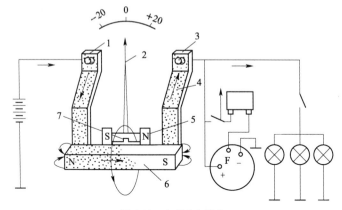

图 6-18 电磁式电流表
1、3-接线柱;2-指针;4-黄铜板条;5-软钢转子;6-永久磁铁;7-转轴

固定在绝缘底板上的黄铜板条 4 两端连接有接线柱 1、3,永久磁铁 6 与黄铜板条 4 固定,在其内侧的转轴 7 上装有带指针 2 的软钢转子 5。无电流通过电流表时,软钢转子 5 在永久磁铁 6 的作用下被磁化,由于其磁场的方向与永久磁铁的相反,使指针 2 保持在中间位置,显示数值为零。

当蓄电池放电时,流经黄铜板条 4 的电流将产生一个垂直于永久磁铁 6 磁场的环形磁场,形成向逆时针方向偏转的合成磁场使软钢转子 5 也向逆时针方向偏转一个角度,指针指向"－"侧。放电电流越大,合成磁场越强,转子偏转角度越大,指针指示值也就越大。当蓄电池充电时,电流方向相反,合成磁场偏转的方向相反,使指针向"＋"侧偏转。

2. 动磁式电流表

动磁式电流表结构与原理如图 6-19 所示。

黄铜导电板2固定在绝缘底板上,两端与接线柱1和3相连,中间夹有磁轭6,指针5和永久磁铁转子4固装在导电板2上。

当没有电流通过电流表时,永久磁铁转子4通过磁轭6构成磁回路,使指针保持在中间"0"的位置。当放电电流通过导电板2时,在它的周围产生磁场,使浮装在导电板中心的磁钢指针向"−"方向偏转,指示出放电电流读数。电流越大,偏转越多,则指示电流读数越大。若充电电流通过导电板2时,则指针偏向"＋",指示出充电电流的大小。

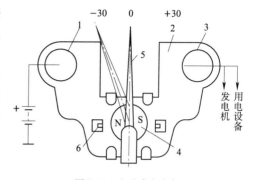

图6-19 电磁式电流表
1、3-接线柱；2-黄铜导电板；4-永磁转子；5-指针；6-磁轭

任务实施

在掌握仪表系统工作电路和工作原理之后,就比较容易对该系统进行故障诊断。下面以冷却液温度表、燃油表常见故障为例,介绍仪表系统的故障诊断方法。

1. 冷却液温度表指针不动故障

1）故障现象

发动机工作时冷却液温度表指针不动,反映不出发动机冷却液工作温度。

2）故障原因

（1）稳压器工作不正常；

（2）冷却液温度自身故障(如双金属片发热线圈断路或脱落)；

（3）冷却液温度表传感器故障(如热敏电阻失效)；

（4）线路有故障。

3）故障诊断

将冷却液温度表传感器的接线端子拔下,使该导线直接搭铁,打开点火开关,观察冷却液温度表的指针情况：如果指针开始移动,则说明故障在冷却液温度传感器；如果表针仍无指示则说明故障在仪表自身、稳压器或线路有断路。如果冷却液温度表与燃油表同时出现故障,稳压器或线路出现故障的可能性较大,应首先检查稳压器工作是否正常。在排除检查稳压器和线路故障之后即可断定故障发生在仪表自身。

2. 燃油表指针总指向无油位置故障

1）故障现象

无论油箱内燃油多少,燃油表指针总指向无油位置不动。

2）故障原因

（1）燃油表自身故障；

（2）稳压器工作不正常；

（3）线路有断路故障；

（4）燃油表传感器故障或浮子机构被卡住。

3）诊断方法

首先拔下燃油表传感器接线端子,使该导线直接搭铁,打开点火开关,观察燃油表指针情况：如果指针开始向满油刻度移动,则说明故障在燃油表传感器；如果表针仍无反应,则说明故障在仪表自身、稳压器或线路有断路,需进一步采用排除法进行诊断。

任务工作单

学习情境六:车速表指示异常故障检修	班级			
工作任务一:汽车仪表系统检修	姓名		学号	
	日期		评分	

一、工作单内容

熟悉汽车仪表系统的结构及工作电路,诊断仪表系统的常见故障。

二、准备工作

说明:每位学生应在工作任务实施前独立完成准备工作。

1. 记录实验车辆的信息

制造年份	制造商	型号	发动机类型	VIN码

2. 设备、工具准备:实训车/台架、维修手册、全车电器电路图、数字万用表、各种汽车仪表线束、相关拆装工具。

3. 强调实训中的安全注意事项。

三、任务实施

1. 连接与仪表线束相关的线束及附件。

(1)水温表用的传感器是_____型,检测发现无论水温高低,传感器火线电位都是_____V。结论:_____发生了短路搭铁。

(2)燃油表传感器安装时,其可变电阻的末端要求可靠搭铁,是为了防止滑片滑动时产生_____引发事故。

(3)当水温过_____或机油压力过_____时,发动机不允许继续运行。

2. 描述冷却液温度表指针不动故障现象,造成该现象的原因有哪些?

3. 检查

(1)记录故障现象_____。

(2)制定故障诊断方案及步骤。

(3)故障诊断操作中是否有不当之处_____?如果有,应如何处置?

四、工作小结

通过此工作任务的实施,各小组集中完成下述工作。

1. 通过本任务的学习,总结双金属片在汽车仪表中的应用场合。

2. 对本项工作任务有哪些好的建议和意见?

工作任务二　汽车报警系统的故障诊断与检修

任务概述

1. 应知应会

(1)熟悉汽车报警系统的结构、作用、类型和工作原理。

(2)熟悉汽车报警系统的电路图。

(3)熟悉汽车报警系统常见故障形式。

2. 学习要求

(1)能够对汽车报警系统进行拆装。

(2)能够分析汽车报警系统的电路图。

(3)能够排除汽车报警系统的常见故障。

相关知识

当汽车某个系统运行异常时,汽车报警系统会及时点亮安装在组合仪表上相应的指示灯,发出报警信号,提醒驾驶员注意或停车维修。报警装置一般由传感器和安装在组合仪表上红色和黄色的报警指示灯组成。

一、制动系统低气压报警灯

气压制动的汽车上,当制动系统气压过低时,制动系统低气压报警灯就会点亮,以引起汽车驾驶员注意。低气压报警传感器安装在制动系贮气筒或制动阀压缩空气输入管路中,红色报警灯安装在仪表板上。

图6-20所示为制动系统低气压报警传感器工作电路图。图6-21所示为低气压报警传感器的结构。

电源接通后,当制动系储气筒内的气压下降到340~370kPa时,由于作用在报警传感器膜片4上的压力减小,使膜片4在复位弹簧3的作用下向下移

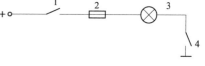

图6-20　制动系统低气压报警传感器工作电路图
1-电源开关;2-熔断丝;3-指示灯;4-低压开关

动而使触点闭合,电路接通,低气压报警灯点亮。当贮气筒中的气压升高到400kPa以上时,由于传感器中的膜片4所受的推力增大,使复位弹簧3压缩,触点打开,使电路断开。

二、真空度报警灯

为了减轻驾驶员的劳动强度,保证行车安全。一些货车上安装了真空增压器,使作用于车轮的制动力增大数倍。真空度报警系统主要由装在仪表板上的一个红色真空度报警灯与装在真空筒内的真空度报警传感器构成。图6-22为真空度报警传感器的结构示意图。当真空筒内的真空度下降到53.2kPa时,在压力弹簧6的作用下,膜片5向上拱曲,使触点4与接线柱1接触,接通报警灯电路,红色真空度报警灯发亮。

三、机油压力报警灯

在现代多数汽车上,除机油压力表之外,还配有一个红色报警灯,用来表示机油压力安

全值的情况。当润滑系统机油压力降低或升高到允许限度时,报警灯就点亮,以便引起汽车驾驶员注意。

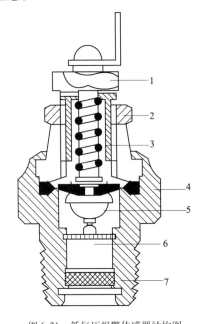 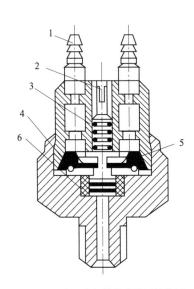

图 6-21　低气压报警传感器结构图　　　　图 6-22　真空度报警传感器的结构图
1-调整螺钉;2-锁紧螺钉;3-复位弹簧;4-膜片;　　1-接线柱;2-调整螺钉;3-调整弹簧;4-触点;
5-动触点;6-静触点;7-滤清器　　　　　　　　5-膜片;6-压力弹簧

图 6-23 所示为薄膜式机油压力过低报警灯原理。当机油压力正常时,机油压力推动薄膜向上拱曲,推杆将触点打开,报警灯不亮;当机油压力过低时,薄膜在弹簧压力作用下移,从而触点闭合,红色报警灯亮,以示警告。

四、水温报警灯

水温报警灯用来冷却水温度不正常时,发出灯光信号,以示警告。其传感器与水温传感器相似,由双金属片作为温度敏感元件,水温报警灯的电路如图 6-24 所示。

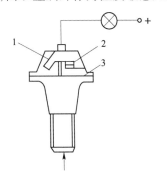 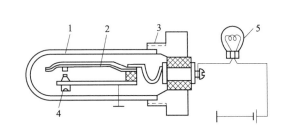

图 6-23　薄膜式机油压力过低报警灯原理图　　图 6-24　水温报警灯电路图
1-弹簧片;2-触点开关;3-薄膜　　　　　　1-传感器套;2-双金属片;3-螺纹接头;4-静触点;5-报警灯

水温报警灯传感器的密封套管 1 内装有条形双金属片 2,双金属片 2 自由端焊有动触点,而静触点 4 直接搭铁。当温度升高到 95~98℃时,双金属片 2 向静触点方向弯曲,使两触点接触,红色报警灯便接通点亮。

五、燃油油面报警灯

燃油油面报警灯用来当燃油箱内燃油减少到某一规定值时,报警灯亮以提醒驾驶员注意。如图 6-25 所示,它由热敏电阻式燃油油量报警传感器和报警灯组成。当燃油箱内燃油量多时,负温度系数的热敏电阻元件 3 浸没在燃油中散热快,其温度较低,电阻值大所以电路中电流很小,报警灯处于熄灭状态。当燃油减少到规定值以下时热敏电阻元件 3 露出油面上,散热慢,温度升高,电阻值减少,电流增大,则报警灯点亮。

六、制动液液面报警灯

制动液液面报警灯用来在制动液液面降到规定值时,液面灯亮,警告驾驶员进行维护。制动液液面报警灯的结构如图 6-26 所示,其传感器,装在制动液储液罐中。外壳 1 内装有舌簧管继电器,接线柱与液面报警灯相连,浮子 4 上固定有永久磁铁。当制动液面下降到规定值时,通过浮子带动永久磁铁 3 使舌簧管触点闭合,接通报警灯,发出警告,当制动液面上升时,浮子上升,吸力减弱,舌簧管触点靠自身弹力张开,报警灯熄灭。

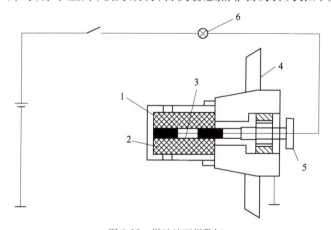

图 6-25　燃油油面报警灯
1-外壳;2-金属网丝;3-热敏电阻;4-油箱外壳;5-接线柱;6-报警灯

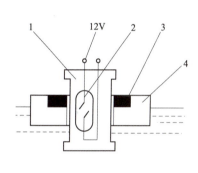

图 6-26　制动液液面报警灯
1-外壳;2-舌簧管;3-永久磁铁;4-浮子

七、蓄电池液面报警灯

蓄电池液面报警灯用于当蓄电池液面下降时向驾驶员报警,以便及时维护。

蓄电池液面报警系统利用电极式液面高度传感器测量液面高度,如图 6-27 所示,该传感器由装在蓄电池盖板上作为电极的铅棒构成。蓄电池液量低于规定量时报警灯点亮,向驾驶员发出蓄电池液量不足的报警信号。

当把传感器的电极置于蓄电池电槽中时,在该电槽中具有与蓄电池阴极板相同的作用,也将产生电动势。如使其电极长度与规定液面位置下限处吻合,则实际液面高于该位置发生电动势,低于该位置不产生电动势。这种电极式液面位置传感器在蓄电池液量正常时可产生电压信号,异常时不产生电压信号。

蓄电池液量正常时,电路如图 6-28 所示。传感器浸入蓄电池液中产生电动势,晶体管 VT_1 处于 ON 导通状态。蓄电池电流按图中箭头方向从正极经过点火开关、晶体管 VT_1 流向蓄电池负极。由于 A 点电位接近于零,晶体管 VT_2 处于 OFF 截断状态,报警灯不亮。

当蓄电池液量不足时,由于此时传感器未浸入蓄电池液中,不能产生电动势,晶体管 VT_1 处于 OFF 状态。同时,又由于 A 点电位升高,电流按箭头方向流过晶体管 VT_2 基极,从而使 VT_2 处于 ON 状态,报警灯亮,警告驾驶员蓄电池液量不足。

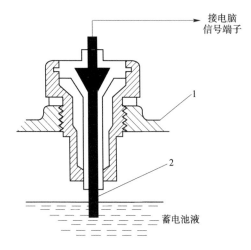

图 6-27 电极式液面高度传感器
1-蓄电池上盖板;2-电极(铅棒)

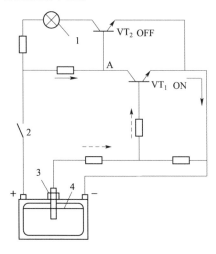

图 6-28 蓄电池液量正常电路图
1-报警灯;2-开;关;3-传感器;4-液面

八、充电指示灯

充电指示灯反映蓄电池和发电机的工作状态,当蓄电池放电时,充电指示灯点亮。当发电机的电压达到正常充电电压时,该警告灯熄灭。如果正常行驶时,该警告灯点亮,可以提醒驾驶员充电系统功能有故障。图 6-29 为电子式充电指示灯电路图。

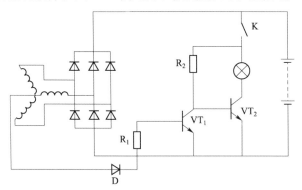

图 6-29 电子式充电指示灯

当接通点火开关 K 后,当发电机不发电时,VT_1 截止,VT_2 导通,指示灯点亮。当发电机电压达到正常后,发电机定子绕组中性点对地产生约 6V 的直流电压,经 D、R_1 使 VT_1 导通,VT_2 截止,指示灯灭,表示发电机正常发电了。

九、轮胎气压报警灯

轮胎气压报警系统用于在车辆行驶中检测轮胎的气压状态,当轮胎气压降低时,使仪表板的报警信号灯点亮,向驾驶员发出警告。

轮胎气压报警系统利用轮胎气压与轮胎弹性的相关性,从制动防抱死系统的车轮传感器输出的轮胎信号计算出轮胎弹性,从而实现轮胎气压的正常监测。再从轮胎弹性变化计算出共振频率的变化,以此作为轮胎气压变化,向驾驶员发出低压警告。

其工作原理是:先把车轮速度传感器输出的信号传送给中央处理器进行波形整形处理,用以计算轮胎的共振频率。再从该共振频率推算出轮胎扭转常数即可检测出轮胎气压。

图 6-30 示出轮胎气压报警信号灯的位置。

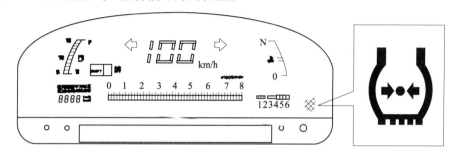

图 6-30　轮胎气压报警信号灯安装位置

 任务实施

一售后服务经理接到客户反映:汽车起动时,有些仪表不工作,有些警示灯常亮,经询问得知,车辆走合期结束后,行驶 1 万 km 检修过一次且未及时维护。根据客户报修情况,可以初步诊断为仪表线路、报警装置传感器故障。现对仪表与报警系统的电路进行分析。

一、仪表与报警系统的电路分析

当仪表不工作或工作不正常时,应对其线路、机械传动装置和传感器进行检查。线路的通断情况可用万用表或试灯进行检查;机械传动装置用常规的检查方法检查即可;传感器的检查相对复杂,故本部分的检查以传感器的检查为主。若线路、机械传动装置和传感器工作正常,而仪表不工作或工作不正常,则应更换仪表。

常见的仪表与报警系统的电路如图 6-31 所示。仪表与报警系统电路的特点可以归纳如下:

(1)所有的电器仪表都要经过点火开关控制,在点火开关的工作挡(ON)与起动挡(ST)与电源接通,在附件专用挡(Acc)与电源断开。

(2)汽车仪表常用双金属片电热丝结构,表头一般只有两根线;中间有一个磁性指针的,多为 3 条线引出,其中一条接点火开关 15 号线(IG 线),另一条线接搭铁,还有一条接传感器。

(3)各仪表的表头与其传感器串联,燃油表、冷却液温度表一般还串联有电源稳压器。

(4)指示灯、报警灯常与仪表装配在一个总成或在附近布置,它们与仪表一起由点火开关控制。在 ON 挡,能检验大多数仪表、指示灯、报警灯是否良好。

(5)指示灯与报警灯按照电路接法可分为两种:一种是灯泡由点火开关(15 号线或 IG 线)供电,外接传感器开关。开关接通时,线路搭铁而构成通路,灯亮。如充电指示灯 18、停车制动指示灯 19、制动液液面位置报警灯 20、门未关报警灯 21、机油压力报警灯 22、液位过低报警灯 24 等。另一种接法是指示灯接地,控制信号来自控制开关的正极端,如远光指示灯 25、转向指示灯 26、转向指示灯 26(左)、27(右)、座椅安全带未系报警灯 28、防抱死制动指示灯 29、巡航控制指示灯 30 等。

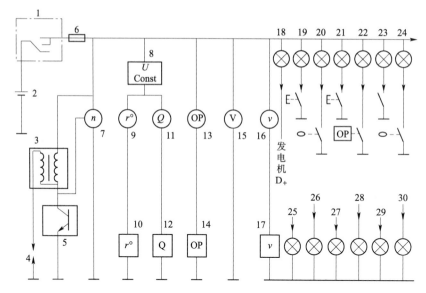

图 6-31 仪表与指示灯、报警电路

1-点火开关;2-蓄电池;3-点火线圈;4-火花塞;5-点火模块;6-熔断器;7-发动机转速表;8-仪表稳压器;9-发动机冷却系温度表;10-温度表传感器;11-燃油表;12-燃油表传感器;13-机油压力表;14-机油压力表传感器;15-电压表;16-车速表;17-车速表传感器;18-充电指示灯;19-停车制动指示灯;20-制动液面报警灯;21-门未关报警灯;22-机油压力报警灯;23-备用报警灯;24-液位过低报警灯;25-远光指示灯;26、27-左右转向指示灯;28-座椅安全带未系报警灯;29-防抱死制动指示灯;30-巡航控制指示灯

二、常见故障诊断与分析

1. 燃油表指针总指向无油位置故障

1）故障现象

无论油箱内燃油多少,燃油表指针总指向无油位置不动。

2）故障原因

（1）燃油表自身故障;

（2）稳压器工作不正常;

（3）线路有断路故障;

（4）燃油表传感器故障或浮子机构被卡住。

3）诊断方法

首先拔下燃油表传感器接线端子,使该导线直接搭铁,打开点火开关,观察燃油表指针情况。如果指针开始向满油刻度移动,则说明故障在燃油表传感器;如果表针仍无反应,则说明故障在仪表自身、稳压器或线路有断路。

2. 机油压力报警灯常亮故障

1）故障现象

汽车在行驶过程中,发动机机油压力报警灯常亮。

2）故障原因

（1）机油压力报警开关故障;

（2）润滑油油压力达不到规定要求;

（3）线路故障。

174

3)诊断方法

发动机机油压力报警灯通常受安装在发动机缸盖油道的低压报警开关(30kPa 开关)和安装在机油滤清器附件的高压报警开关(180kPa 开关)控制。发动机工作时,当低压报警开关处油压低于 30kPa 时,低压报警开关触点闭合,报警灯被点亮;当发动机转速超过 2000r/min 时,如果高压报警开关处的油压低于 180kPa,高压报警开关的触点被断开,仪表板内的控制单元控制报警灯也被点亮,同时蜂鸣器也发出响声以示报警。当出现机油压力报警灯亮故障时,首先要区分是润滑系统故障还是报警系统自身故障,通常采用测量油压的方法进行诊断可在车上按图 6-32 所示方法做如下检查:

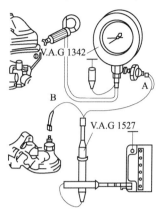

图 6-32 低压与高压开关检测

(1)拆下低压开关(30kPa 低压),将其拧入检测仪。将检测仪拧到汽缸盖上的机油低压开关处,并将检测仪的褐色导线接地。

(2)用辅助导线将二极管测试灯 V.A.G1527 接到蓄电池正极及低压开关 A 上时,发光二极管被点亮;起动发动机,慢慢提高转速,当压力达到 15~45kPa 时,发光二极管应熄灭,若不熄灭说明低压开关有故障。让发动机怠速运转,机油压力应大于 45kPa,发光二极管应熄灭;若压力低于 15kPa,说明润滑系统有故障。

(3)线路故障。将二极管试灯连接到高压开关(180kPa 开关)B 上,慢慢提高发动机转速,当机油压力达到 160~200kPa 时,发光二极管应点亮,若不亮说明高压开关有故障。进一步提高发动机转速,当发动机转速超过 2000r/min 时,机油压力应达到 200kPa,若压力达不到,说明润滑系统有故障。

 任务工作单

学习情境六:车速表指示异常故障检修 工作任务二:汽车报警系统的故障诊断与检修	班级			
	姓名		学号	
	日期		评分	

一、工作单内容

熟悉汽车报警系统的结构及工作电路,诊断报警系统的常见故障。

二、准备工作

说明:每位学生应在工作任务实施前独立完成准备工作。

1. 记录实验车辆的信息

制造年份	制造商	型号	发动机类型	VIN 码

2. 设备、工具准备:实训车/台架、维修手册、全车电器电路图、数字万用表、各种汽车仪表线束、相关拆装工具。

3. 写出下列报警指示灯电路中元件的名称。

(1)如图所示,水温指示灯电路中:1_____、2_____、3_____、4_____。

(2)如图所示,机油压力指示灯电路中 1_____、2_____、3_____。

— 175 —

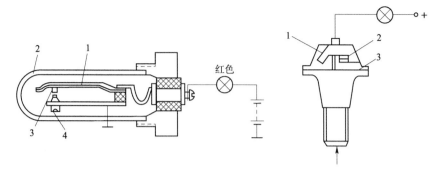

三、任务实施

1. 连接与报警装置线束相关的线束及附件。

(1)水温报警装置用的传感器是_____型,检测发现水温过高时,报警电路应该_____。结论:水温报警灯_____。

(2)机油压力正常时,_____向上拱曲,推杆将触点打开,报警灯_____;当机油压力过低时,由于_____原因,触点闭合,红色报警灯亮。

(3)当水温过_____或机油压力过_____时,发动机不能工作。

2. 故障诊断

(1)分析造成冷却液温度报警灯常亮故障现象的原因。

(2)列举机油压力报警灯常亮故障原因。

3. 故障分析

(1)分组进行冷却液温度报警灯常亮和机油压力报警灯常亮故障诊断的设置诊断。

名　　称	作业内容	诊断思路	原车技术标准	是否排除
冷却液温度报警灯常亮	故障设置			
机油压力报警灯常亮	故障设置			

(2)故障诊断操作中是否有不当之处。如果有,应如何处置?

四、工作小结

通过此工作任务的实施,各小组集中完成下述工作。

1. 通过本任务的学习,总结汽车报警系统传感器的类型。

2. 对本项工作任务有哪些好的建议和意见?

— 176 —

学习情境七 汽车线束更换

情境概述

本学习情境主要介绍汽车全车电路的组成、全车电路图的基本知识及种类,汽车全车电路的分析方法及汽车全车电路故障的诊断及排除方法。根据岗位职业能力的要求,本情境共安排了一个真实的工作任务。

一、职业能力分析

通过本情境的学习,期望达到下列目标。

1. 专业能力

(1)熟悉汽车电路的组成。

(2)熟悉全车电路图的基本知识及种类。

(3)能正确识读全车电路、分析全车电路图。

(4)能正确根据电路图分析电路的故障及排除。

2. 社会能力

(1)通过分组活动,培养团队协作能力。

(2)通过规范文明操作,培养良好的职业道德和安全环保意识。

(3)通过小组讨论、上台演讲评述,培养与客户的沟通能力。

3. 方法能力

(1)通过查阅资料、文献,培养个人自学能力和获取信息能力。

(2)通过情境化的工作任务活动,掌握解决实际问题的能力。

(3)填写任务工作单,制订工作计划,培养工作方法能力。

(4)能独立使用各种媒体完成学习任务。

二、学习情境描述

在汽车使用过程中,其电路系统往往会出现导线老化、接线处松脱、元器件损坏等故障,因此必须掌握汽车电路的分析方法,熟悉其检修与更换方法,并掌握常见故障的诊断方法。

三、教学环境要求

学习情境要求在理实一体化专业教室和专业实训室完成。要求配备电路系统存在线路故障的小型车辆4辆;检测诊断仪器和拆装工具4套。同时提供相关车辆的汽车维修手册、使用说明书;可以用于查询资料的电脑、任务工作单、多媒体教学设备、课件和视频教学资料等。

将学生分成4个小组,各组独立完成相关的工作任务,并在教学完成后提交任务工作单。

工作任务　汽车电路图分析

1. 应知应会

（1）熟悉汽车电路图组成、类型。

（2）熟悉识读汽车电路图的一般要领。

2. 学习要求

（1）能够正确描述汽车电路图的表示方法。

（2）能够描述根据电路图分析电路故障的思路。

（3）能利用全车电路图分析和查找电路故障。

一、汽车电路图组成、类型

1. 汽车整车电路的组成

汽车整车电路通常有电源电路、起动电路、点火电路、照明与灯光信号装置电路、仪表信息系统电路、辅助装置电路和电子控制系统电路组成。

1）电源电路

电源电路也称充电电路，是由蓄电池、交流发电机、调节器及充电指示装置等组成的电路，电能分配（配电）及电路保护器件也可归入这一电路。

2）起动电路

起动电路是由起动机、起动继电器、起动开关及起动保护电路组成的电路。也可将低温条件下起动预热的装置及其控制电路列入这一电路内。

3）点火电路

点火电路是汽油发动机汽车特有的电路。它由点火线圈、分电器、电子点火控制器、火花塞及点火开关组成。微机控制的电子点火控制系统一般列入发动机电子控制系统中。

4）照明与灯光信号装置电路

照明与灯光信号装置电路是由前照灯、雾灯、示廓灯、转向灯、制动灯、倒车灯、车内照明灯及有关控制继电器和开关组成的电路。

5）仪表信息系统电路

仪表信息系统电路是由仪表及其传感器、各种报警指示灯及控制器组成的电路。

6）辅助装置电路

辅助装置电路是由为提高车辆安全性、舒适性等而设置的各种电器装置组成的电路。辅助电器装置的种类随车型不同而有所差异，汽车档次越高，辅助电器装置越完善。一般包括风窗刮水及清洗装置、风窗除霜（防雾）装置、空调装置、音响装置等。较高级车型上还装有车窗电动举升装置、电控门锁、电动座椅调节装置和电动遥控后视镜等。电子控制安全气囊归入电子控制系统。

7)电子控制系统电路

电子控制系统电路主要由发动机控制系统(包括燃油喷射、点火、排放等控制系统)、自动变速器及恒速行驶控制系统、制动防抱死系统、安全气囊控制系统等电路组成。

2. 汽车电路图的类型

汽车电路图可分为:布线图、原理图、线束图。

1)布线图

布线图是按照汽车电器在车身上的大体位置进行布线的。

其特点是:全车的电器(即电器设备)数量明显且准确,电线的走向清楚,有始有终,便于循线跟踪,查找起来比较方便。它按线束编制将电线分配到各条线束中去与各个插件的位置严格对号。在各开关附近用表格法表示开关的接线与挡位控制关系,熔断器与电线的连接关系,表明电线的颜色与截面积。

布线图的缺点是:图上电线纵横交错,印制版面小则不易分辨,版面过大则印装受限制;读图、画图费时费力,不易抓住电路重点、难点;不易表达电路内部结构与工作原理。

2)原理图

(1)整车电路原理图

在分析故障原因时,不能孤立地仅局限于某一部分,而要将这一部分电路在整车电路中的位置及与相关电路的联系都表达出来。整车电路图的优点在于:

①对全车电路有完整的概念,它既是一幅完整的全车电路图,又是一幅互相联系的局部电路图。重点难点突出、繁简适当。

②在此图上建立起电位高、低的概念:其负极"-"接地(俗称搭铁),电位最低,可用图中的最下面一条线表示;正极"+"电位最高,用最上面的那条线表示。电流的方向基本都是由上而下,路径是:电源正极"+"→开关→用电器→搭铁→电源负极"-"。

③大可能减少电线的曲折与交叉,布局合理,图面简洁、清晰,图形符号考虑到元器件的外形与内部结构,便于读者联想、分析,易读、易画。

④各局部电路(或称子系统)相互并联且关系清楚,发电机与蓄电池间、各个子系统之间的连接点尽量保持原位,熔断器、开关及仪表等的接法基本上与原图吻合。

(2)局部电路原理图

为了弄清汽车电器的内部结构,各个部件之间相互连接的关系,弄懂某个局部电路的工作原理,常从整车电路图中抽出某个需要研究的局部电路,参照其他翔实的资料,必要时根据实地测绘、检查和试验记录,将重点部位进行放大、绘制并加以说明。这种电路图的用电器少、幅面小,看起来简单明了,易读易绘;其缺点是只能了解电路的局部。

3)线束图

整车电路线束图常用于汽车厂总装线和修理厂的连接、检修与配线。线束图主要表明电线束各用电器的连接部位、接线柱的标记、线头、插接器(连接器)的形状及位置等,它是人们在汽车上能够实际接触到的汽车电路图。这种图一般不详细描绘线束内部的电线走向,只将露在线束外面的线头与插接器详细编号或用字母标记。它是一种突出装配记号的电路表现形式,非常便于安装、配线、检测与维修。如果再将此图各线端都用序号、颜色准确无误地标注出来,并与电路原理图和布线图结合起来使用,则会起到更大的作用且能收到更好的效果。

3. 电路图所包含的内容

目前,由于汽车电路图的内容越来越多,很多制造厂都将电路图单独做成电路图册,电路图册中一般包含:电路图的使用方法、电路中使用的缩写词、电器位置图、继电器和保险位置图、线束图、插接器(连接器)图、全车电路图等。

1)电器位置图

电器位置图用来表示汽车电器零件的安装位置,便于维修时查找故障零件,位置图可分为发动机舱零件位置图、驾驶室内零件位置图和车身零件位置图等,一张图表示不清时,可以用多张图表示。图7-1为发动机舱的部分零件位置图。

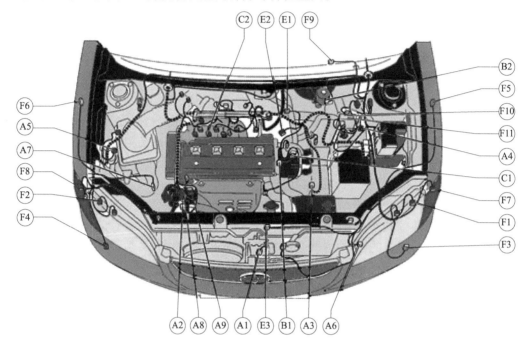

A1-空调冷凝器风扇电机
A2-空调电磁离合器
A3-自动变速器指示灯开关
　　倒车灯开关
　　空挡起动开关
A4-左前轮ABS转速传感器
A5-右前轮ABS转速传感器
A6-左前空气囊传感器
A7-右前空气囊传感器
A8-发电机
A9-发电机

B1-倒车灯开关
B2-制动液位警告开关

C1-凸轮轴位置传感器
　　点火线圈和分电器
C2-曲轴位置传感器

E1-ECT电磁阀
E2-EFI水温传感器
E3-发动机盖锁止开关

F1-左前示宽灯
F2-右前示宽灯
F3-左前雾灯
F4-右前雾灯
F5-左前侧转向信号灯
F6-右前侧转向信号灯
F7-左前转向信号灯
F8-右前转向信号灯
F9-前刮水器电机
F10-熔断丝盒
F11-熔断丝盒

图7-1 发动机舱的部分零件位置图

继电器和熔断器位置图是使用频率最高的电路图,这种电路图包括继电器和熔断器装置在车上的安装位置图、继电器和熔断器在接线盒或继电器盒中安装位置图、继电器盒或接线盒内部电路图等。车上的位置图还分为发动机舱、仪表板和车身的安装位置图,熔断器和继电器在继电器盒和接线盒中的位置图中还可包含继电器盒和接线盒背面的线束连接器的位置图。图7-2为仪表板继电器及相关电器位置图,图7-3为熔断器和继电器在接线盒中的安装位置图,图7-4为接线盒背面线束连接器的位置图。

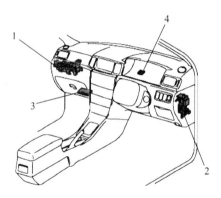

图 7-2 仪表台继电器及相关电器位置图

1-仪表台 J/B(连接器);2-第 3 号继电器盒;3-发动机 ECU;4-EMPS ECU(具有电动式动力转向系统)

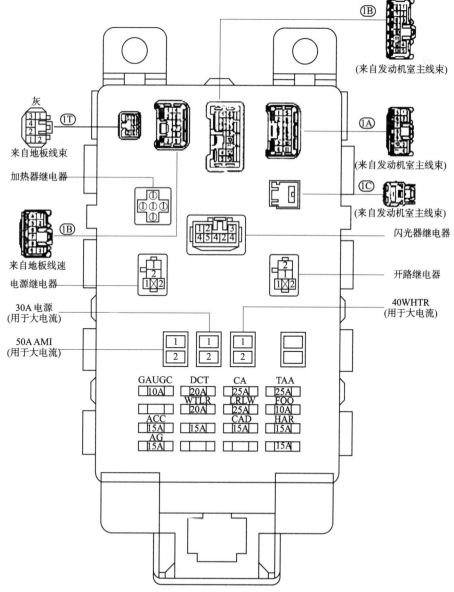

图 7-3 熔断器和继电器在接线盒中的安装位置图

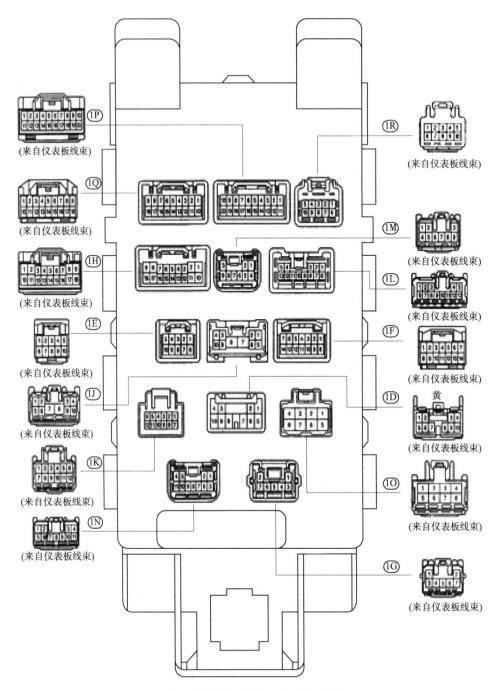

图 7-4　接线盒背面线束连接器的位置图

2) 线束图

线束图用来说明线束在车身上的安装位置、搭铁点和线束插接器的基本情况。图 7-5 为驾驶室内的部分线束图,图 7-6 为与该图相对应的插接器图。

3) 系统电路图

由于目前车辆的电气设备数量越来越多,所以电路图的内容也越来越多,电路图从过去的一、两页到目前的几页、十几页,甚至几十页。为了比较清楚地将电路的内容表达清楚,目前各公司的电路图的编排基本是按系统编排的,每个系统的电路从上到下依次为电源线、开

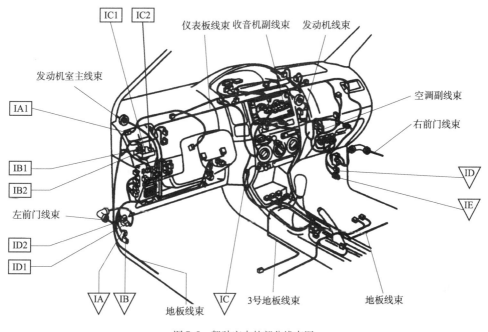

图7-5 驾驶室内的部分线束图

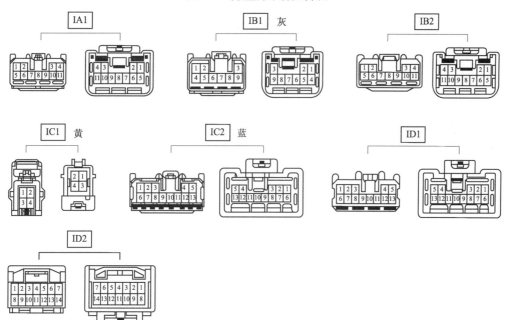

代码	线束之间连接(连接器布置)
IA1	发动机室主线束和地板线束(前隔壁侧板左侧)
IB1	地板线束和仪表板线束(仪表板加强板左侧)
IB2	
IC1	发动机室主线束和仪表板线束(仪表板加强板左侧)
IC2	
ID1	左前门线束和仪表板线束(左脚踏板)
ID2	

图7-6 插接器图

关、继电器和用电设备、搭铁线,通常蓄电池和发电机都画在电路图的最左面,通过主保险与电源线连接,各个系统通过保险与电源线连接,开关、继电器和用电设备的下方接搭铁线,在搭铁线上还标有搭铁点的位置。图7-7为丰田威驰车电源、起动、充电系统的电路图。

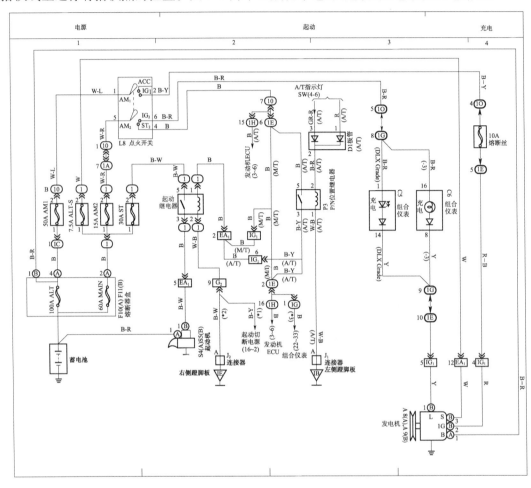

图7-7 电源、起动、充电系统电路图

4. 一般汽车电路的接线规律

汽车线路一般采用单线制、用电设备并联、负极搭铁、线路有颜色和编号加以区分,并以点火开关为中心将全车电路分成几条主干线,即:蓄电池火线(30号线)、附件火线(Acc线)、钥匙开关火线(15号线)。

1)蓄电池火线(B线或30号线)

从蓄电池正极引出直通熔断器盒,也有汽车的蓄电池火线接到起动机火线接线柱上,再从那里引出较细的火线。

2)点火仪表指示灯线(IG线或15号线)

点火开关在ON(工作)和ST(起动)挡才有电的电线,必须有汽车钥匙才能接通点火系统、仪表系统、指示灯、信号系统、电子控制系统等重要电路。

3)专用线(Acc线或15A线)

用于发动机不工作时需要接入的电器,如收放机、点烟器等。点火开关单独设置一挡位予以供电,但发动机运行时收音机等仍需接入与点火仪表指示灯等同时工作,所以点火开关触刀与触点的接触结构要作特殊设计。

4)起动控制线(ST线或50号线)

起动机主电路的控制开关(触盘)常用磁力开关来通断。磁力开关的吸引线圈、保持线圈可以由点火开关的起动挡控制。大功率起动机的吸引、保持线圈电流也很大(可达40~80A),容易烧蚀点火开关的"30—50"触点对,必须另设起动机继电器(如东风、解放及三菱重型车)。装有自动变速器的轿车,为了保证空挡起动,常在50号线上串有空挡开关。

5)搭铁线(接地线或31号线)

汽车电路中,以元件和机体(车架)金属部分作为一根公共导线的接线方法称为单线制,将机体与电器相接的部位称为搭铁或接地。搭铁点分布在汽车全身,由于不同金属相接(如铁、铜与铝、铅与铁),形成电极电位差,有些搭铁部位容易沾染泥水、油污或生锈,有些搭铁部位是很薄的钣金件,都可能引起搭铁不良,如灯不亮、仪表不工作、喇叭不响等。要将搭铁部位与火线接点同等重视,所以现代汽车局部采用双线制,设有专门公共搭铁接点,编绘专门搭铁线路图,堪与熔断器电路提纲图并列。为了保证起动时减少线路接触压降,蓄电池极桩夹头、车架与发动机机体都接上大截面积的搭铁线,并将接触部位彻底除锈、去漆、拧紧。

二、识读汽车电路图的一般要领

1. 识读汽车电路图的一般要领

1)认真读几遍图注

图注用于说明该汽车所有电气设备的名称及其数码代号,通过读图注可以初步了解该汽车都装配了哪些电气设备。然后通过电气设备的数码代号在电路图中找出该电气设备,再进一步找出相互连线、控制关系。

2)牢记电气图形符号

汽车电路图是利用电气图形符号来表示其构成和工作原理的。因此,必须牢记电路图形符号的含义,才能看懂电路原理图。

3)熟记电路标记符号

为了便于绘制和识读汽车电器电路图,有些电器装置或其接线柱等上面都赋予不同的标志代号。

4)牢记汽车电路特点:

(1)单线制;

(2)负极搭铁;

(3)用电设备并联。

5)牢记回路原则

任何一个完整的电路都是由电源、熔断器、开关、控制装置、用电设备、导线等组成。电流流向必须从电源正极出发,经过熔断器、开关、控制装置、导线等到达用电设备,再经过导线(或搭铁)回到电源负极,才能构成回路。因此读电路图时,有三种思路:

(1)思路一:沿着电路电流的流向,由电源正极出发,顺藤摸瓜查到用电设备,开关、控制装置等,回到电源负极。

(2)思路二:逆着电路电流的方向,由电源负极(搭铁)开始,经过用电设备、开关、控制装置等回到电源正极。

(3)思路三:从用电设备开始,依次查找其控制开关、连线、控制单元,到达电源正极和搭铁(或电源负极)。

实际应用时,可视具体电路选择不同思路,但有一点值得注意:随着电子控制技术在汽车上的广泛应用,大多数电气设备电路同时具有主回路和控制回路,读图时要兼顾两个回路。

6)浏览全图,分割各个单元系统

要读懂汽车电路图,首先必须掌握组成电路的各个电器元件的基本功能和电器特性。在大概掌握全图的基本原理的基础上,再把一个个单元系统电路分割开来,这样就容易抓住每一部分的主要功能及特性。

在框画各个系统时,一定要遵守回路原则,注意既不能漏掉各个系统中的组件,也不能多框画其他系统的组件,一般规律是:各电器系统只有电源和总开关是公共的,其他任何一个系统都应是一个完整的独立的电器回路,即包括电源、开关(熔断器)、电器(或电子线路)、导线等。从电源的正极经导线、开关、熔断丝至电器后搭铁,最后回到电源负极。

7)熟记各局部电路之间的内在联系和相互关系

从整车电路来讲,各局部电路除电源电路公用外,其他单元电路都是相对独立的,但它们之间也存在着内在联系(如信号共享)。因此,识图时,不但要熟悉各局部电路的组成、特点、工作过程和电流流经的路径,还要了解各局部电路之间的联系和相互影响。这是迅速找出故障部位、排除故障的必要条件。

8)掌握各种开关在电路中的作用

对多层多挡接线柱的开关,要按层、按挡位、按接线柱逐级分析其各层各挡的功能。有的用电设备受两个以上单挡开关(或继电器)的控制,有的受两个以上多挡开关的控制,其工作状态比较复杂。当开关接线柱较多时,首先抓住从电源来的一两个接线柱,再逐个分析与其他各接线柱相连的用电设备处于何种挡位,从而找出控制关系。

对于组合开关,实际线路是在一起的,而在电路图中又按其功能画在各自的局部电路中,遇到这种情况必须仔细研究识读。

9)全面分析开关、继电器的初始状态和工作状态

在电路图中,各种开关、继电器都是按初始状态画出的。即按钮未按下、开关未接通、继电器线圈未通电,其触点未闭合(指常开触点),这种状态称为原始状态。在识图时,不能完全按原始状态分析,否则很难理解电路的工作原理,因为大多数用电设备都是通过开关、按钮、继电器触点的变化而改变回路的,进而实现不同的电路功能。所以,必须进行工作状态的分析。

10)掌握电器装置在电路图中的位置

大量电器装置是机电合一的,在电路图上表示时,厂家为了使画法既简单(便于画图)又便于识图,多根据实际情况采用集中或分开表示法。

集中表示法是把一个电器装置的各组成部分,在图上集中绘制的一种表示方法。此法仅适用于较简单的电路。

分开表示法,如把继电器的线圈、触点分别画在不同的电路中,用同一文字符号或数字符号将分开部分联系起来。

11)先易后难

有些汽车电路图的某些局部电路可能比较复杂,一时难以看懂,可以暂时将其放一放,

待其他局部电路都看懂后,结合看懂图中与该电路有联系的有关信息,再来进一步识读这部分电路。

12)注意搜集资料和经验积累

对于看不懂的电路要善于请教有关人员,同时还要善于查找收集相关资料;注意深入研究典型汽车电路,做到触类旁通;特别注意实际工作经验的积累,新技术、新工艺的应用和创新。

此外,汽车电子控制系统越来越多,其读图方法除以上所述要领适用外,以下方法与步骤对汽车电子控制系统的读图很有帮助。

(1)要以电控系统的 ECU 为中心,因为这是整个系统的控制中心,所有电器部件都必然与这里发生关系。

(2)对 ECU 的各个接脚有大致印象,弄清楚分为几个区域,各区接脚排列的规律。

(3)找出该系统给 ECU 供电的电源线有哪些,注意一般 ECU 都不止一根电源线,弄清楚各电源线的供电状态(如常火线或开关控制)。

(4)找出该系统的搭铁线有哪些,注意分清哪些是在 ECU 内部搭铁,哪些是在车架上搭铁,哪些是在各总成机体上搭铁。

(5)找出哪些是系统的信号输入传感器,各传感器是否需要电源,并找出相应的电源线,该传感器哪里搭铁。

(6)找出系统的执行器有哪些,弄清电源供给和搭铁情况,电脑控制执行器的方式(控制搭铁端或电源端)。

2. 汽车电气系统故障诊断的一般程序和方法

(1)验证车主(用户)所反映的情况,并注意通电后各种现象。在动手拆检之前,应尽量缩小故障产生的范围。

(2)分析电路原理图,弄清电路的工作原理,对问题所在做出推断。

(3)重点检查问题集中的线路或部件,验证第二步做出的推断。

(4)进一步进行诊断与检修,常用的检修方法如下:

①直观法:通过直观(高温、冒烟、火花、断接等)检查来发现明显故障,提高检修速度。

②检查保险法:如某电器突然停止工作,应先查该支路上的保险装置是否动作,如动作查明原因,检修后恢复熔断装置。

③试灯法:检查线束是否开路或短路,电器有无故障。

④短路法:用一根导线将某段导线或电器短接后观察用电器的变化。

⑤替换法:将被怀疑部件用已知完好的部件替换,验证怀疑是否正确。

⑥模拟法:用于对各种传感器信号、指示机构工况的判断,此法必须熟悉汽车的电路参数。

(5)验证电路是否恢复正常。

3. 汽车电路故障诊断与检修注意事项

(1)拆卸蓄电池时,总是最先拆下负极(-)电缆;装上蓄电池时,总是最后连接负极(-)电缆。拆下或装上蓄电池电缆时,应确保点火开关或其他开关都已断开,否则会导致半导体元器件的损坏。

(2)不允许使用欧姆表及万用表的 R×100 以下低阻欧姆挡检测小功率晶体三极管,以免电流过载损坏它们。更换三极管时,应首选接入基极,拆卸时,则应最后拆卸基极。对于金属氧化物半导体管(MOS),则应当心静电击穿,焊接时,应从电源上拔下烙铁插头。

(3)拆卸和安装元件时,应切断电源。如无特殊说明,元件引脚距焊点应在10mm以上,以免烙铁烫坏元件,且宜使用相同恒温或功率小于75W的电烙铁。

(4)更换烧坏的熔断丝时,应使用相同规格的熔断丝。使用比规定容量大的熔断丝会导致电器损坏或产生火灾。

(5)靠近振动部件(如发动机)的线束部分应用卡子固定,将松弛部分拉紧,以免由于振动造成线束与其他部件接触。

(6)不要粗暴地对待电器,也不能随意乱扔。无论好坏器件,都应轻拿轻放。

(7)与尖锐边缘磨碰的线束部分应用胶带缠起来,以免损坏。安装固定零件时,应确保线不要被夹住或被破坏。安装时,应确保插头接插牢固。

(8)进行维护时,若温度超过80℃(如进行焊接时),应先拆下对温度敏感的零件(如继电器和ECU)。

此外,现代汽车的许多电子电路,出于性能要求和技术保护等多种原因,往往采用不可拆卸的封装方式,如厚膜封装调节器、固封电子电路等,当电路故障可能涉及它们内部时,则往往难以判断。在这种情况下,一般先从其外围逐一检查排除,最后确定它们是否损坏。有些进口汽车上的电子电路,虽然可以拆卸,但往往缺少同型号分立元件代替,这就涉及用国产元件或其他进口元件替代的可行性问题,切忌盲目代用。

总之,现代汽车电路(特别是电子电路)的检修,除要求检修人员具有一定的实际经验外,还要求具有一定的电工、电子学基础和分析电路原理及使用仪表工具的能力。

三、利用基本工具排除故障

1. 检查电路的工具

检查电路的基本工具包括万用表、试灯、发光二极管、试电笔等。

2. 检查电路的方法

当电路出现故障时,在下手进行检查之前应首先仔细阅读电路图,将系统电路读懂,搞清楚系统的功能,然后在根据电路图从电源开始检查,一直查到搭铁,就可将故障点查出。

1)熔断丝及相关电路的检查方法

熔断丝本身可用目视或万用表的电阻挡进行检查,测量其是否导通,如果熔断丝烧毁,用万用表测试时,其电阻为无穷大。熔断丝烧毁后,应找出熔断丝烧毁的原因,并对线路进行测量,测量时可用万用表或试灯测量熔断丝的电源端是否有电源的电压,测量电器端是否直接搭铁。如果电源端无电压则应继续向电源方向检查,直至查到电源为止。若电器端搭铁(对搭铁的电阻为0),则必须查出线路在何处搭铁,排除故障,否则换上新熔断丝也会烧毁。

2)继电器及相关电路的检查方法

继电器一般由一个控制线圈和一对或两对触点组成,触点有常开和常闭触点之分,检查时用万用表的电阻挡测量继电器的线圈,检查其电阻是否符合要求,如果电阻符合要求,再给继电器线圈加载工作电压,检查其触点的工作情况,如果是常开触点,加载工作电压后,触点应闭合,测量电阻应为0;如果触点为常闭触点,加载工作电压后,其触点应断开,测量电阻应为无穷大,如图7-8所示。

 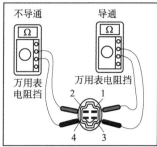 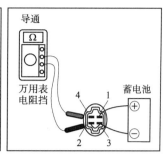

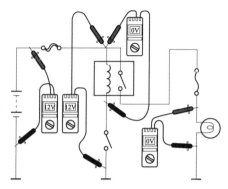

图 7-8 继电器的测量

相关电路检测时,继电器线圈的两个插脚,一个在控制开关接通后应有继电器的工作电压,另一插脚应搭铁。触点的插脚应根据电路图确定其应接电源还是搭铁,并按照其工作情况用万用表检测是否符合要求,见图 7-9。

3) 传感器类零件的检查方法

目前汽车上的传感器按是否需要工作电源可分为有源传感器和无源传感器,按输出信号的类型可分为输出电压信号和输出频率信号等类型,在检查时应根据传感器的不同类型按不同的方法进行检测。对于有源传感器,应检查其工作电压和信号电压或频率是否正常,如果能测量传感器的电阻,还需进行电阻的测量,检查其是否在规定的范围之内。对于无源传感器则应检查其信号电压或信号的频率是否符合要求,若能测

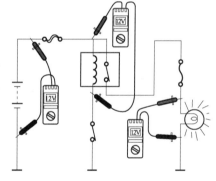

图 7-9 继电器相关电路的检查

量电阻,也需检查其电阻,应在规定的范围之内。还有一类开关型的传感器,检查的方法是在其工作范围内检查其能否按照工作要求完成开关动作。

如图 7-10 为一线性输出的节气门位置传感器,在检查时,应检查其工作电压,节气门全关和全开时的信号电压,节气门全开和全关时的电阻。

4) 电磁阀类元件的检查方法

电磁阀类零件的检测,主要是用万用表检查其线圈的电阻是否符合要求,在通电后阀的动作是否符合要求及是否达到规定的效果,图 7-11 为电磁真空阀的检查方法。

5) 灯泡的检查方法

灯泡是电器元件中比较容易损坏的部件,检查时一般可用万用表检查灯丝的通断,如果测量到灯丝的电阻为无穷大,则为灯泡损坏。灯泡的检查如图 7-12 所示。

端子		条件	标准电压(V)
VC-E2	点火开关接通	—	4.5~5.5
VTA-E3		节气门完全关闭	0.2~0.9
		节气门完全打开	4.0~4.8

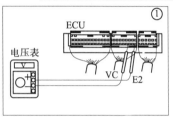
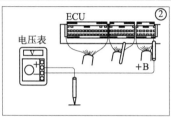
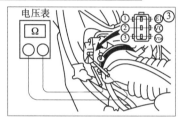

图7-10 节气门位置传感器的检测

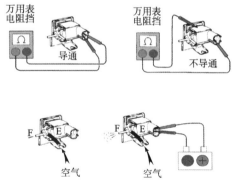

图7-11 电磁真空阀的检查

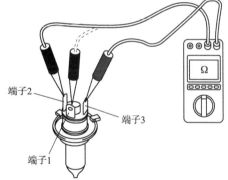

图7-12 灯泡的检查

6）开关的检查方法

开关是汽车电器中最常用的部件，可根据开关的功能和开关各挡位的导通情况用万用表进行检查，通常开关与线束连接时采用插接器，插接器上的导线都有编号，检查时，使开关处于不同的挡位，按照开关接通情况测量插接器或插头相应编号导线之间的导通情况，如图7-13所示，如果检查的结果不符合开关的功能要求，说明开关已经损坏。

7）线路的检查方法

线路检查一般采用两种方法，一种是利用万用表的电压挡，沿着电路图中的线路分段用万用表检查电压或用试灯测试亮、灭的情况；另一种方法是用万用表的电阻挡测量相应导线的通断程度及搭铁情况，如图7-14所示。

3.利用电路图检查故障

1）利用电路图检查故障的方法

当电气系统出现故障时，首先应确定故障的现象和发生故障的条件，这样可以大致确定故障的范围,检查时应首先对电源、故障系统的供电情况及故障元件本身进行检查,如果通过上述检查工作还不能确定故障原因时,就需借助电路图进行故障诊断。电路图可以提供电器设备的基本电路、电器元件的安装位置、线束及连接器的基本情况。在使用电路图进行故障诊断时,可按下述步骤进行:

(1)在电路图中找出故障系统的电路,并仔细阅读;

(2)通过阅读电路图找出故障系统电路中所包含的电器元件、线束和插接器等;

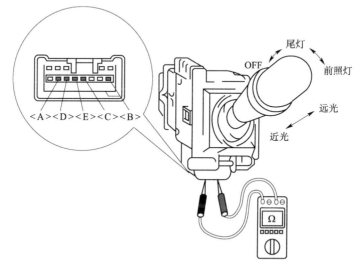

图7-13 开关的检查

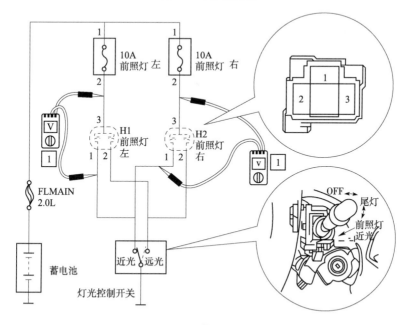

图7-14 线路的检查

(3)通过电路图找出上述电器元件、线束和插接器在车上的安装位置及电器元件和插接器上各端子的作用或编码;

(4)对怀疑有故障的部件按前述内容进行检测;

(5)根据电路图检查线束的短路和断路情况,直至查出故障的部位。

图 7-15 为利用电路图进行电压检测的情况,图 7-16 为利用电路图进行短路检查的情况。

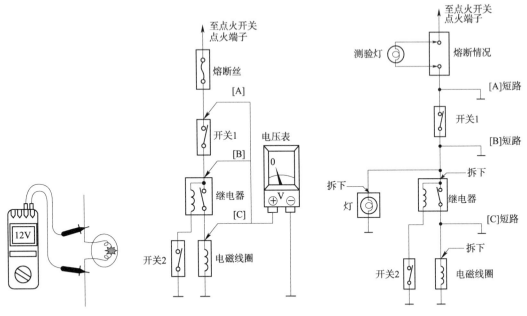

图 7-15 线路电压检测　　　　图 7-16 线路短路检查

如果检测到的数据与正确的数据不符,就说明系统有故障。如图 7-17 为开关接通时各点的电压,如果电压不符,如图 7-18 中继电器触点处有 2V 电压,就说明此处有接触电阻,故障为触点接触不良。

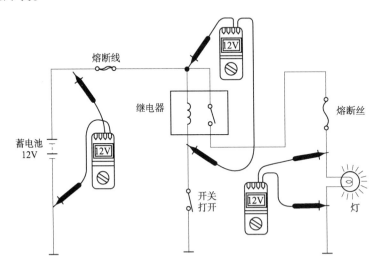

图 7-17 开关接通时各点电压的正确数据

2) 利用电路图检查故障的实例

一辆车的右侧前照灯的近光和远光都不亮,诊断时应在电源检查的基础上仔细阅读电路图,前照灯的电路图如图 7-19 所示。阅读完电路图后可根据故障的现象分析故障可能发生的部位,这些部位包括蓄电池、FL MAIN 熔断器、前部右侧熔断丝、前照灯右侧灯泡、组合开关、接线器和线束等,然后根据故障的现象分析排除非故障的原因,由于左侧前照灯无问题,所以蓄电池、FL MAIN 熔断器可以排除,组合开关和接线器同时控制左右前照灯的电路,左侧前照灯正常,说明组合开关和接线器也正常,通过上述分析,可能出故障的部位只有前部右侧熔断丝、右侧灯泡和线束。下一步可以对熔断器、灯泡进行检查,检查的结果是熔断丝烧坏。再下一步是要确定熔断丝烧坏的原因,熔断丝烧坏的多数原因是线路发生了短路,因此还需对线路进行检查。检查时可将灯泡的插接器作为检查的部位,用万用表的电阻挡检查插接器上三个端子的绝缘情况,如果电源端绝缘情况良好,说明短路发生在下游电路,此例中短路发生在此线束短路,维修后更换熔断丝,故障排除。故障排除的过程如图 7-20 ~ 图 7-25 所示。

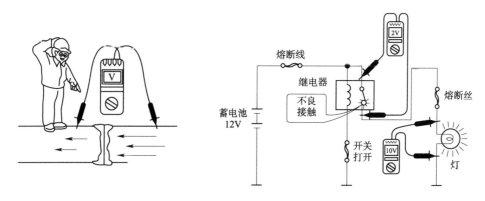

图 7-18 继电器触点接触不良时的电压数据

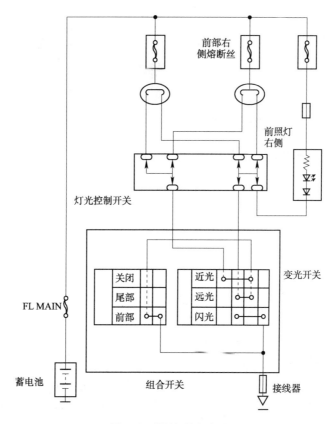

图 7-19 前照灯的电路图

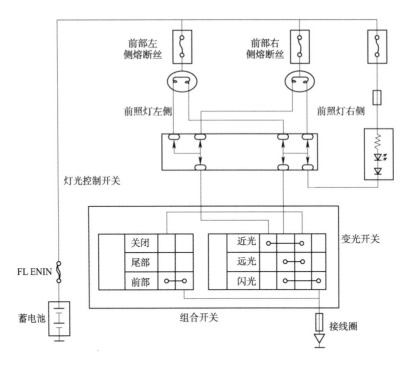

图 7-20　确认故障可能发生的部位

图 7-21　检查零件确认熔断丝损坏

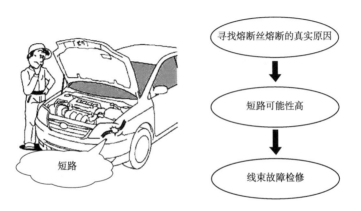

图 7-22　分析熔断丝熔断的原因

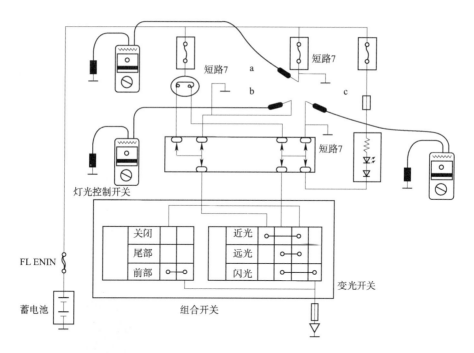

图 7-23　通过右侧前照灯的插接器检查绝缘情况确认故障部位

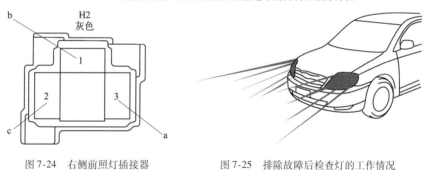

图 7-24　右侧前照灯插接器　　　图 7-25　排除故障后检查灯的工作情况

任务实施

一、准备工作

（1）一辆汽车及所分配汽车的维修手册,一台数字万用表、试灯、发光二极管、试电笔等。

（2）强调实训中的安全注意事项。

二、丰田汽车公司电路分析

为理解系统线路图并能找到故障,必须知道零件在车辆上的安装部位及其零件间的相互连接关系。电路图即为每一种车辆型号而配备。

1. 电路图目录

电路图目录如图 7-26 所示。

2. 缩写词

缩写词（如图 7-27 所示）用于零部件时,在电路图中经常使用。这些缩写词在"缩写词章节"列出。使用电路图时,参照该章节查找缩略语所代表的含义。

电路图

	章节代码	页码
指导	A	2
怎样使用这本手册	B	3
故障排除	C	12
缩写词	D	17
术语和符号的汇编	E	18
继电器位置	F	20
电路图	G	34
系统电路	H	91
接地点	I	294
电源(电流图)	J	302
连接器表	K	308
连接器的零件编号	L	320
全车电路图	M	324

图 7-26 电路图目录

缩写词 D

缩写词

本手册使用以下缩写词

A/C	=	空调器
A/T	=	自动传动桥
ABS	=	防抱死制动系统
COMB	=	组合
DLC3	=	诊断连接器
ECT	=	电子控制变速器
ECU	=	电子控制单元
EFI	=	电子燃油喷射
EMPS	=	电动转相助力
ESA	=	电控点火提前
EVAP	=	燃油蒸气排放
G.C.C.	=	中东地区
H/B	=	后开门型
ISC	=	急速转速控制
J/B	=	接线盒
LED	=	发光二极管
LH	=	左侧
LHD	=	左侧驾驶
M/T	=	手动传动桥
O/D	=	超速
R/B	=	继电器盒
RH	=	右侧
RHD	=	右侧驾驶
S/D	=	轿车型
SRS	=	乘员辅助保护系统
SW	=	开关
TEMP	=	温度
TVSS	=	丰田车辆安全系统
VSV	=	真空控制阀
VVT-i	=	智能型可变气门正时
W/G	=	厢式
w/	=	带
w/O	=	不带

图 7-27 电路图缩写词

3. 术语和符号词汇表

电路图使用的符号(如图7-28所示)代表各种零部件,如电池和半导体等。这些符号列入"术语和符号词汇表"部分。

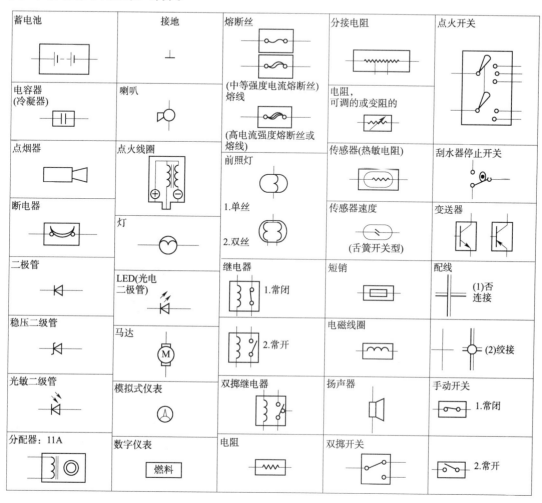

图7-28　电路图术语和符号词汇表

4. 系统索引

目录页按字母顺序列出所有系统。各个系统电路项目的解释表示在该页开头部(如图7-29所示)。

在"系统电路"章节,每一系统从电源到接地点,所有电器零件、线路配线、连接器、继电器等之间的关系。每一连接器和插销都标有代码和编号。排除故障时,按代码和编号就确定连接器和插销的位置。

5. 零件

被突出的区域表示的是零件。这些零件(如图7-30所示)用天蓝色标识。
"C8"标识是表示连接器的代码,"组合开关"标识是表示零件名称,如图7-31所示。
编号(9,10,11)标识是表示连接器接头端子编号,如图7-32所示。

6. 连接器端子号码的确定

连接器插头由插入的插销和确定被插入的插孔组成,如图7-33所示。

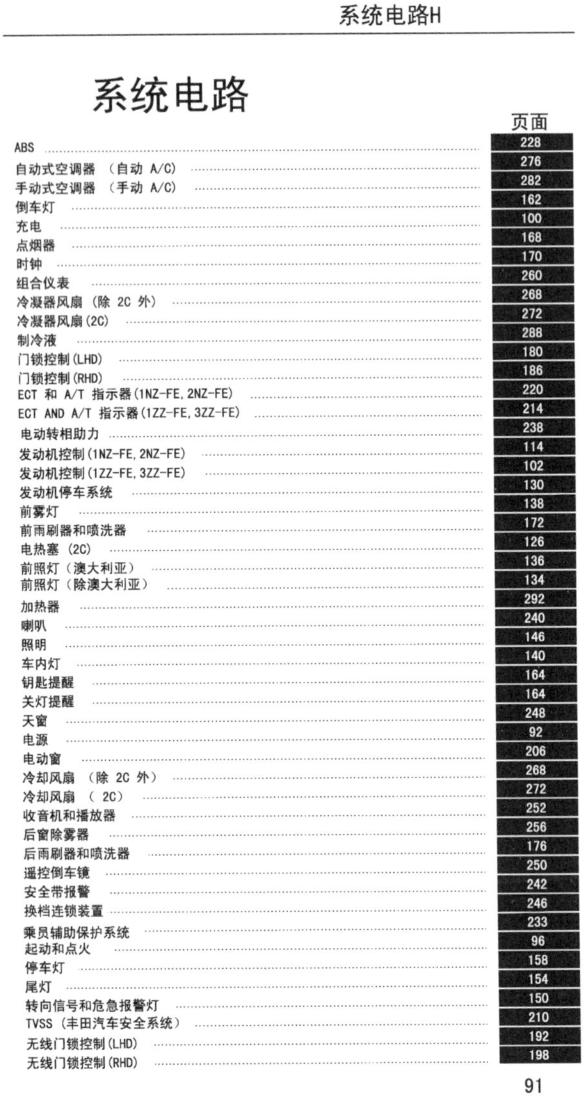

系统电路

	页面
ABS	228
自动式空调器（自动 A/C）	276
手动式空调器（手动 A/C）	282
倒车灯	162
充电	100
点烟器	168
时钟	170
组合仪表	260
冷凝器风扇（除 2C 外）	268
冷凝器风扇（2C）	272
制冷液	288
门锁控制(LHD)	180
门锁控制(RHD)	186
ECT 和 A/T 指示器(1NZ-FE, 2NZ-FE)	220
ECT AND A/T 指示器(1ZZ-FE, 3ZZ-FE)	214
电动转相助力	238
发动机控制(1NZ-FE, 2NZ-FE)	114
发动机控制(1ZZ-FE, 3ZZ-FE)	102
发动机停车系统	130
前雾灯	138
前雨刷器和喷洗器	172
电热塞（2C）	126
前照灯（澳大利亚）	136
前照灯（除澳大利亚）	134
加热器	292
喇叭	240
照明	146
车内灯	140
钥匙提醒	164
关灯提醒	164
天窗	248
电源	92
电动窗	206
冷却风扇（除 2C 外）	268
冷却风扇（2C）	272
收音机和播放器	252
后窗除雾器	256
后雨刷和喷洗器	176
遥控倒车镜	250
安全带报警	242
换档连锁装置	246
乘员辅助保护系统	233
起动和点火	96
停车灯	158
尾灯	154
转向信号和急报警灯	150
TVSS（丰田汽车安全系统）	210
无线门锁控制(LHD)	192
无线门锁控制(RHD)	198

91

图 7-29　系统电路

带有插销的连接部称为插头，带有插孔的连接器称为插座。

将连接器的锁止面朝上，连接器端面的端子号码，如图 7-34 所示。带插孔的插座的序号为从左上到右下。带插孔的插头的序号为从右上到左下。

用测试器检查电压时，用如图 7-35 所示的探头进行测试。这时端子号码应由连接器的背面读出。因此，从连接面上读出的号码是倒着的，读号码时须注意。

7. 接线器

被突出的区域表示接线器（如图 7-36 所示）。

接线器把多股线束连接成为配线。"J2"标识表示接线器的代码，"JUNCTION CONNECTOR"表示该零件名称为接线器，如图 7-37 所示。

接线器构造如图 7-38 所示，它是由相同颜色的多股配线和与之连接的短接端子构成。

8. 接线盒和继电器盒

如图 7-39 所示，被突出的区域表示接线盒和继电器盒。接线盒的作用是将电气线路分组和连接，并且把继电器、熔断器、断电器等组合在电路板上。

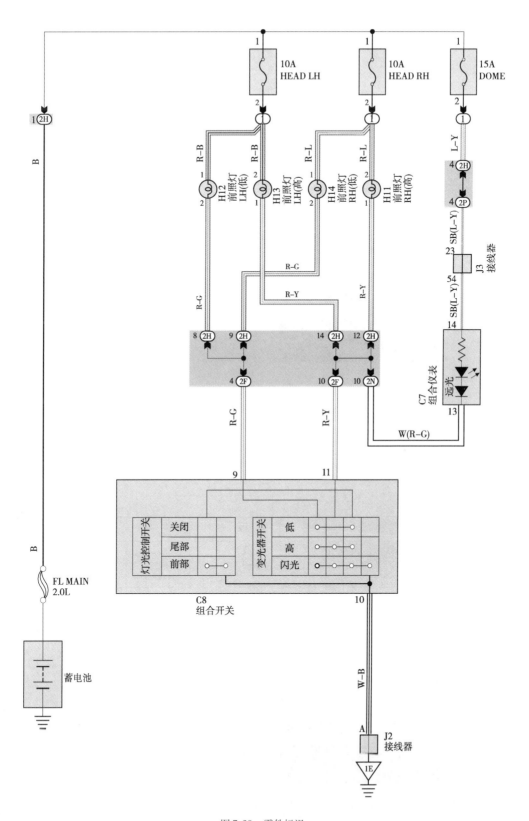

图7-30 零件标识

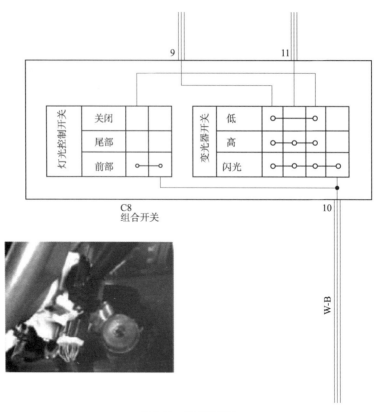

图 7-31 连接器代码

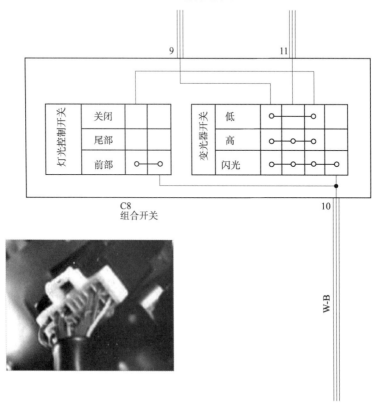

图 7-32 连接器接头端子编号

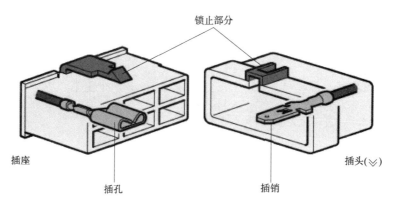

图 7-33　连接器插头结构图

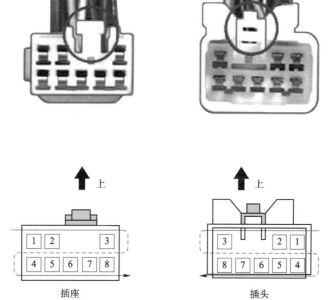

图 7-34　连接器端面的端子号码识读

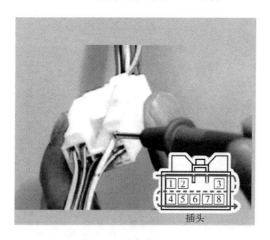

图 7-35　测试器检查电压

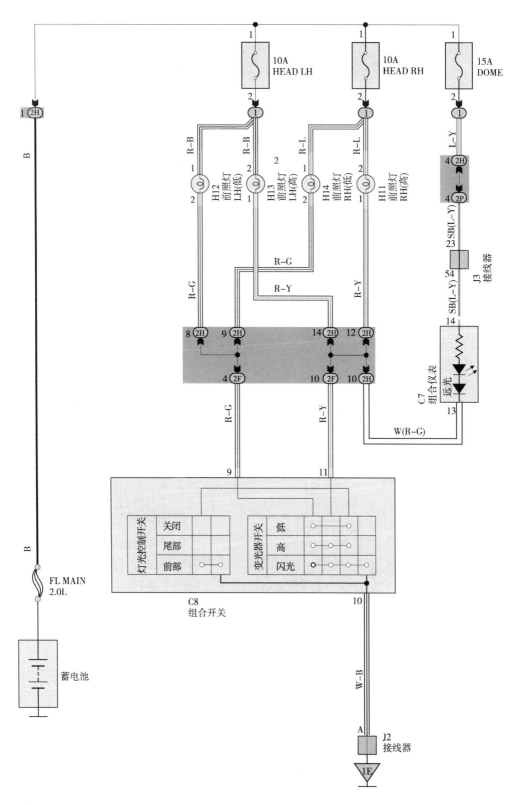

图 7-36 接线器线路图

图 7-37 接线器示意图

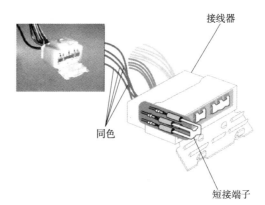

图 7-38 接线器构造图

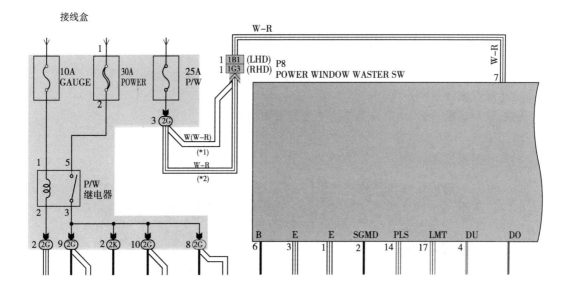

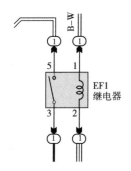

图 7-39 接线盒和继电器盒线路图

接线盒上的某些零件不能容纳继电器、熔断器等,只能起连接器作用。

继电器盒的构成几乎与接线盒相同,只是不能在盒内进行电器线路的分组和连接。

该线路图分成两部分,作下列标识:继电器盒为灰色背景。

1）接线盒号码和连接器代码

在图7-40中,椭圆中(2)标识是表示接线盒号码,字母(G)标识是表示连接器代码。

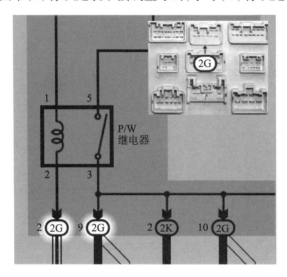

图7-40　接线盒号码和连接器代码

2）连接器插销号

如图7-41a)所示,图中2、9 标识是表示连接器插销号。

3）插销号

如图7-41b)所示,图中1、2、3、5 标识是表示 P/W 继电器的插销号。

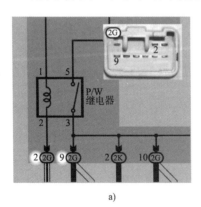
a)

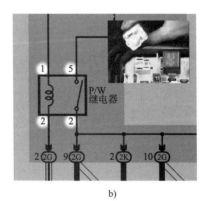
b)

图7-41　连接器插销号

9. 内部线路

在图7-42中,被突出的线路表示接线盒的内部线路。

10. 线束和线束连接器

在图7-43中,被突出的区域是表示线束和线束连接器符号。

长方形(BB1)中的字母和数字显示线束连接器代码,长方形外的数字(11)标识端子号码。另外,这个符号(⌒)表示带线束的插头一侧,如图7-44所示。

11. 接合点和搭铁(接地)点

被突出的区域是表示六角形符号标识接合点和三角形符号标识搭铁(接地)点(如图7-45所示)。

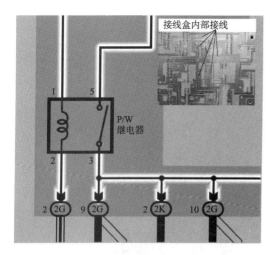

图7-42 内部线路图

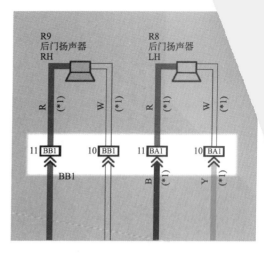

图7-43 线束和线束连接器符号

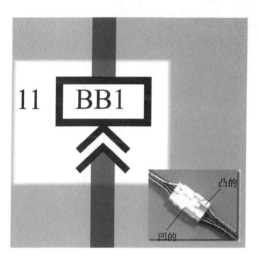

图7-44 线束连接器代码

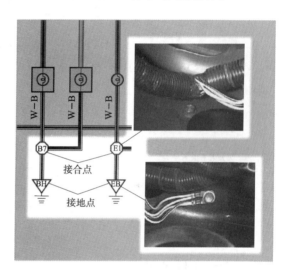

图7-45 接合点和接地点标识

接合点不通过连接器直接与线路相连。(B7)和(E1)就是接合点代码。搭铁(接地)点把线路连接到车体或发动机上。(BH)和(EH)是搭铁(接地)点代码。

12. 线路颜色

被突出的字母表示线路颜色(如图7-46所示)。线路颜色也包括条纹颜色,如L-W,第一个字母代表线路底色,第二个字母代表条纹颜色。

提示:有的电路图用彩色来表示真实的线路颜色,有的只是用黑色和白色来表示。

13. 电源

根据熔断丝索引就可以知道每一个熔断丝涉及哪些系统。例如图7-47 图中"10A,HORN"熔断器,仅标识喇叭的熔断器。此外,"15A,DOME"熔断器涉及多个装置,包括室内灯、空调器(自动空调)、钟表组合仪表及其他装置。图中页面指的是该装置线路。

14. 系统电路信息

对于在系统电路图中某一需要修理或检查的部分,在该页面中均有系统的概述和提示,如图7-48所示。也有使用"全车电路图"作为显示零件在车辆上的位置参考资料。

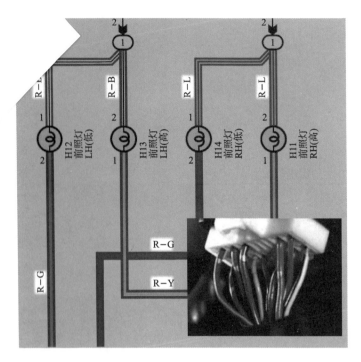

图 7-46　线路颜色图

J 电源(电流图)

发动机舱 R/B

熔断丝		系统	页码
5A	ALT-S	充电	100
10A	HAZARD	转向信号和危急报警灯	150
10A	HEAD LH	前照灯(澳大利亚)	136
		前照灯(除澳大利亚)	134
10A	HEAD RH	前照灯(澳大利亚)	136
		前照灯(除澳大利亚)	134
10A	喇叭	喇叭	240
15A	DOME	空调机(自动A/C)	276
		时钟	170
		组合仪表	260
		发动机控制(1NZ-FE,2NZ-FE)	114
		发动机控制(1NZ-FE,3NZ-FE)	102
		前照灯(澳大利亚)	136
		前照灯(除澳大利亚)	134
		内灯	140
		钥匙提醒和灯提醒蜂鸣器	164
		收音机和播放器	250
		安全带报警	242
		TVSS(澳大利亚)	210
		无线门锁控制(LHD)	192
		无线门锁控制(RHD)	198
		ECT and A/T指示器(1NZ-FE,2NZ-FE)	220

图 7-47　熔断丝索引

R3　(A)　收音机和播放器
　　(A) 4-搭铁：一般约12V
　　(A) 3-搭铁：约12V在ACC或ON位置带点火开关
　　(A) 7-搭铁：一直导通

○ :零件位置

代码	见页面	代码		见页面	代码	见页面
A30	52(RHD)	J3		41(LHD)	R9	43(LHD S/D)
F9	42(LHD S/D)			53(RHD)		45(LHD W/G)
	44(LHD W/G)	R3	A	41(LHD)		55(RHD S/D)
	54(RHD S/D)			53(RHD)		57(RHD W/G)
	56(RHD W/G)	R4	B	41(LHD)		59(RHD H/B)
	58(RHD H/B)			53(RHD)	T5	55(RHD S/D)
	42(LHD S/D)			43(LHD S/D)		59(RHD H/B)
				45(LHD W/G)		55(RHD S/D)
				55(RHD S/D)	T6	57(RHD W/G)

 线束和线束连接器

代码	见页面	线束和线束(连接器位置)
1A1	66(LHD)	仪表板线和地板线(左门槛板)
	80(RHD)	
1B2	80(RHD)	前门LH线和仪表板线(左门槛板)
1B3	66(LHD)	
1F1	68(LHD)	前门RH线和仪表板线(右门槛板)
1G2	82(RHD)	
BA1	70(LHD S/D)	后门LH线和地板线(中柱左侧)
	72(LHD W/G)	
	84(RHD S/D)	
	86(RHD W/G)	
	88(RHD H/B)	
BB1	70(LHD S/D)	后门RH和地板线(中柱右侧)
	72(LHD W/G)	
	84(RHD S/D)	
	86(RHD W/G)	
	88(RHD H/B)	

图 7-48　系统电路信息

任务工作单

学习情境七:汽车线束更换	班级			
工作任务:汽车电路图分析	姓名		学号	
	日期		评分	

一、工作单内容
根据汽车整车电路图分析和查找电路的故障。
二、准备工作
说明:每位学生应在工作任务实施前独立完成准备工作。
1.记录实验车辆的信息。

制造年份	制造商	型号	发动机类型	VIN码

2.设备、工具准备:实训车/台架、维修手册、整车电路图、数字万用表、各种线束及插接器。
三、任务实施
1.前照灯变光器开关总成检查
1)拆卸灯控开关连接器
(1)拆卸转向管柱罩;

…认灯控开关的形状及插脚数量;
…,确认线束的颜色;
…表,检查灯光控制开关的导通行;
…个开关位置下端子间的导通性,并填写下表。

开关操作	检测接脚	规定条件	测量结果
OFF			
TAIL			
HEAD LOW			

3)检查前照灯变光器开关导通性
检查每个开关位置下端子间的导通性,并填写下表。

开关操作	检测接脚	规定条件	测量结果
FLASH			
LOW BEAM			
HI BEAM			

4)检查转向信号开关导通性
检查每个开关位置下端子间的导通性,并填写下表。

开关操作	检测接脚	规定条件	测量结果
右转			
空挡			
左转			

5)检查前雾灯开关导通性
检查每个开关位置下端子间的导通性

开关操作	检测接脚	规定条件	测量结果
OFF			
ON			

6)安装灯控开关连接器
(1)安装连接器;
(2)安装转向管柱罩。
2.灯控开关功能测试
(1)检查灯光控制功能。

（2）拆卸转向管柱罩，检查前照灯变光功能。

（3）拆卸连接器，检查转向信号灯功能。

（4）检查前雾灯功能。

3. 维修结论
根据以上检查做出正确的维修结论（需说明理由）。

四、工作小结
通过此工作任务的实施，各小组集中完成下述工作。
1. 通过本任务的学习，描述汽车整车电路的组成及电路图的类型。

2. 对本项工作任务有哪些好的建议和意见？

参考文献

[1] 汽车电气设备构造与维修[M].哈尔滨:哈尔滨工业大学出版社,2013.
[2] 勇.汽车电器[M].北京:人民邮电出版社,2009.
[3] 张柏荣,鄂义,杨进峰等.汽车电器设备与维修[M].武汉:华中科技出版社,2014.
[4] 曾小山.汽车电气构造与维修[M].北京:北京理工大学出版社,2013.
[5] 姜京花.汽车电气设备构造与维修[M].北京:人民交通出版社,2005.
[6] 安宗权,曾宪均.汽车电气系统检测[M].北京:人民邮电出版社,2009.
[7] 周建平.汽车电气设备构造与维修[M].北京:人民交通出版社,2008.
[8] 黄晓敏,徐昭.汽车电气设备维修实训[M].北京:人民交通出版社,2004.
[9] 潘承炜.汽车电气设备构造与维修[M].杭州:浙江科学出版社,2006.
[10] 黎亚洲.汽车电气系统维修技术[M].北京:机械工业出版社,2009.
[11] 闵思鹏,吴纪生.汽车车身电控系统检修[M].北京:北京邮电大学出版社,2012.